新・古代史検証　日本国の誕生　5

# 倭国から日本国へ

## 画期の天武・持統朝

著者　上田正昭

鼎談　上田正昭
山折哲雄
王　維坤

文英堂

# 古代の宮都と飛鳥・藤原京関係年表

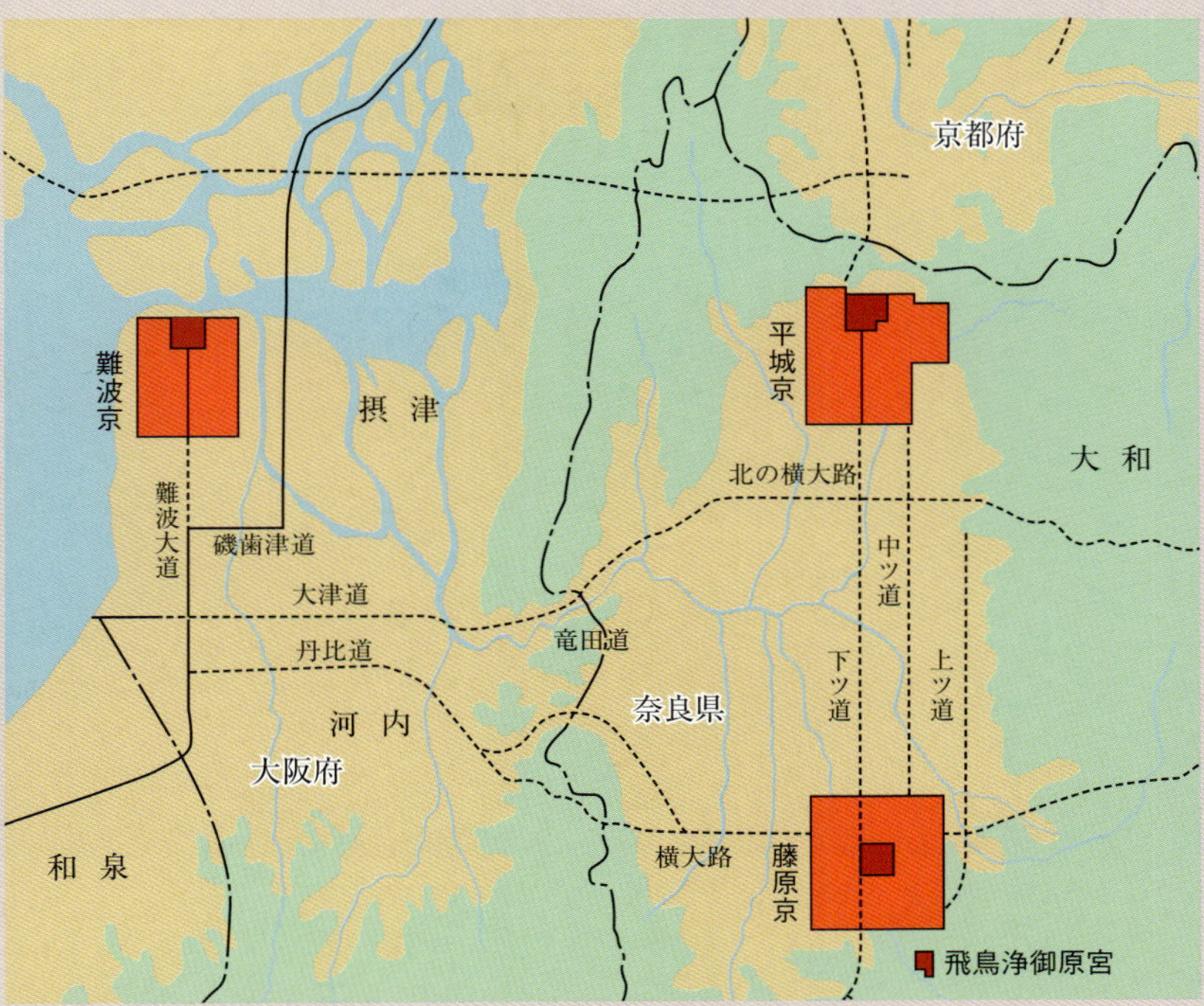


**古代の宮都**（７世紀～８世紀）
飛鳥《あすか》浄御《きよみ》原宮《はらのみや》→藤原京《ふじわらきょう》→平城京《へいじょうきょう》（難波京《なにわきょう》）の順に都が移った。

**飛鳥・藤原京関係略年表**
672年、壬申《じんしん》の乱に勝利した大海人皇子《おおあまのおうじ》(天武《てんむ》天皇)が飛鳥浄御原宮に入り、天武天皇の政治が始まった。天武の死後、皇后の持統《じとう》天皇が藤原京を造り、天武の政治を発展させた。

| 西暦 | 年号 | 出来事 |
|---|---|---|
| 五八八 | 崇峻元 | 飛鳥寺を造り始める |
| 五九二 | 五 | 推古天皇が豊浦宮に即位する |
| 六〇三 | 推古一一 | 小墾田宮に移る |
| 六三〇 | 舒明二 | 飛鳥岡本宮に移る。第一回遣唐使の派遣 |
| 六三九 | 一一 | 百済宮と百済大寺を造り始める |
| 六四一 | 一三 | 山田寺を造り始める |
| 六四三 | 皇極二 | 飛鳥板蓋宮に移る |
| 六四五 | 大化元 | 孝徳天皇が難波に都を移す（難波長柄豊碕宮） |
| 六四六 | 二 | 食封の制 |
| 六五三 | 白雉四 | 中大兄皇子、皇極天皇らと飛鳥河辺行宮に移る |
| 六五五 | 斉明元 | 飛鳥板蓋宮の火災。飛鳥川原宮に移る |
| 六五六 | 二 | 狂心の渠を作る。後飛鳥岡本宮に移る |
| 六六三 | 天智二 | 白村江の戦い |
| 六六七 | 六 | 近江の大津宮に移る |
| | | （六六九～七〇一年、遣唐使派遣中断） |
| 六七二 | 天武元 | 壬申の乱<br>飛鳥浄御原宮に移る |
| 六七六 | 六 | 「天つ社」「国つ社」の社格を定める |
| 六八〇 | 九 | 飛鳥寺を官寺とする<br>薬師寺を造り始める・橘寺が火災 |
| 六八一 | 一〇 | 帝紀・旧辞の編集開始　大祓の開始 |
| 六八三 | 一二 | 「銅銭」を用いよという詔（富本銭） |
| 六八四 | 一三 | 藤原宮の地を定める。八色の姓の制定 |
| 六八五 | 一四 | 冠位四十八階の制定 |
| 六八六 | 朱鳥元 | 天武天皇死去。皇后の持統天皇が称制 |
| 六八九 | 持統三 | 飛鳥浄御原令の発布 |
| 六九〇 | 四 | 伊勢神宮の式年遷宮始まる |
| 六九一 | 五 | 大嘗祭が始まる |
| 六九四 | 八 | 藤原宮に移る |
| 七〇〇 | 文武四 | 僧道昭を栗原に火葬する |
| 七〇一 | 大宝元 | 大宝律令の完成。遣唐使の派遣再開 |
| 七〇二 | 二 | 持統上皇死去 |
| 七〇八 | 和銅元 | 和同開珎を鋳造する |

## 天武天皇の宮と遺構

**天武《てんむ》天皇の飛鳥浄御原宮《あすかきよみはらみや》跡・苑池《えんち》遺構方面をのぞむ**(奈良県高市《たかいち》郡明日香《あすか》村)
明日香村の岡寺《おかでら》方面から西をのぞむ。中央の農地一面が宮跡・苑池跡である。後方の２つのコブのように見えるのが大和(奈良県)と河内(大阪府)をわける二上山《にじょうざん》《ふたかみやま》である。天武天皇の皇子である大津《おおつ》皇子が葬られたという。

**飛鳥浄御原宮跡**(明日香村岡)　天武天皇が宮とした飛鳥浄御原宮のうち、石敷き広場と大井戸が復元され、史跡公園として保存されている。この下には斉明《さいめい》天皇の後飛鳥岡本宮《のちのあすかおかもとのみや》跡、さらにその下層には皇極《こうぎょく》天皇の飛鳥板蓋宮《あすかいたぶきのみや》跡があると考えられている。

**飛鳥浄御原宮の北の正殿《せいでん》とみなされる大型の建物跡**（奈良県立橿原考古学研究所提供）
内郭《ないかく》の正殿と思われる。東西約23.5メートル、高さ約12.2メートルの規模で、正殿の横に脇殿が付く。同規模のものが南側でも見つかっており、内郭に並びたって南北ふたつの正殿があった。

**苑池《えんち》―南池島状遺構**（奈良県立橿原考古学研究所提供）
飛鳥浄御原宮の北西「出水酒《でみずさか》船石《ふないし》」とよぶ地点から、広大な苑池が検出されている。南と北のふたつの池と北池からのびる水路から構成されており、その規模は南北約200メートルにもおよぶ。斉明《さいめい》朝につくられたと考えられるが、天武朝にも続いていた。『日本書紀』天武14年11月条の「白錦後苑《しらにしきのみその》」あるいは持続5年3月条の「御苑《みその》」とも推定される。

# 持統天皇の藤原宮

**藤原宮跡**（奈良県橿原《かしはら》市高殿《たかどの》町）
持統《じとう》・文武《もんむ》・元明《げんめい》天皇三代の宮。宮から南の飛鳥地方をのぞむ。中央史跡板の左側（木々が茂る）が大極殿《だいごくでん》跡。右後方の円錐《えんすい》形の山は大和三山《やまとさんざん》のひとつ畝傍山《うねびやま》である。

**藤原宮大極殿跡と宮造営前の道路遺構**（奈良文化財研究所提供）
北から。大極殿は発掘調査で東西 45 メートル、南北 21 m、推定高 25 メートルを測ると考えられている。

# 白鳳文化と遺物

**富本銭《ふほんせん》**(奈良文化財研究所提供)
明日香村の飛鳥池《あすかいけ》遺跡から検出された。飛鳥池遺跡は天武・持統朝の官営工房ともいえ、富本銭は日本最古の銅貨と考えられる。左右の７つの点は七曜を示すとみられる。

**薬師寺東院堂《やくしじとういんどう》の聖観音像《しょうかんのん》**(奈良市西ノ《にしの》京《きょう》町・薬師寺蔵)
白鳳《はくほう》文化を代表する仏像。養老５年(721)に祀られたと考えられている。初唐様式を伝える最美の観音銅像といわれている。

**天皇木簡《もっかん》**(奈良文化財研究所提供)
飛鳥池遺跡から見つかった天皇の文字をもつ木簡。検出された遺構や出土した遺物から天武朝のものと考えられる。この木簡の「天皇」も天武天皇を指すと思われる。

# キトラ古墳壁画と高松塚古墳壁画

**キトラ古墳壁画：北壁および東壁**（明日香村阿部山《あべやま》、奈良文化財研究所提供）

高松塚《たかまつづか》古墳の南１キロの阿部山にある。キトラ古墳には青龍《せいりゅう》（東）、朱雀《すざく》（南）、白虎《びゃっこ》（西）、玄武《げんむ》（北）の四神が描かれており、国内で現存する唯一のものである。天井には古代の天文図である星宿《せいしゅく》が描かれている。上の写真は南の盗掘口から撮影。下は北壁に描かれた玄武である。

**高松塚古墳壁画**（明日香村平《ひら》田《た》、奈良文化財研究所提供）
上は西壁女子群像、下は東壁女子群像。いずれも昭和 47 年（1972）3 月の発掘当時の撮影。

# 伊勢遷宮と天武・持統陵

**遷宮《せんぐう》で新（手前）と旧（奥）が並びたつ伊勢神宮内宮《いせじんぐうないぐう》**（三重県伊勢市宇治館《うじたち》町、神宮司庁提供）
日本の総氏神である伊勢神宮は正式には「神宮」という。20年に一度行われる式年遷宮《しきねんせんぐう》（神様を新社殿に遷す神事）は持統天皇4年の時から行われ、平成25年には第62回をむかえる。

**天武・持統陵**（明日香村野口）
朝鮮半島からの渡来人《とらいじん》たちが多く移り住んだ檜隈《ひのくま》の地の一角にある。天武天皇陵にその妻持統天皇も葬られた合葬陵《がっそうりょう》である。高松塚古墳・キトラ古墳と天武・持統陵は藤原京（694 ～ 710）中軸線上の南方に位置する。

# 倭国から日本国へ
## ——画期の天武・持統朝

◉新・古代史検証［日本国の誕生］第5巻

文英堂

# 刊行のことば

文英堂は、かつて「わが日本人の祖先の行動と思索の跡を振り返りながら、未来への国民的ビジョンの創造に資することができれば……」との思いから、当時の日本史学界第一線でご活躍の先生方に、お一人一巻ずつ、広範な国民各位に語りかけていただいた『国民の歴史（全二十四巻：昭和四十二年～四十四年）』を世に問いました。幸い、このシリーズは、メッセージ性に富むエッセイ＝スタイルの歴史叢書として画期的であり、幅広い世代の皆様にご愛読いただいて、小社の刊行意図は、確かな答えを得ることができました。

二十一世紀を迎えた今日、『国民の歴史』刊行から早くも半世紀近くが過ぎようとしております。この間の、交通・情報網の発達や地球環境の変化はたいへんに大きく、課題とした国民的ビジョンも、当時の思索範囲を超えたグローバル化によって、人と人ばかりでなく、自然と人間との新たな共生という全人類的な課題になっております。それゆえに、今のわれわれには、過去のどの時代よりも、日本人としての確たるアイデンティティの認識が、改めて求められているのではないでしょうか。

わたしどもは、この古くてしかも新しい課題に向かって、古代日本・東アジア史研究の泰斗である上田正昭先生の企画・監修のもと、かつて倭《わ》と呼ばれた日本列島の人びとと地域が、どのようなプロセスをたどってきたのか、改めてその歴史的経緯を振り返るために、最新の知見にもとづいて祖先の行動と思索の跡を再検証する『新・古代史検証　日本国の誕生(全5巻)』を刊行することにしました。つまり、本シリーズは、三世紀の卑弥呼・邪馬台国の時代から七世紀の天武・持統朝までを対象として、「日本という国がいつどのようにして生まれて今日に引き継がれてきたか」を、一巻お一人ずつの著者に再検証していただきました。そして、各巻、各時代の歴史上の争点については、他分野から二名ずつの論者を迎え、司会を立てた「鼎談」のかたちで、古代日本の国土と日本人の様子を多面的かつ身近な姿として明らかにしていく編集スタイルを試みました。

世界との共生のなかで、日本の未来を託す若い世代をはじめ、幅広い世代に、〝わが国の誕生〟という壮大な歴史ロマンを読み取っていただくとともに、日本人としてのアイデンティティ再認識の一助にしてくだされればとの願いを込めて、ここに『新・古代史検証　日本国の誕生』全5巻をささげます。

平成二十二年三月

文英堂

◉新・古代史検証 日本国の誕生 全5巻——内容と著者

第1巻 弥生興亡 女王・卑弥呼の登場 石野博信＋吉田敦彦・片山一道

第2巻 巨大古墳の出現——仁徳朝の全盛 一瀬和夫＋田中俊明・菱田哲郎

第3巻 ヤマト国家の成立——雄略朝と継体朝の政権 和田萃＋辰巳和弘・上野誠

第4巻 飛鳥の覇者——推古朝と斉明朝の時代 千田稔＋小沢毅・里中満智子

第5巻 倭国から日本国へ——画期の天武・持統朝 上田正昭＋山折哲雄・王維坤

目次

新・古代史検証　日本国の誕生　第5巻　**倭国から日本国へ——画期の天武・持統朝**

鼎談　日本文化は天武・持統朝に成立したのか

【話者】上田正昭＋山折哲雄・王維坤　【司会】小橋弘之　143

# 日本文化の成立

## ——日本国のスタートラインとしての天武・持統朝

上田正昭

# 第一章　日本文化の古き担い手たち

## 海・山のはざまで育まれた日本文化

　まわりを海で囲まれた日本列島は、国土のおよそ四分の三が山地である。日本では古くからその海と山とのはざまの盆地や平野で農耕が営まれてきた。山地から流れる川は流域をくだって海へと注ぐ。山からの植物プランクトンが海藻や魚貝を育てて、豊穣な海をつくる。山が荒れれば、川は洪水の濁流となる。川が荒れれば海もまた荒れる。したがって、この国では古くから「森は海の恋人」とよばれてきた。今日でも漁民が森林を大切にし、水の流域を守ろうとするのは、くらしのなかで育まれてきた知恵にもとづいている。

　このように島国日本の歴史と文化は、農民のみによって担われてきたわけではない。山の民も海の民もまた、日本列島の歴史と文化の発展に寄与してきたのである。

## ■渡来の「コメ」文化

『古事記』や『日本書紀』（以下、『記』『紀』とすることもある）をはじめとする日本の古典神話では、荒芒《こうぼう》の「葦原《あしはら》の中《なか》つ国」※1を高天原《たかまがはら》※2から天降った「天孫《てんそん》」※3が「豊葦原《とよあしはら》の瑞穂《みずほ》の国」（あるいは「豊葦原の千五百秋《ちいほあき》の瑞穂国」としている）にするというストーリーがいわゆる「神代史」の構想のもとに描かれている。そのこともあって、日本の文化は「豊葦原の瑞穂」の文化であるといわれたりする。

しかし後述するように、日本文化イコール稲作文化ではなく、稲作の「コメ」の文化自体が渡来の文化であったことに、改めて注意する必要がある。

「コメ」には陸稲《りくとう》の「コメ」もあれば、水稲《すいとう》の「コメ」もある。そして「イネ」の種類も、最近ではインディカとジャポニカだけでなく、ジャワニカ（ジャワ型）の三つに分けられている。さらに「イネ」の遺伝的形質の研究が進んで、ジャポニカとジャワニカの遺伝的性質が近く、ジャポニカを温帯ジャポニカ、ジャワニカを熱帯ジャポニカと区別する説などもある。

日本列島における「イネ」の栽培が、いったいいつごろから始まったのか。そして栽培種の「イネ」がどのあたりの地域を起源とし、いかなる種類の「イネ」がどのようなルートをたどって日本列島に伝播したのか。その問題自体が古くて新しい研究課

**※1　葦原の中つ国**（あしはらのなかつくに）　高天原と根《ね》の国・底《そこ》の間にある世界。日本の国土の異称ともなる。

**※2　高天原**（たかまがはら）　神々の住む天上の世界。

**※3　天孫**（てんそん）　天《あま》つ神《かみ》の子孫。特に天照大神《あまてらすおおみかみ》の孫、ニニギノミコトを指す。『古事記』では天邇岐志国邇岐志天津日高日子番能邇邇芸命、天邇岐志国邇岐志天日高日子、『日本書紀』では天饒石国饒石天津彦火瓊瓊杵尊、天津日高彦瓊瓊杵尊、彦火瓊瓊杵、火瓊瓊杵などと表記され、一般には瓊瓊杵尊《ににぎのみこと》と書かれる。

題だが、これまでのいわゆる常識を破る新知見が次つぎに登場して、「イネ」と「コメ」をめぐる論究は新たな段階を迎えている。

たとえば、宮崎県えびの市の桑田《くわた》遺跡のプラント・オパール※4（含水珪酸体《がんすいけいさんたい》）の分析によれば、熱帯ジャポニカが多く、温帯ジャポニカが少ないことが明らかにされている。桑田遺跡は縄文《じょうもん》時代晩期（研究者によっては弥生《やよい》時代先Ⅰ期＝早期）の遺跡とみなされており、熱帯ジャポニカの焼畑栽培は、まず沖縄などの南島づたいに入ってきて、少し遅れて中国・朝鮮半島から温帯ジャポニカが伝播したとする仮説も提出されている。また岡山県総社《そうじゃ》市の南溝《みなみみぞ》手《て》遺跡では、後期縄文土器のなかから「イネ」のプラント・オパールが検出された。

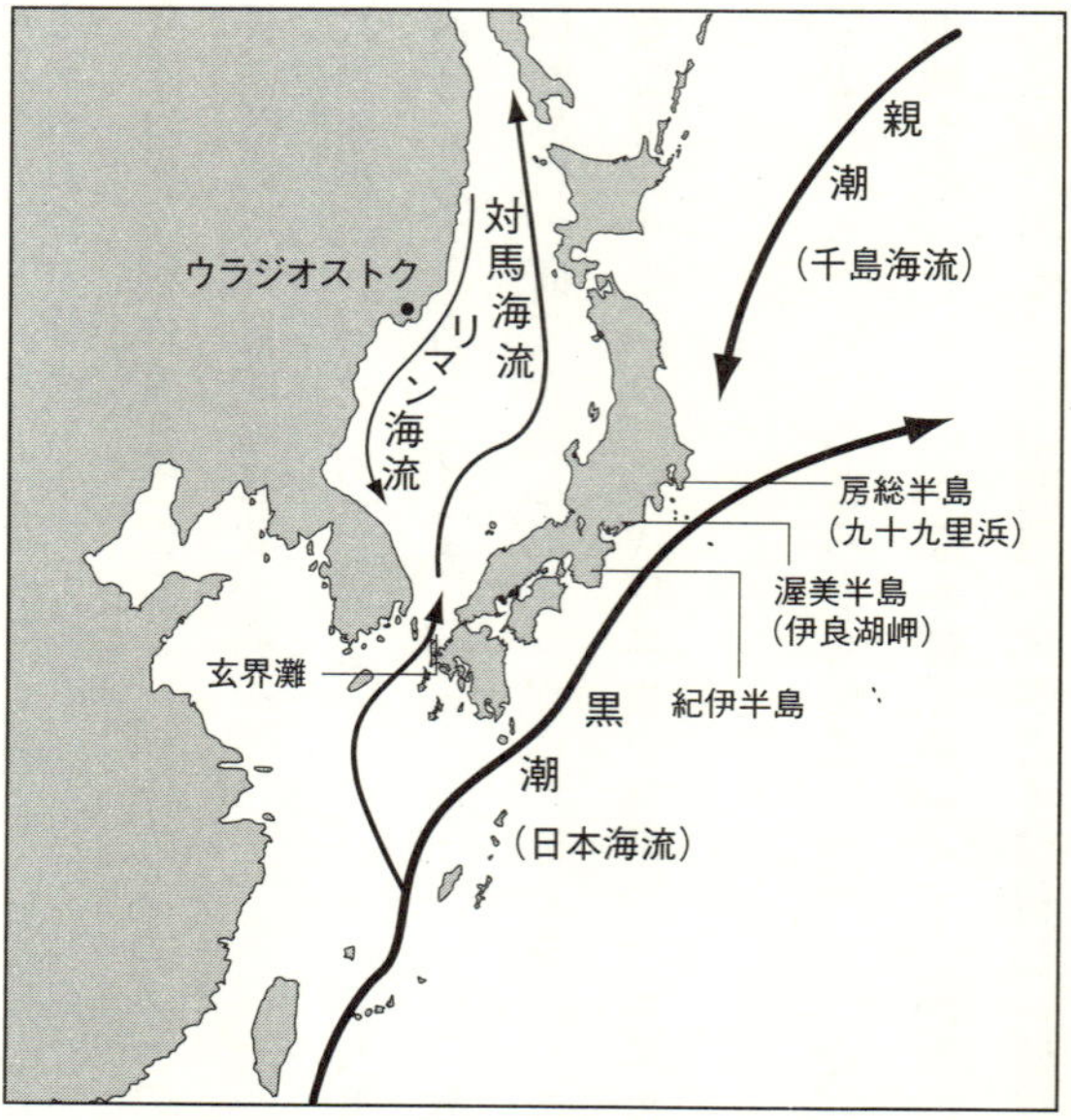

日本近海の海流

※4　プラント・オパール
植物の細胞中に蓄積される珪酸体（ガラス質）の微化石。植物の種類によってそれぞれ形状が異なるため、イネを特定することができる。

※5　畦を放ち（あぜをはなち）　畦《あ》放《はなち》とも書き、田の畔《あぜ》を崩して水を流し出すこと。不法行為のひとつ（120頁参照）。

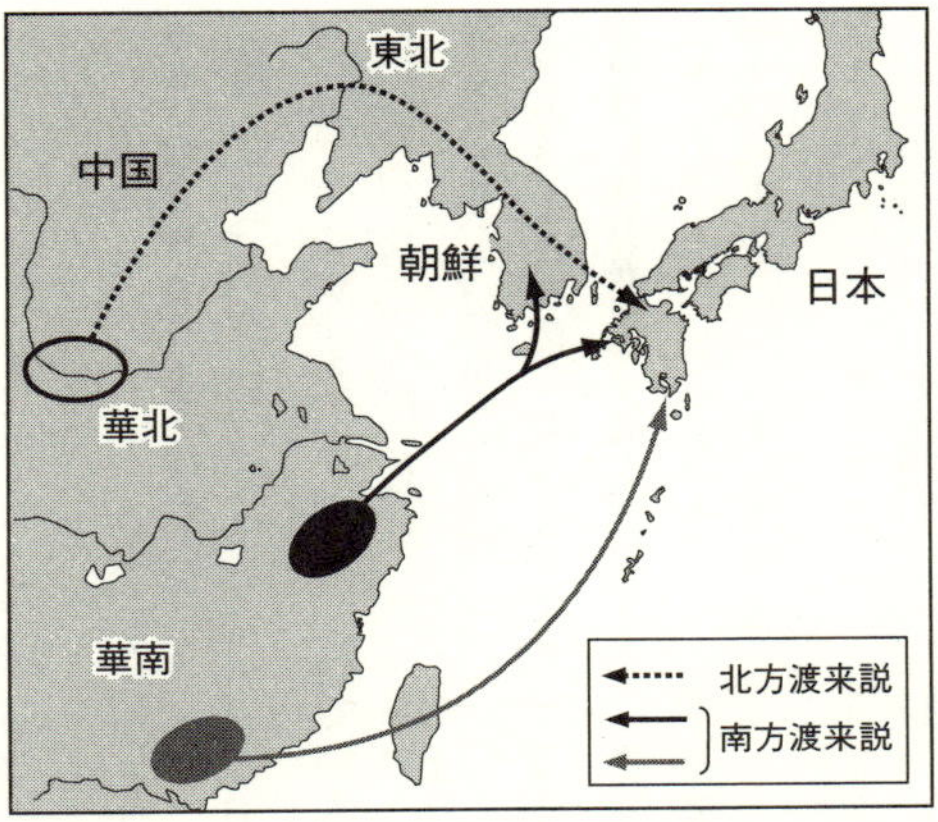

**稲作の伝来**（樋口隆康『日本人はどこからきたか』）

## ■『記』『紀』にみる農耕文化のひろがり

「イネ」が縄文時代後期に伝播していたのは確かな事実だが、「イネ」を中心とする農耕文化が広まるのは、やはり弥生時代に入ってからであろう。農具や食器あるいは炊飯器のたぐいが具体化してくるのも、弥生時代の段階になってからであった。渡来の「イネ」の文化が、たとえば『記』・『紀』の神話で高天原の文化の象徴として物語られていることは、次のような神話にもはっきりとうかがうことができる。

『日本書紀』の神話では、「神代巻」下（巻第二）の第二の「一書」に、天降る「天孫」に天照大神《あまてらすおおみかみ》が「吾《わ》が高天原にきこしめす斎庭《ゆには》の穂《いなのほ》を以て、亦《また》吾が児《みこ》にまかせまつるべし」と告げたことが述べられている。この神話によっても、聖なる田の「稲穂」が天照大神の「神授」として意識されていたことがわかる。

そればかりではなく、実際に『記』・『紀』においては、天照大神が高天原で「御田《みた》」づくりを営むという神話伝承が記されている。すなわち、『古事記』の「神代巻」（上巻）においては、須佐之男命《すさのおのみこと》が「天照大御神の営田」の畦《あぜ》を放《はな》ち※5、またその溝を埋めたとする「勝さび」、また『日本書紀』の「神代巻」上（巻第一）の本文では、「天照大神、天狭田《あまのさなだ》・長田《ながた》を以て御田《みた》としたまふ」。さらに『同』第二の「一書」では、「日神《ひのかみの》尊《みこと》、天垣田《あまのかきた》を以て御田としたまふ」と述べられ、第三の「一書」には「日神《ひのかみ》の田、三処あり、号《なづ》けて天安田《あまのやすだ》・天平田《あまのひらた》・天邑并田《あまのむらあわせだ》と曰ふ。此《これ》皆良き田なり」と明記されている例などがそれである。

つまり、「豊葦原の瑞穂の国」の瑞穂は、『記』・『紀』神話のなかでは高天原系文化のシンボルとして位置づけられていたことがわかる。

## ■高天原の「稲作」と葦原の中つ国の「畑作」

その神話には注目すべき点がある。それは「イネ」の文化を高天原の「天つ神」の象徴であるとするために、「粟《あわ》・稗《ひえ》・麦・豆」の「陸田種子《はたけつもの》」すなわち畑作の文化は、葦原の中つ国の「国つ神」たちの文化を象徴すると物語っていることである。

たとえば、『日本書紀』の「神代巻」上（巻第一）の第十一の「一書」には次のように伝承している。保食神《うけもちのかみ》※6の屍《しかばね》から、牛馬・粟・蚕・稗・稲・麦および大小豆が発生したのを「天熊人《あめのくまひと》」が天照大神に「奉進」したと物語る神話がそれで、天照大神は喜んで「是の物はうつくしき蒼生《あおひとぐさ》※7の、食ひて活くべきものなり（これらは、人々が食べて生きていくためのものである）」と語って、「粟・稗・麦・豆を以て」は、「陸田種子」としたというのである。それに対して「イネ」を「水田種子《たなつもの》」とし、「その

**※6　保食神**（うけもちのかみ）
食物の神（『日本書紀』）。天照大神より遣わされた月読《つくよみの》尊《みこと》に対し、口から飯・魚・獣などを出して供応したが、月読尊はこれを汚らわしいと怒り、保食神を剣で殺してしまった。天照大神はこれを怒って、以後日と月は隔て別れて住むようになったという。その後、再び天照大神が天熊人《あめのくまひと》を遣わして様子を見させると、保食神の死体からは五穀や牛馬などの食物が生成していた。同類の五穀起源の神話は『古事記』にもみられる。

**※7　蒼生**（あおひとぐさ）
民衆のこと。人々の増えるさまを草に例えている。

稲種を以て、初めて（天照大神の）天狭田《あまのさなだ》および長田《ながた》」に殖《う》えたと物語られている。

このように、渡来の「稲種」は高天原に象徴される天つ神系の「水田種子」であり、「粟・稗・麦・豆」は「陸田種子」として、「葦原の中つ国」の「蒼生」（青人草）すなわち被支配者層の食物であったとする認識は、『記』・『紀』の神話にもかなり明確に反映されているのである。

農耕にも、たとえば焼畑耕作をする農民もあれば、水田耕作を営む農民もあった。畑作は縄文時代に確実に行われていたが、畑作を「国つ神の文化」とし、弥生時代に広がる「イネ」の文化を「天つ神の文化」として位置づけていることはきわめて興味深い。

## 柳田民俗学の視座と日本文化荷担者の変遷

### ■「常民」という視点

さて、海・山のはざまの平地や盆地で育まれた日本文化を考えるうえで、大きな功績をあげたのが柳田国男《やなぎたくにお》※8である。柳田国男は日本民俗学の初期に大きな影響を与えた人物である。日本民俗学の育ての親であったといってよい。柳田国男の民俗学は、

**※8　柳田国男**（やなぎたくにお）［一八七五〜一九六二］民俗学者。兵庫県生まれ。農務省官吏、朝日新聞記者などを経て昭和七年（一九三二）より研究に専念。国内を旅して民俗・伝承を調査、近代化の中で忘れられていた民衆の世界に目を向け、日本民俗学の祖となった。文化勲章受章。主な著書に『遠野《とおの》物語』『海上の道』。

柳田国男

常民《じょうみん》の「眼前上の疑問」すなわち「実生活上の疑問」あるいは「社会の疑問」を解決するための学問として発展してきた。たとえば『郷土生活の研究法』（刀江書店、一九三五年）にもその視座を求めることができる。

その時期の柳田は、「常民」を「普通人」の意味で用いたが、日本文化の基層にある稲作をとりわけ重視して、常民は「上の者」でも「下の者」でもなく、その「二つの者の中間にあって、住民の大部分を占めていた」、「ごく普通の百姓」とみなした。ここでは「上の者」とは、すなわち土地の草分け・村のオモダチ（重立）・オホヤ（大家）・オヤカタ（親方）などを指し、「下の者」とは諸道・諸職、たとえば道心坊・鍛冶屋《かじや》・桶屋《おけや》など「しばらくづつ村に住んでは、また他に移って行く漂泊者《ひょうはくしゃ》」を指した。

柳田民俗学では、晩年になればなるほど、普通の生活を過ごす平野部の稲作農民、すなわち常民の生活文化を研究の主たる対象にしていったが、かといって、その当初から稲作農民のみをクローズ・アップしていたわけではない。明治四十二年（一九〇九）から大正三年（一九一四）の時期には、たとえば（柳田流にいえば）「非常民」ともいうべき山間や奥地で生活を営んでいる「山人」などを重視した考察を数多く発表している。『後狩詞記《のちのかりことばのき》』※9や『遠野《とおの》物語』※10などがそれであり、「山民の生活」、「山神とオコゼ」、「山人外伝資料」などの論文を見ても明らかである。だが、大正中期の一九二〇年代を過ぎると、その関心の中心は、「非常民」から「常民」へと推移し、そしてさ

**※9『後狩詞記』**（のちのかりことばのき）　柳田国男著。宮崎県椎葉《しいば》村の焼畑や狩りにまつわる伝承と習俗を見聞きし、まとめたもの。日本最初の民俗誌といわれる。明治四十二年（一九〇九）刊行。

**※10『遠野物語』**（とおのものがたり）　柳田国男著。岩手県遠野郷に伝わる説話・民間信仰・年中行事などの記録書で、柳田が遠野生まれの佐々《ささ》木《き》喜善《きぜん》の語る伝承を聞き書きした。明治四十三年（一九一〇）刊行。

らに「常民」から「日本人」へと展開していった。
もっとも柳田民俗学の「常民」の内容についても、時期による変貌があって、これを一律に論ずることは必ずしも適当ではない。

## ■柳田の海民の研究から稲作北上説へ

海民の研究も、柳田は早くから視野に入れていた。柳田国男は、明治三十年（一八九七）の夏、三河《みかわ》（愛知県東部）の伊良湖岬《いらごみさき》に一カ月ばかり滞在したが、そのおりに海流がさまざまなものをもたらす「寄物《よりもの》」に気づいた。その話が島崎藤村《しまざきとうそん》に伝えられて、〝流れよる椰子《やし》の実《み》一《ひと》つ〟の有名な詩※11になったという。

寄物と漂着、やがて船乗りは物資の運搬者だけでなく文化の運搬者であることに気づく。柳田が本格的に、郷土研究所同人たちによる漁村・離島の調査を行ったのは昭和十二年（一九三七）から十四年（一九三九）までの間で、その成果は昭和二十四年（一九四九）柳田国男編『海村生活の研究』にまとめられている。そしてその海民研究の実りは、『島の人生』（創元社、一九五一年）をはじめとする著作にも反映された。

そして、最後の著書『海上の道』（筑摩書房、一九六一年）では、沖縄付近の島々に貴重な宝貝が数多く採れることを知った原日本人が、その地に移住し、稲作技術をもって北上したという考察を述べており、稲作中心の日本文化論を展開した。

**※11　有名な詩**　島崎藤村『椰子の実』。

名も知らぬ遠き島より
流れ寄る椰子《やし》の実一つ
故郷《ふるさと》の岸を離れて
汝《なれ》はそも波に幾月
旧《もと》の樹は生ひや茂れる
枝はなほ影をやなせる
われもまた渚《なぎさ》を枕
孤身《ひとりみ》の浮寝の旅ぞ
実をとりて胸にあつれば
新《あらた》なり流離の憂
海の日の沈むを見れば
激《たぎ》り落つ異郷の涙
思いやる八重の潮々
いづれの日にか国に帰らん
（『落梅集《らくばいしゅう》』明治三十四年）

### 山幸と海幸

柳田民俗学の成果には学ぶべきことがらが数多く存在するが、かつての柳田国男が山の民、海の民をも視野に入れてその論究を深めていったように、山と海のはざまに「イネ」と「コメ」の生活と文化が展開したのである。

## ■「コメ」に関する古代の祭儀

古代日本の宮廷における祭儀で、稲作がとりわけ重視されていたことは、『大宝《たいほう》令《りょう》』[※12]や『養老令《ようろうりょう》』[※13]の「神祇令《じんぎりょう》」[※14]を検討しただけでもわかる。祈年祭《きねんさい》[※15]や神嘗祭《かんなめさい》[※15]、毎年大嘗《おおなめ》（新嘗《にいなめ》）祭《さい》[※16]や毎世大嘗（践祚《せんそ》大嘗）祭などの祈禱と祭儀の中心は、「イネ」の実りと「コメ」の奉献であり、そして大嘗祭では、神饌親供《しんせんしんぐ》[※17]とその親食が重要であった。『延喜式《えんぎしき》』[※18]所収の祈年祭祝詞《のりと》にみられるように「皇神等《すめがみたち》の依さしまつらむ奥《おき》つ御年《みとし》を、手肱《たなひじ》に水沫《みなわ》かき垂《た》り、向股《むかもも》に泥《ひじ》かき寄せて、取り作らむ奥つ御年を、八束穂《やつかほ》の茂《いか》し穂に、皇神等の依さしまつらば、初穂をば、千穎《ちかい》八百穎《やほかい》に奉り置きて」と祈念されたのも偶然ではない。しかし、民間の祭儀がすべてそうであったとは限らない。たとえば『常陸国風土記《ひたちのくにふどき》』（筑波《つくば》郡の条、現茨城県）に伝える新嘗は新粟の新嘗であった。

※12　**大宝令**（たいほうりょう）　大宝元年（七〇一）に制定、翌年施行された律令国家の法令。文武《もんむ》天皇の命により刑部《おさかべ》親王・藤原不比等《ふひと》らが編纂した。現存しないが、注釈書『令集解《りょうのしゅうげ》』などで、そのおよそをうかがうことができる。

※13　**養老令**（ようろうりょう）　大宝令を改修したもので、元明天皇の命により藤原不比等らが中心となって編纂した。天平宝字元年（七五七）の施行。明治維新にいたるまで公家の基本法典となった。

※14　**神祇令**（じんぎりょう）　『大宝令』『養老令』の一部で、律令制国家の公的祭祀の大綱を定めた法令。

粟作の「新嘗」も実在した。

『記』・『紀』の神話は、最終的には、八世紀のはじめのころに、宮廷の支配層を主体としてまとめられた。そのこともあって、稲作の神話が主要な位置を占めることになるが、しかしそこにも、粟・稗・麦・豆の発生神話がある（『日本書紀』巻第一、『古事記』上巻にもみえる、ただし稗を欠く）。また、『日本書紀』「神代巻」上の第六の「一書」のように、スクナヒコナノミコトが「粟茎《あわがら》」にのぼり、はじかれて「常世郷《とこよのくに》」に渡る神話もあった。

## ■海の神と山の神

日本の神話には焼畑耕作に関する神話もあれば、数人の山民生活を背景とする神話もある。『記』・『紀』の神話で最も人々に親しまれている山幸彦《やまさちひこ》・海幸彦《うみさちひこ》の神話においても、海幸彦の子孫を南九州の隼人《はやと》とするのに対して、山幸彦は天津日高日子穂々手見命《あまつひたかひこほほてみのみこと》（『記』・『紀』では火折彦火々出見尊《ほおりひこほほでみのみこと》）であって、神倭伊波礼毘古命《かむやまといわれひこのみこと》（神武《じんむ》天皇。『紀』では神日本磐余彦尊）の曽祖父にあたるとされている。

『古事記』では、大年神《おおとしのかみ》※19の神統譜に、山の神である大山咋神《おおやまくいのかみ》※20を「近法海（近江）の日枝山（比叡山）に坐《ま》し、亦葛野《またかどの》の松尾に坐して、鳴鏑《なるかぶら》を用《も》つ神ぞ」と述べて説明している。前者は滋賀大津市の日吉《ひよし》大社の祭神であり、後者は京都市西京《にしきょう》区の松《まつ》

※15 **祈年祭／神嘗祭**（きねんさい／かんなめさい） 祈年祭は「としごいのまつり」とも読み、年穀豊穣を祈る祭り。神嘗祭は、収穫された早稲の新穀（初穂）を天照大神や天神・地祇に供える祭り。

※16 **大嘗祭（新嘗祭）**（おおなめさい／にいなめさい） 天皇の即位後、初めて執り行う新嘗祭。皇位継承の祭儀で、大嘗宮という施設を新設する。

※17 **神饌親供**（しんせんしんぐ） 天皇が神に供物をささげ、それを神と共に食べる。

※18 **延喜式**（えんぎしき） 律令を補足する施行細則を延喜五年（九〇五）から延長五年（九二七）にかけて集成した。五十巻。

尾《のお》大社の祭神である。そして松尾大社は『秦氏本系帳《はたうじほんけいちょう》』において、大宝元年（七〇一）に新羅《しらぎ》系の渡来氏族秦都理《はたのとり》※21が社殿を造営したことが伝えられているが、『延喜式』神名帳に「二座」と明記するとおり、松尾大社の祭神は、この大山咋神と海神宗像《むなかた》三女神の一柱《ひとはしら》である市杵嶋姫命《いちきしまひめのみこと》※22であった。

　山の神と海の神とが合わせ祀られるそのありようは、海と山のはざまに展開した日本列島の文化にふさわしい。

　日本列島はまわりをすべて海で囲まれ、南からは黒潮（日本海流、その分流は対馬《つしま》海流）が北上し、北からは親潮（千島《ちしま》海流）あるいはリマン海流が南下して回流する（12頁参照）。稲作の文化ばかりでなく畑作の文化もあれば、山民の文化や海民の文化もはっきりと存在した。山の民や海の民のくらしのなかで育まれた文化もまた軽視することはできない。

## 山・海・田の文化の交わり

　むかしの話だが、志摩《しま》（三重県）の海女《あま》たちが、奈良県の大和盆地での田植えに毎年手伝いにきていたという伝えを聞いたことがある。また鎌倉時代の内陸部の集落と海に面した集落とを比較した研究によると、銭やコメは海辺の集落の人びとの方がた

※19 **大年神**（おおとしのかみ）　穀物を守護する神。素戔嗚尊《スサノオノミコト》の子。

※20 **大山咋神**（おおやまくいのかみ）　大年神の子。神名は大山に杭を打つ神、山の所有者の意。大津の日吉大社、京都の松尾大社などの祭神。山《やま》末之大主神《すえのおおぬしのかみ》ともいう。

※21 **秦都理**（はたのとり）　山城（京都府）の秦氏で、その子孫は松尾社の社家ともなる。

※22 **市杵嶋姫命**（いちきしまひめのみこと）　天照大神と素戔嗚尊との誓約《うけい》において、素戔嗚尊の剣から生まれた宗像《むなかた》三女神の一神。海の神・航海安全の神としての信仰がある。

くさんもっていたということである。

このように盆地や平野部の人びとのくらしは、山の民や海の民のくらしとの対比によって、その実像がより鮮明に浮かびあがる。そしてそこには山の民、海の民、田の民との多様な交わりがあった。

## ■海を護る山の神

※23 **大山祇神**（おおやまずみのかみ） 山の神。伊弉諾尊《イザナギノミコト》の子。

（上）大山祇神社（愛媛県）
（下）鳥海山大物忌神社（山形県）

大山祇《おおやまずみ》（積）の神[※23]といえば、古くから山の神として有名である。なかでも愛媛県今治《いまばり》市の大山祇神社は三島大明神とも称され、越智《おち》水軍をはじめとして海上の守護神とあがめられてきた。山の神が海民の守護神となった代表的な例である。『伊予国風土記《いよのくにふどき》』の逸文によると、この神の古姿は、朝鮮半島の百済《くだら》とかかわりの深い神であって「和多志《わたし》（渡海）の大神」であったと伝えられている。そうした例は他にもあって、航海する人びとが山を海上の道しるべとした事例は多い。

たとえば、大物忌《おおものいみ》神社は出羽《でわ》富士とも仰がれる鳥海山《ちょうかいさん》（山形県・秋田県）に祀られていた神であって（のち山麓に遷座、山形県飽海郡《あくみ》遊佐町《ゆざ》）、もともとは山の神であった。『続《しょく》日本後紀』承和七年（八四〇）七月二十六日の条には、出羽国飽波郡《あくなみ》（山形県）の大物忌神に神階従四位下を昇叙し、神戸《かんべ》を充当したことに関連する詔が載っているが、これはその前年の八月、遣唐使の帰国船（第二船）が南海の海賊に襲撃されたおりに、大物忌神の神助により救われた、という出来事があり、その報徳として行われたことであった。

ここでも山の神が海上の守護神になっていた。霊峰や高山を仰ぎみる信仰は、海民の世界にも生きていたのである。

山と海のあいだには、こうした史脈も存在した。日本の文化の担い手は盆地や平野部の農民ばかりでなく、山の民や海の民の生活もまたわが国土の歴史と文化の発展の荷担者となったのである。

# 第二章　渡来文化の受容と変容
## ——古代日本文化の萌芽

### 渡来の波

　日本文化は、この島国日本のなかで独自に発展した固有の文化だという見解がある。しかし、はたしてそうであろうか。旧石器時代の例だが、栃木県北部の高原山《たかはらやま》の黒曜《こくよう》石《せき》[※1]原産地遺跡で約三万五千年前の旧石器が見つかった。知的で効率的な作業の跡を示す黒曜石の石器のなかには、伊豆諸島（東京都）の神津島《こうづしま》産の黒曜石が含まれていた。氷河期であっても、神津島が伊豆半島と陸続きであった痕跡はまったくない。旧石器時代人が険しい高原山に登って黒曜石を採掘したばかりか、神津島の黒曜石を求めて採取し、加工していたと考えられる。

　氷河期の最寒期でも、対馬海峡や津軽海峡は干上がることはなかった。後期旧石器時代の初頭には、現代人とほぼ同様の思考や行動をもった新人[※2]が日本列島にたどりついていたことが推察され、旧石器文化が渡来の新人と深いかかわりをもつと考えられる。

※1　**黒曜石**（こくようせき）　黒色透明の火成岩で、おもにヤジリに使われていた。

※2　**新人**（しんじん）　約四万～一万年前に現れた人類。現代人の直接の祖先と考えられる。南フランスで発見されたクロマニョン人が代表的である。

※3 銅鐸・銅剣・銅鉾・銅戈（どうたく・どうけん・どうほこ・どうか） 銅鐸は釣鐘《つりがね》型青銅器。剣は下方突出部を柄にさして使用。鉾は下方に袋状の空洞を設けて柄をさし、戈は刃に直角に柄をつけて使用した。

## ■銅鐸のルーツ

弥生《やよい》時代の文化を特徴づけるものに、青銅器と鉄器の使用がある。弥生時代の青銅器としては、銅鐸《どうたく》と銅剣《どうけん》・銅鉾《どうほこ》・銅戈《どうか》※3が有名であり、銅剣・銅鉾・銅戈のルーツが中国大陸・朝鮮半島にあることは、多くの人びとが知っている。だが、銅鐸については、しばしば日本独自の青銅器といわれる。しかし必ずしもそうとは断言できない。

銅鐸という青銅器のよび名が、日本の古典で最も早くみられるのは『続日本紀《しょくにほんぎ》』の和銅六年（七一三）七月六日の条である。そこには「大倭《やまと》国宇太《うだ》郡波坂《なむさか》郷の人、大初位上村君東人《あづまひと》、銅鐸を長岡野《ながおかの》の地に得て献《たてまつ》る。高さ三尺、口径《くちのわたり》一尺。その制、常に異《こと》にして、音《おと》、律呂《りつりょ》に協《かな》ふ。所司に勅《みことのり》して蔵《おさ》めしめたまふ」と記されている。現奈良県宇陀《うだ》地域の人が見つけたと記す。

加茂岩倉《かもいわくら》遺跡（島根県雲南《うんなん》市）で発見された39個の大量の銅鐸群
（島根県立歴史博物館提供）

しかし「銅鐸」は中国の古典にも明記されており、たとえば南朝宋《そう》の歴史書である『宋書《そうじょ》』（巻二十七）には、西《せい》晋《しん》の建興四年（三一六）に「田の中に銅鐸を得た」と述べて、その数は「五枚（五個）」で、「柄の口に龍虎《りゅうこ》の形（文様）あり」と記す。

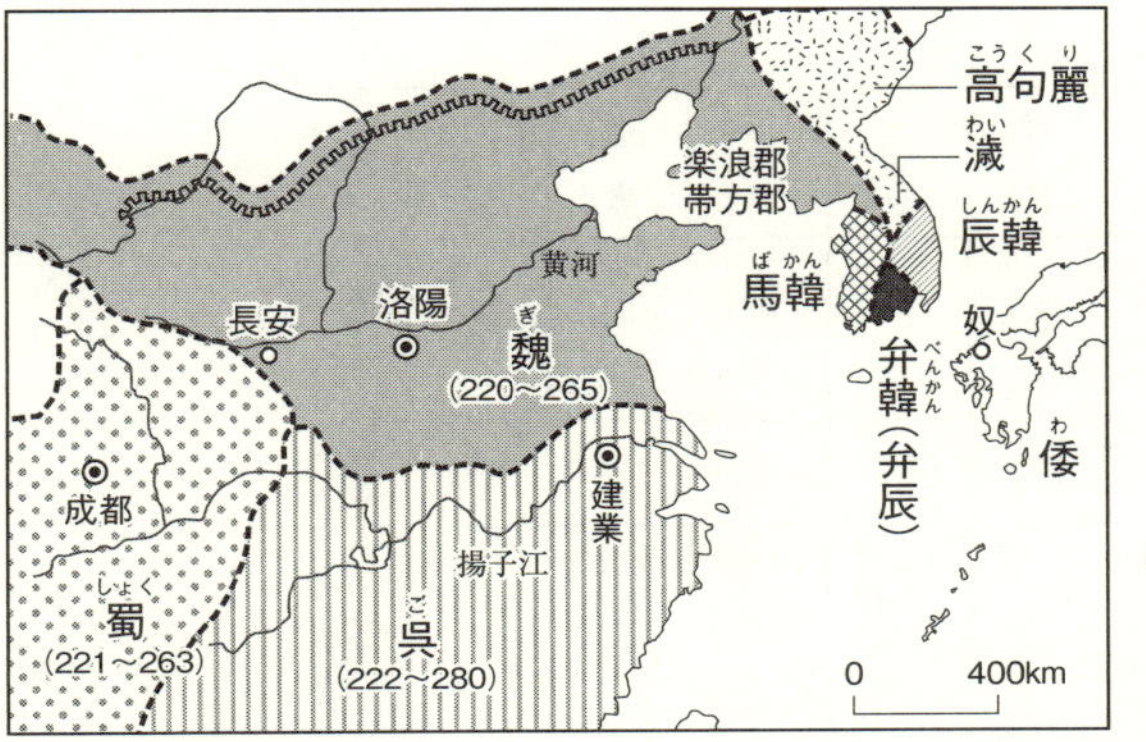


３世紀の東アジア

楽器としての「銅鐸」は中国にすでにあって、それが朝鮮半島に伝わる。私は昭和五十五年（一九八〇）の八月に、初めて朝鮮民主主義人民共和国へ学術調査のために赴いたが、ピョンヤンの中央歴史博物館で楽浪区貞柏洞《チョンペクドン》出土という第一号小銅鐸（高さ十四センチ）・第二号鐸（十三センチ）・第三号鐸（十三センチ）・第四号鐸（十二センチ）とピョンヤン付近で見つかったと伝えられる小銅鐸の鋳型《いがた》を実見した。朝鮮半島の小銅鐸としては、韓国の大邱《テグン》市坪里洞《ピョンニドン》・大田《テジョン》市槐亭洞《クェジョンドン》・慶尚北道月城《ウォルソン》郡入室里《イプシムニ》から出土した実物を観察したことがある。

大分県宇佐《うさ》市の別府《びゅう》遺跡から見つかった小銅鐸あるいは福岡県の春日《かすが》市岡本《おかもと》町四丁目所在遺跡から出土した小銅鐸の鋳型などを見ても、日本独自の青銅器であるかのようにいわれる銅鐸のルーツが、朝鮮半島や中国大陸の小銅鐸にあることが推察される。

日本列島では、小銅鐸がだんだんと大型化して、高さが一メートルを超えるようになる。もと楽器であった小銅鐸が、楽器からムラビトのまつりの際の宝器になってゆくのである。

このように海外からの渡来文化を受容して、日本独自の文化に実らせていくプロセスは、次の項でみるようにわが国における仮名《かな》文字の登場とその使用のありように反映されている。

おもな中国の史書

| 書名 | 編著者 | 巻数 | 成立 | 対象王朝 |
|---|---|---|---|---|
| 史記《しき》 | 司馬遷《しばせん》 | 130 | 前漢 前九一年頃 | 黄帝〜前漢（武帝） |
| 漢書《かんじょ》 | 班固《はんこ》 | 120 | 後漢 後八二年頃 | 前漢 |
| 後漢書《ごかんじょ》 | 范曄《はんよう》ら | 120 | 南北朝 四三二年頃 | 後漢 |
| 三国志《さんごくし》 | 陳寿《ちんじゅ》 | 65 | 西晋 二八〇年代 | 三国時代 |
| 晋書《しんじょ》 | 房玄齢《ぼうげんれい》 | 130 | 唐 六四八年 | 晋 |
| 宋書《そうじょ》 | 沈約《しんやく》 | 100 | 南斉 四八八年 | 宋（南北朝） |
| 隋書《ずいしょ》 | 魏徴《ぎちょう》ら | 85 | 唐六三六・六五六年 | 隋 |
| 旧唐書《くとうじょ》 | 劉昫《りゅうく》ら | 200 | 五代 九四五年 | 唐 |
| 新唐書《しんとうじょ》 | 欧陽脩《おうようしゅう》ら | 225 | 宋 一〇六〇年 | 唐 |

## ■日本の文字の始まり

平成十八年（二〇〇六）の十月十二日、大阪市中央区の難波宮《なにわのみや》跡から「皮留久佐乃皮斯米乃刀斯」と十一字を書いた木簡《もっかん》（木札）が見つかったことが報道された。この十一字は「春草のはじめの年」と読むのが最もわかりやすく、ウタ（和歌）の一部とみなす説が有力だが、全長十八・五センチ、幅二・〇五センチあるこの木簡は、十一文字のところで折れている。一首三十一文字あったとすれば全長四〇センチ以上となり、歌会などで唱和された歌の木簡ではないかと推定されている。

そしてこの木簡が書かれたのは六五〇年前後で、「はじめの年」というのは、「大化《たいか》」という年号を「白雉《はくち》」に改めた六五〇年の「はじめの年」とする説もある。

いずれにしても、七世紀のなかばに、いわゆる万葉仮名が使われていたことが確実となった。そして七世紀の後半になると、天皇の

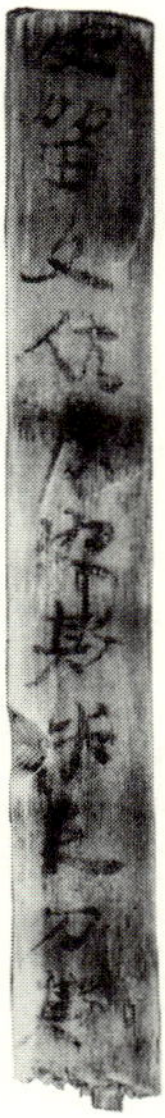

皮留久佐乃皮斯米之刀斯

難波宮出土「皮留久佐乃皮斯米之刀斯《はるくさのはじめのとし》」木簡（大阪市文化財協会提供）　赤外線写真

詔《みことのり》を国語によって書き直した宣命《せんみょう》書きの木簡も出土し、また奈良県明日香村石神《いしがみ》遺跡出土の万葉仮名の木簡「阿佐奈伎尓《あさなぎに》（朝なぎに）」の歌が記されるようになる。

七世紀の後半には額田王《ぬかたのおおきみ》や柿本人麻呂《かきのもとのひとまろ》などの歌人があらわれ、やがてその万葉仮名を前提として偏《へん》や旁《つくり》をとった片仮名やその草書体である平仮名が登場してくる。

## ■文書による外交

日本列島における文字の使用がいったいいつごろから始まったのか、という問題についてはいろいろな意見がある。しかし、三世紀の前半の邪馬台国《やまたいこく》と中国の魏《ぎ》との外交が文書《もんじょ》を媒介として行われており、西晋の陳寿《ちんじゅ》が二八〇年代にまとめた有名な『三国志』の『魏書《ぎしょ》』東夷伝倭人《とういでんわじん》の条（『魏志倭人伝』）に、「文書を伝達」と記している。そればかりでなく、景初《けいしょ》三年（二三九）に魏の明帝《めいてい》から邪馬台国の女王卑弥呼《ひみこ》に「詔書」が贈られ、また正始《せいし》六年（二四五）にも少帝《しょうてい》の詔が倭《わ》の難升米《なしめ》に与えられ、さらに正始八年にも魏の使節張政《ちょうせい》らが「詔書」をもたらして「檄《げき》（檄文）をつくりて、之《これ》を告諭《こくゆ》す」と述べ、さらに正始元年（二四〇）のおりには「上表」している。これらの記述からも文字の使用がうかがわれる。おそらく朝鮮半島などから渡来した人びとが「詔書」など記録関係の仕事に携わったのであろう。

実際に、三重県松阪市片部《かたべ》遺跡（三世紀末ないし四世紀初め）から「田」の字と思われる墨書《ぼくしょ》土器[※4]（この地域では三世紀初頭の松阪市貝蔵《かいぞう》遺跡から文字の墨書ではないが墨書土器四点が出土）や、あるいは熊本県玉名《たまな》市の柳町《やなぎまち》遺跡から四世紀初葉の木製短甲の留具《とめぐ》に見られる「田」の字、福岡県糸島《いとしま》市三雲《みくも》遺跡出土の三世紀中葉とみなされている土器に線刻の「竟（鏡）」、千葉県流山《ながれやま》市市野谷宮尻遺跡から三世紀末の墨書土器（「久」と思われる）などが見つかっているのも参考になる。

※4　**墨書土器**（ぼくしょどき）墨で文字や記号、絵などが書かれた土器。

**柳町遺跡「田」文字**（熊本県教育委員会提供）

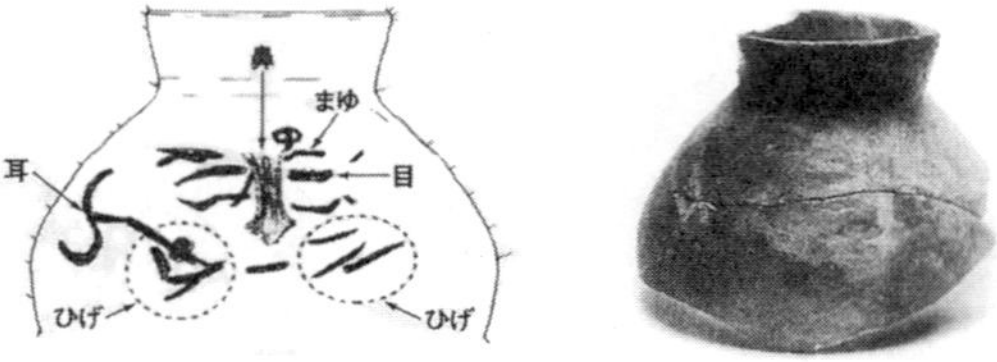


**貝蔵遺跡墨書土器**（松阪市教育委員会文化財センター提供）

五世紀の倭《わ》の五王《ごおう》（讃《さん》・珍《ちん》・済《せい》・興《こう》・武《ぶ》）の南朝宋《そう》との遣使朝貢は、明確に「文書」による外交であった。『宋書』の夷蛮伝《いばんでん》倭国の条に、たとえば太祖文帝の元嘉二年（四二五）に、讃王が「司馬曹達《しばそうたつ》を遣わして表を奉り方物を献ず」と上表文による外交を行っていたのを見てもわかる。倭王武が順帝の昇明二年（四七八）に「使を遣わして表を上《たてまつ》る」とあるのもその例である。そして『宋書』には、上表文の内容がはっきりと記されている。

## ■漢字によるヤマト言葉の音表記

五世紀中葉から後半の早い段階のころと考えられている千葉県市原《いちはら》市の稲荷台《いなりだい》一号墳から「王賜□□敬安」の銘文のある「廷刀《ていとう》」

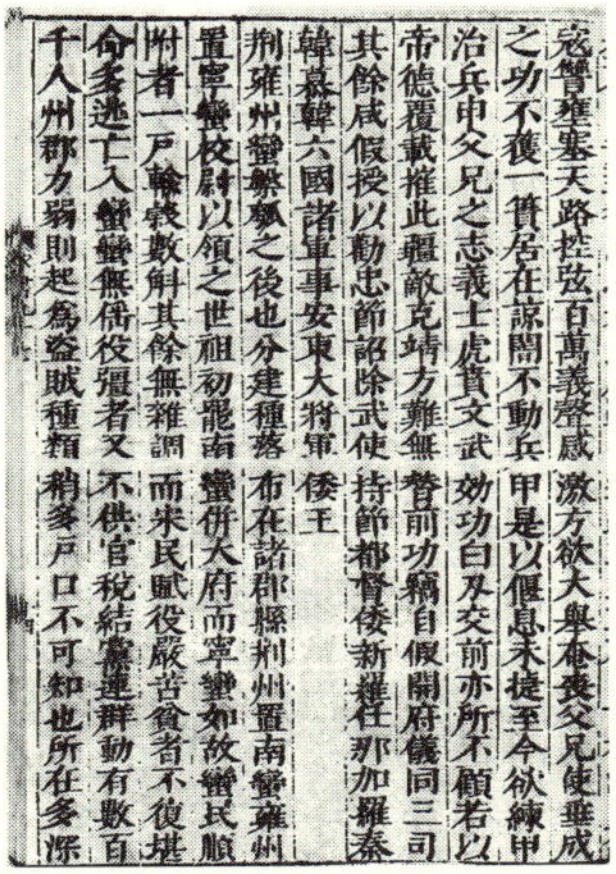
寇讐壅塞天路控弦百萬義聲感激方欲大舉奄喪父兄使垂成
之功不獲一簣居在諒闇不動兵甲是以偃息未捷至今欲練甲
治兵申父兄之志義士虎賁文武效功白刃交前亦所不顧若以
帝德覆載摧此强敵克靖方難無替前功竊自假開府儀同三司
其餘咸假授以勸忠節詔除武使持節都督倭新羅任那加羅秦
韓慕韓六國諸軍事安東大將軍倭王
荊雍州蠻盤瓠之後也分建種落布在諸郡縣荊州置南蠻雍州
置寧蠻校尉以領之世祖初罷南蠻并大府而寧蠻如故蠻民順
附者一戶輸穀數斛其餘無雜調而宋民賦役嚴苦貧者不復堪
命多逃亡入蠻蠻無徭役彊者又不供官稅結黨連群動有數百
千人州郡力弱則起為盜賊種類稍多戶口不可知也所在多深

**『宋書』夷蛮伝倭国の条**
順帝の昇明２年（478）に見える倭王武の上表文

が見つかり、また埼玉県行田《ぎょうだ》市の稲荷山古墳から「辛亥年《かのといのとし》（四七一）」から始まる百十五字の金象嵌《きんぞうがん》銘文鉄剣が検出された。また熊本県和水《なごみ》町の江田船山《えたふなやま》古墳から「治天下」ほか七十五字の銀象嵌銘文太刀が出土している例など、五世紀には確実に文字の使用されていたことが確かめられる。

**干支《えと(かんし)》**　「辛亥《かのとい》」のような表記は十干《かん》十二支《し》という。中国に起こり、後漢のころから両者を組み合わせ60年を１周期とする紀年法として用いられ、日本に伝わった。

| | | | | | | | | | |
|---|---|---|---|---|---|---|---|---|---|
| 1 甲子 きのえね コウシ・カッシ | 2 乙丑 きのとうし イッチュウ | 3 丙寅 ひのえとら ヘイイン | 4 丁卯 ひのとう テイボウ | 5 戊辰 つちのえたつ ボシン | 6 己巳 つちのとみ キシ | 7 庚午 かのえうま コウゴ | 8 辛未 かのとひつじ シンビ（ミ） | 9 壬申 みずのえさる ジンシン | 10 癸酉 みずのととり キユウ |
| 11 甲戌 きのえいぬ コウジュツ | 12 乙亥 きのとい イツガイ | 13 丙子 ひのえね ヘイシ | 14 丁丑 ひのとうし テイチュウ | 15 戊寅 つちのえとら ボイン | 16 己卯 つちのとう キボウ | 17 庚辰 かのえたつ コウシン | 18 辛巳 かのとみ シンシ | 19 壬午 みずのえうま ジンゴ | 20 癸未 みずのとひつじ キビ（ミ） |
| 21 甲申 きのえさる コウシン | 22 乙酉 きのととり イツユウ | 23 丙戌 ひのえいぬ ヘイジュツ | 24 丁亥 ひのとい テイガイ | 25 戊子 つちのえね ボシ | 26 己丑 つちのとうし キチュウ | 27 庚寅 かのえとら コウイン | 28 辛卯 かのとう シンボウ | 29 壬辰 みずのえたつ ジンシン | 30 癸巳 みずのとみ キシ |
| 31 甲午 きのえうま コウゴ | 32 乙未 きのとひつじ イツビ（ミ） | 33 丙申 ひのえさる ヘイシン | 34 丁酉 ひのととり テイユウ | 35 戊戌 つちのえいぬ ボジュツ | 36 己亥 つちのとい キガイ | 37 庚子 かのえね コウシ | 38 辛丑 かのとうし シンチュウ | 39 壬寅 みずのえとら ジンイン | 40 癸卯 みずのとう キボウ |
| 41 甲辰 きのえたつ コウシン | 42 乙巳 きのとみ イツシ | 43 丙午 ひのえうま ヘイゴ | 44 丁未 ひのとひつじ テイビ（ミ） | 45 戊申 つちのえさる ボシン | 46 己酉 つちのととり キユウ | 47 庚戌 かのえいぬ コウジュツ | 48 辛亥 かのとい シンガイ | 49 壬子 みずのえね ジンシ | 50 癸丑 みずのとうし キチュウ |
| 51 甲寅 きのえとら コウイン | 52 乙卯 きのとう イツボウ | 53 丙辰 ひのえたつ ヘイシン | 54 丁巳 ひのとみ テイシ | 55 戊午 つちのえうま ボゴ | 56 己未 つちのとひつじ キビ（ミ） | 57 庚申 かのえさる コウシン | 58 辛酉 かのととり シンユウ | 59 壬戌 みずのえいぬ ジンジュツ | 60 癸亥 みずのとい キガイ |

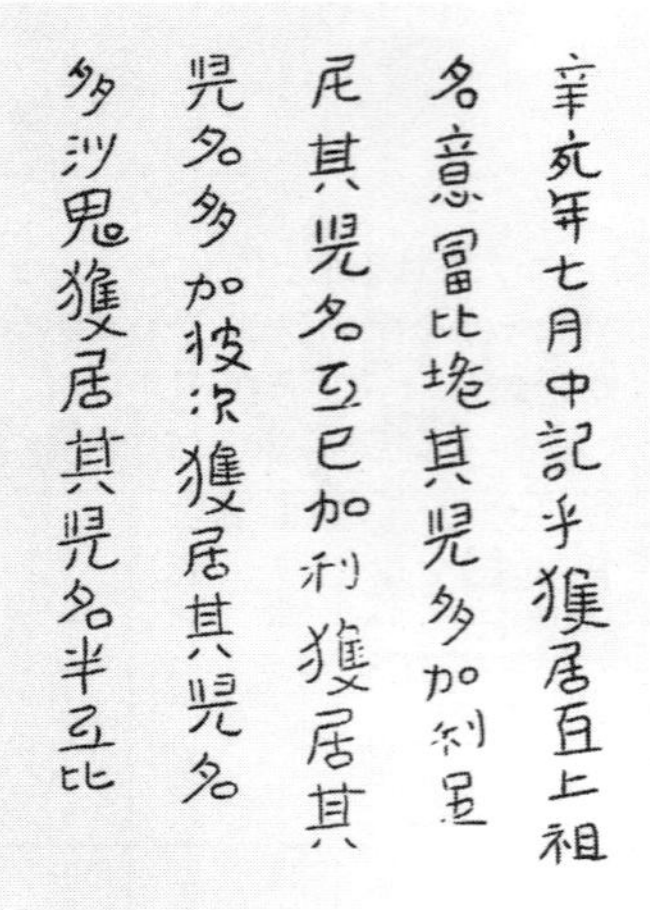
辛亥年七月中記乎獲居臣上祖
名意富比垝其児多加利足
尼其児名弖已加利獲居其
児名多加披次獲居其児名
多沙鬼獲居其児名半弖比

**稲荷山古墳「辛亥年」銘鉄剣と銘文**
（埼玉県立さきたま資料館・元興寺文化財研究所提供）

たとえば稲荷山古墳の辛亥銘鉄剣には「意富比垝《おほひこ》」・「多加《たか》利足尼《りすくね》」・「弖已加利獲居《てみかりわけ》」・「乎獲居臣《おわけのおみ》」・「獲加多支鹵《わかたける》」などといった文字が刻まれ、ヤマト言葉に漢字の音をあてて文字で表記することが始まっていた状況をきわだたせる。そしてそこには漢字を用いて倭国の言葉を表す独自の工夫を試みた知恵が浮かび上がってくる。しかもそこには八代のタテ系譜を記し、三代目・四代目・五代目は首長の称号としてのワケを名乗り、五世紀後半になると氏姓制のオミを称していたことがわかる。

それでは、このような日本文化を象徴する和魂漢才《わこんかんさい》のありようがいったいどのようにして形成されていったのかを次に顧みよう。

**紫式部（土佐光起《とさみつおき》筆）**
土佐光起は江戸前期の土佐派の絵師。

# 第三章　和魂と漢才
## ―日本文化のありようと顕在化

### 大和魂の輝き

ところで、意外に思われるかもしれないが、日本の古典で「大和魂《やまとだましい》」という言葉を確実に使っている人物は紫式部《むらさきしきぶ》である。その著『源氏《げんじ》物語』の「乙女《おとめ》」の巻には、次のように記されている。

「才《ざえ》を本《もと》としてこそ、大和魂の世に用ひらるる方《かた》も強ふ侍《はべ》らめ」。

ここで紫式部が「大和魂」と述べているのは、戦前・戦中の日本精神の代名詞として使われた「大和魂」ではない。日本人としての教養や判断力を意味しての「大和魂」であった。「才」とは「漢才《からざえ》」で、具体的には文学者紫式部のいうところは漢詩や漢文学を内容とする「漢才」である。言葉を換えていえば、海外からの渡来文化ということにもなろう。「漢才（学問）」をベースにしてこそ、実際に世の中でその能力（教養や思慮、判断力）の効用が生かされるのである、ということの指摘はまさに名言である。

## ■紫式部の教養

紫式部の曽祖父は三十六歌仙※1の一人である堤中納言藤原兼輔《かねすけ》であり、父の為時《ためとき》は文《もん》章生《じょうせい》※2の出身で、長徳二年（九九六）には越前守《えちぜんのかみ》となって、紫式部も同行している。為時は、中唐の詩人白居易《はくきょい》（白楽天《はくらくてん》）はもとよりのこと、王維《おうい》・李白《りはく》・杜甫《とほ》などの漢詩を愛好したという。

紫式部は、寛弘二年（一〇〇五）に中宮彰子《ちゅうぐうしょうし》※3付の女房となったが、父が式部《しきぶ》亟《かん》（式部大亟）であったのにもとづいて紫式部と称せられたという。『紫式部日記』の寛弘五年（一〇〇八）十一月一日の条に「源氏（『源氏物語』）にかかはるべき人も見えたまはぬに、かのうへ（紫の上）は、まいていかでものしたまはむと、聞きゐたり」と書かれており、寛弘五年十一月一日までに『源氏物語』が存在していたことが推察される。したがって平成二十年（二〇〇八）は、寛弘五年から数えて千年になるというので、『源氏物語』千年紀を記念するさまざまなイベントが開催された。

一条《いちじょう》天皇※4も『源氏物語』を読ませ聞いて、紫式部を「日本紀を読みたるべけれ、誠に才あるべし」、「日本紀に通じ、誠に学識あり」とほめ、また女官の橘隆子《たちばなのたかこ》が紫式部を「日本紀の局《つぼね》」と皮肉ったと伝えられる。

紫式部が幼いころから父の漢詩・漢文学の教養を身につけていたことは、前漢の歴

**※1　三十六歌仙**（さんじゅうろっかせん）　平安時代中期、藤原公任《きんとう》が『万葉集』『古今集』『後撰和歌集』のなかから『三十六人撰』として名を挙げた和歌の名人。

**※2　文章生**（もんじょうせい／もんじょうしょう）　大学寮に設置された文章道を専攻する学《がく》生《しょう》。漢詩を作成する試験によって二十名が選抜された。

**※3　中宮彰子**（ちゅうぐうしょうし）［九八八～一〇七四］　一条天皇の中宮、藤原彰子のこと。父は藤原道長。紫式部・和泉式部《いずみしきぶ》らが仕えた。

史家である司馬遷《しばせん》の『史記《しき》』(89頁参照)を愛読していたというエピソードからもうかがわれる。『源氏物語』には白楽天の『白氏文集《はくしもんじゅう》』の詩がしばしば引用されているが、紫式部の文学の前提には、『日本紀』や物語の類《たぐい》ばかりでなく、漢詩・漢文学への深い造詣があった。だからこそ源氏の息子である夕霧の学問のありようをめぐって、「才を本としてこそ、大和魂の世に用ひらるる方も強ふ侍らめ」と述べたのである。

『源氏物語』の「蛍」の巻には、「日本紀はただかたそばぞかし、これら(物語)にこそ道々《みちみち》しく詳《くわ》しきことはあらめ」と語られている。『日本紀』よりも「物語」にこそ、人間の真実がより具体的に描きうるという背景には、「才を本」とする「大和魂」が潜んでいたというべきではないか。

## ■「和魂漢才」

のちに学問の神(天神様《てんじんさま》)ともあおがれるようになる菅原道真《すがわらのみちざね》公ゆかりの『菅家《かんけ》遺誡《いかい》』※5には「凡《およ》そ国学の要《かなめ》とする所は、論の古今に渉《わた》り、天人《てんじん》を究めんと欲すと雖《いえど》も、其の和魂漢才《わこんかんさい》に非《あら》ざるよりは、其の閫奥《こんおう》を闞《と》ること能《あた》はず」とある。和魂漢才とは、日本伝来の精神と中国伝来の学識を兼ね備えることであり、およそ日本国に関する学問の中では、論義が古今東西におよび、天意と人事を見きわめようと思っても、「和魂漢才」でなければ、学問の奥義をのぞみ会得することはできないという学びの姿勢

**※4　一条天皇**(いちじょうてんのう)[九八〇～一〇一一]在位九八六～一〇一一。在位中は藤原道長が摂関家の地位を固めた時期であり、また紫式部や清少納言《せいしょうなごん》などによる女流王朝文学が栄えた。

**※5　菅家遺誡**(かんけいかい)公家への訓戒が記された教訓書。

にかかわる「和魂漢才」が強調されている。

幕末・維新期には「和魂洋才《わこんようさい》」※6が唱えられたが、第二次世界大戦後の日本は、民主化の名のもとに欧米の文明が日本の文化をリードして、「洋魂洋才」の世になりはてた感が強い。

日本の文化が渡来文化を「本《もと》」としながら、いかに日本独自の文化として結実したかを端的に示すひとつの例を日本の古典芸能のひとつである雅楽《ががく》にも見出すことができる。

※6 **和魂洋才**（わこんようさい） わが国伝来の精神をもって西洋の学問や知識を学び取ること。

## 雅楽の命脈

### ■生ける正倉院「雅楽」

雅楽とは、日本の伝統的な歌舞ばかりではなく、三国楽《さんごくがく》すなわち高句麗楽《こうくりがく》・百済《くだら》楽《がく》・新羅楽《しらぎがく》、中国の唐楽《とうがく》（204頁参照）、中国東北区の東半分のあたりから沿海州《えんかいしゅう》・シベリアの一部にかけて存在した渤海《ぼっかい》の渤海楽、さらにベトナムの林邑楽《りんゆうがく》などを、七世紀の後半から八世紀のはじめのころにわが国で集大成したものである。

奈良の東大寺の収蔵庫である正倉院《しょうそういん》には、西アジア、ペルシャはもとよりのこと、

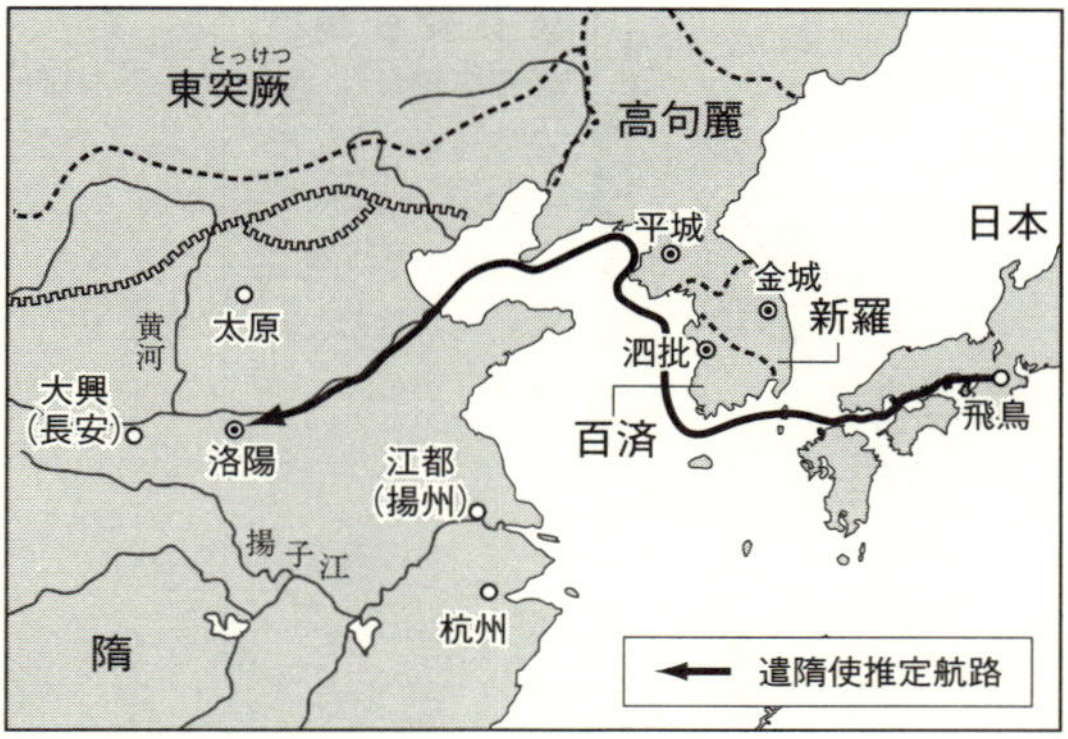


７世紀の東アジア

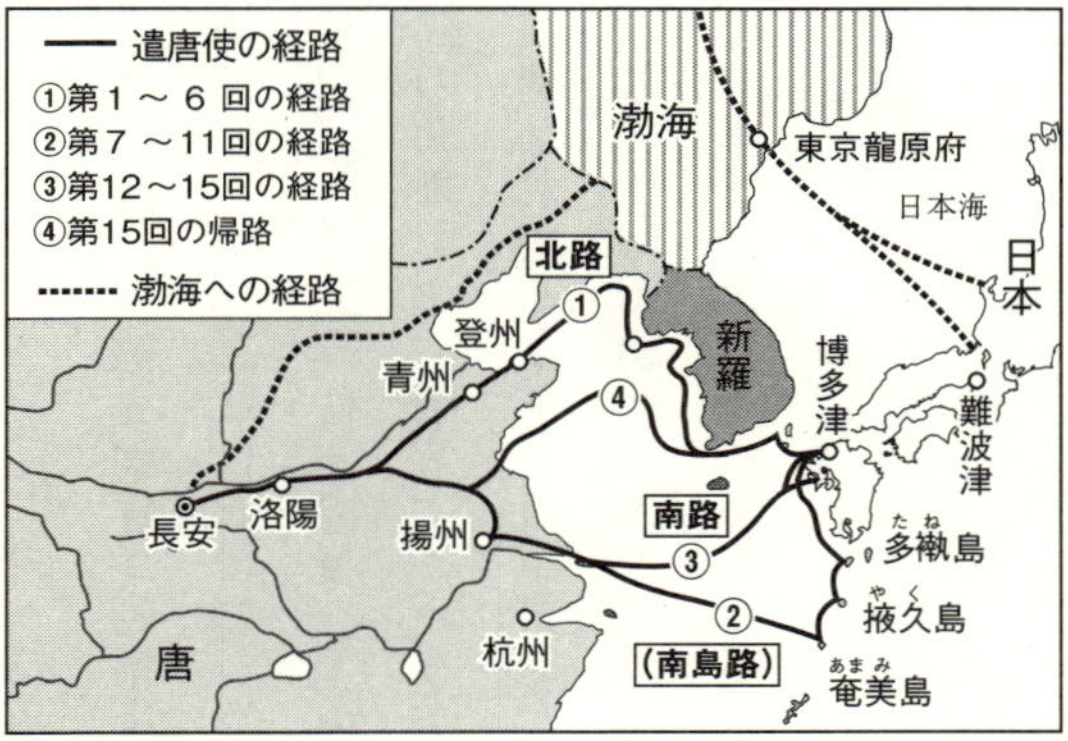


８世紀の東アジア

インド・中国・朝鮮半島など、いわゆるシルクロード（絹の道）によって運ばれた貴重な宝物がある。八世紀なかばの聖武天皇の遺愛品を中心とするあまたの収蔵品によって、シルクロードの終点は東大寺正倉院である、という言い方をされることもある。しかしそれらは、あくまでも文物であって、現在に生き続けているわけではない。

ところが、少なくとも八世紀のはじめにわが国で古代アジアの音楽と舞踊を「雅楽」として実らせたその楽舞は、千三百年あまりの長きにわたって、楽人や舞人によって受け継がれ、現在も演奏されている。つまり、二十一世紀の今の世に生きているのである。もっとも、雅楽にも時代による変容はあったが、その基本的な内容と構成に変わりはなかった。私があえて「雅楽は生ける正倉院」というゆえんである。

『日本書紀』の允恭《いんぎょう》天皇四十二年正月の条には、新羅（この場合の新羅は朝鮮半島南部の東側にあった三国時代の

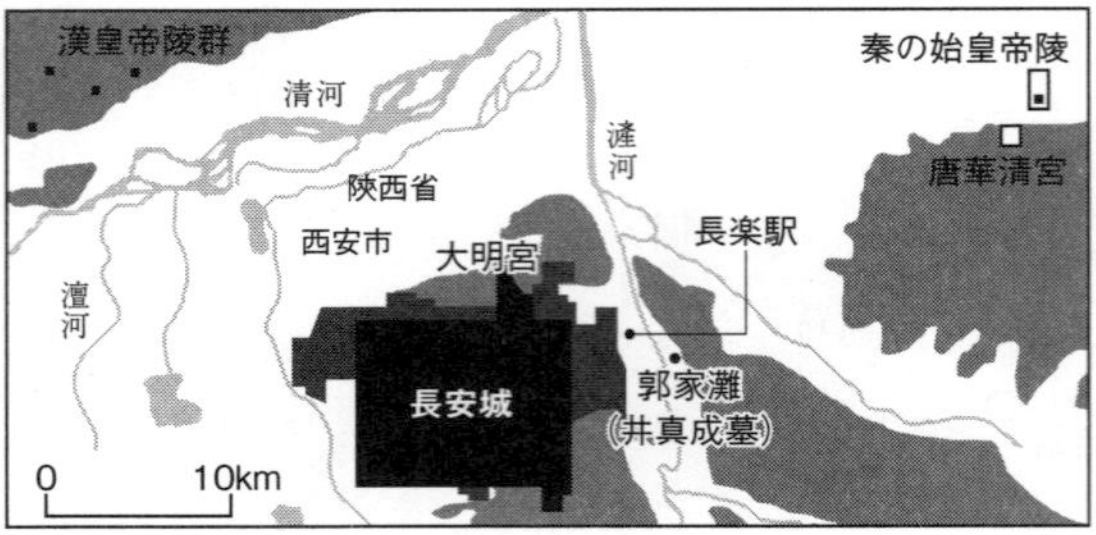


**唐長安城《ちょうあんじょう》周辺**
唐の都長安は、現在の陝西省《せんせいしょう》西《せい》安《あん》市にあった。その規模は東西9,702m、南北8,673mを測り、人口は100万人を超えたという。3代高宗《こうそう》以後、皇帝は大明宮《たいめいきゅう》で政務をとった。

新羅）から「種々の楽人」が倭国へ渡来したことを記し、ついで『同書』欽明《きんめい》天皇十五年二月の条には、百済（朝鮮半島南部の西側）から「楽人」の「施徳三斤《せとくさんこん》・季徳己《きとくこ》麻次《まし》・季徳進奴《しんぬ》・対徳進陀《たいとくしんだ》」が来朝したことを述べる。そして推古《すいこ》天皇二十年是歳の条では、百済の味摩之《みまし》が「伎楽《ぎがく》の舞」を伝えたことを記載する。高句麗（朝鮮半島北部）・百済・新羅の楽舞を「三国楽」というが、「三国楽」が天武《てんむ》朝の飛鳥浄御原宮《あすかきよみはらのみや》の「庭の中」で演奏されたことは『日本書紀』の天武天皇十二年正月の条を見てもわかる。

島国日本の文化は閉鎖的であって、日本列島固有のものであるという認識が誤りであることは、雅楽ひとつをかえりみても明らかである。

## ■ 雅楽の重視

八世紀はじめのころに制定された「大宝令《たいほうりょう》」、それに「養老令《ようろうりょう》」の二官（神祇官《じんぎかん》・太政官《だじょうかん》）・八省（中務《なかつかさ》・式部《しきぶ》・治部《じぶ》・民部《みんぶ》・兵部《ひょうぶ》・刑部《ぎょうぶ》・大蔵《おおくら》・宮内《くない》）をはじめとする役所の名称・定員・職掌などを規定した「職員令《しきいんりょう》」には、治部省のもとに「雅楽寮」が設けられていたことを明記する。この役所は、「ウタマヒノツカサ」とよばれるが、ここには在来の歌舞の歌師《うたし》（四人）・歌人《うたびと》（四十人）・歌女《うため》（百人）・儛師《まいし》（四人）・儛生《まいしょう》（百人）などのほか唐楽師（十二人）・楽生《がくしょう》（六十人）、高麗《こま》（高句麗）楽師・楽生、百済楽師・楽生、新羅楽師・楽生（それぞれ四人・二十人）が所属し、さらに伎楽師《ぎがくし》（一人）・楽戸、

**現在の雅楽（舞楽）**

左は演奏する管方。右下は渡来の『蘇利古《そりこ》』の舞。左下は「林邑八楽」の一つの『迦陵頻《かりょうびん》』。（いずれも大阪市四天王寺聖霊会《しょうりょうえ》における天王寺楽所《がくそ》雅亮会《がりょうかい》の舞楽）

腰鼓師《くれつづみ》（二人）などが配属されていた。職員人数はわかっているものだけで四百五十九名、それに人数を書いていない楽戸の人びとなどを加えると、関係者の総数は五百名を超える。二官八省のなかでの職員数は雅楽寮が圧倒的に多い。いかに当時の政府が、雅楽を重視していたかがわかる。

中国の東北地区から沿海州、シベリアの一部におよぶ渤《ぼっ》海《かい》の楽舞（渤海楽）は『続日本紀』の天平勝宝元年（七四九）十二月の条ほかにみられ、天平勝宝四年（七五二）四月の東大寺大仏開眼供養会《くようえ》のおりには、日本伝来の久米舞《くめまい》・楯《たて》伏《ふし》（節）舞《まい》などはもちろん、唐楽・高麗楽（ここでは三国楽を意味する）・度羅楽《とらがく》（済州島《チェジュド》説や中央アジアの吐火羅《とから》説がある）や林邑《りんゆう》（ベトナム）楽も演奏されていた（『続日本紀』『東大寺要録』）。

「なす所の奇偉《きい》あげて記すべからず、仏法東帰より斎会《さいえ》の儀、未《いま》だかつてかく如く盛《さかん》なるはあらざるなり」と書きとどめられた毘盧遮那仏《びるしゃなぶつ》の開眼供養会を彩《いろど》ったのは雅楽寮や諸寺の雅楽であった。

**唐の漢文学史**（人名の数字は没年）

| 唐（初唐） | 唐（盛唐） | 唐（中唐） | 唐（晩唐） |
|---|---|---|---|
| •唐の建国〔六一八〕。<br>•五経正義《ごきょうせいぎ》〔孔穎達《くえいたつ》、六四八〕<br>『大唐西域記《だいとうせいいきき》』〔玄奘《げんじょう》、六六四〕<br>•玄宗《げんそう》〔七六二〕による開元《かいげん》の治。 | **漢詩（近体詩）全盛の時代**<br>孟浩然《もうこうねん》〔七四〇〕<br>王翰《おうかん》〔七二六？〕<br>王維《おうい》〔七六一〕<br>李白《りはく》〔七六二〕<br>杜甫《とほ》〔七七〇〕 | **古文復興運動**<br>柳 宗元《りゅうそうげん》〔八一九〕<br>韓愈《かんゆ》〔八二四〕<br>『白氏文集《はくしもんじゅう》』〔白居易《はくきょい》（白楽天《はくらくてん》）、八四六〕 | 杜牧《とぼく》〔八五二〕<br>•黄巣《こうそう》の乱《らん》〔八七五〕。<br>•唐の滅亡〔九〇七〕。 |

天長十年（八三三）のころまでに、雅楽では唐楽や林邑楽などの左方《さかた》と三国楽や渤海楽などの右方《うかた》、すなわち両部制《りょうぶせい》がととのい、平安時代には楽家《がくけ》による秘伝の伝授、つまり家元制度が形成される。そして雅楽は三方楽所《さんぼうがくそ》（京方＝大内方、奈良方＝南都《なんと》方、大坂方＝四天王寺方）を核として展開した。そして、その命脈は今も京都・奈良・大阪を中心に生きつづいている。

明治三年（一八七〇）には宮内省に雅楽局ができて、雅楽のいわゆる家元制は解体し、雅楽局の伝統は現在の宮内庁式部職楽部《がくぶ》に引き継がれているが、「生ける正倉院」ともいうべき雅楽は、今の日本文化のなかで、なお燦然と光り輝く。

## 受容と選択

我々の祖先は、内なる文化と外なる渡来文化をたくみに結合し、日本独自の文化を形づくってきた。日本列島の祖先の人びとがすぐれていたのは、外来のものをすべて受容したのではなく、日本の歴史と風土に合うように選択したことである。

「和魂漢才」の「大和魂」の輝きを、そこにもはっきりと見出すことができる。

## ■宗教文化や制度における選択

たとえば儒教を受容したことは、「大宝令」・「養老令」における都《みやこ》の大学《だいがく》・各地の国学《こくがく》などの学制に関する規定「学令《がくりょう》」に、「凡《およ》そ大学・国学は、年毎《としごと》に春秋二仲《にちゅう》の月（二月・八月）の上丁《じょうちょう》（最初の丁の日）に先聖孔宣父《せんせいこうせんぷ》（孔子《こうし》）に釈奠《せきてん》せよ」※7と、孔子をまつることを特筆しているのを見てもわかる。

そして「凡そ経《きょう》は、周易《しゅうえき》・尚書《しょうしょ》・周礼《しゅらい》・儀礼《ぎらい》・礼記《らいき》・毛詩《もうし》・春秋左氏伝《しゅんじゅうさしでん》をば各《おのおの》一経とせよ、孝経・論語は、学者兼ねて習へ」と定めたが、革命思想の受容は回避した。

紀元前三世紀後半のころから中国で具体化してきた不老長生《ふろうちょうせい》・現世利益《げんぜりやく》の宗教である道教《どうきょう》※8も受容した。これは、『日本書紀』の推古天皇十年（六〇二）十月の条に、百済の僧観勒《かんろく》が『遁甲方術《とんこうほうじゅつ》の書』をもたらし、山背臣日立《やましろのおみひたて》が「方術を学ぶ」と記すばかりでなく（127頁参照）、推古天皇十九年の五月五日から、時の朝廷で道教の行事のひとつである、仙薬《せんやく》や鹿の角などをとる薬獵《くすりがり》が年中行事化してくることを見ても明らかである。天武天皇十三年（六八四）の十月には、新しく八色《やくさ》（八種）の姓《かばね》※9が創られた。しかし、そのトップの「真人《まひと》」は、道教の奥義をきわめた神仙に対する用語でもあり、第五番目の「道師《みちのし》」とは道教の師匠を指す言葉でもあった。

**※7 釈奠**（せきてん） 儒教の祖である孔子を祀ること。

**※8 道教**（どうきょう） 中国で古代の民間信仰に始まった神仙思想を中心とした宗教。不老長生・現世利益を主たる目的とする。陰陽・五行・墨子《ぼくし》・易などの思想や、医薬・巫術の要素と関連して呪術宗教としての要素もある。

**※9 八色の姓**（やくさのかばね） 天武天皇十三年（六八四）に制定された姓制度。真人《まひと》・朝臣《あそみ》・宿禰《すくね》・忌寸《いみき》・道師《みちのし》・臣《おみ》・連《むらじ》・稲置《いなき》。天皇中心の新体制確立の政策として新たな氏姓秩序を定めた。

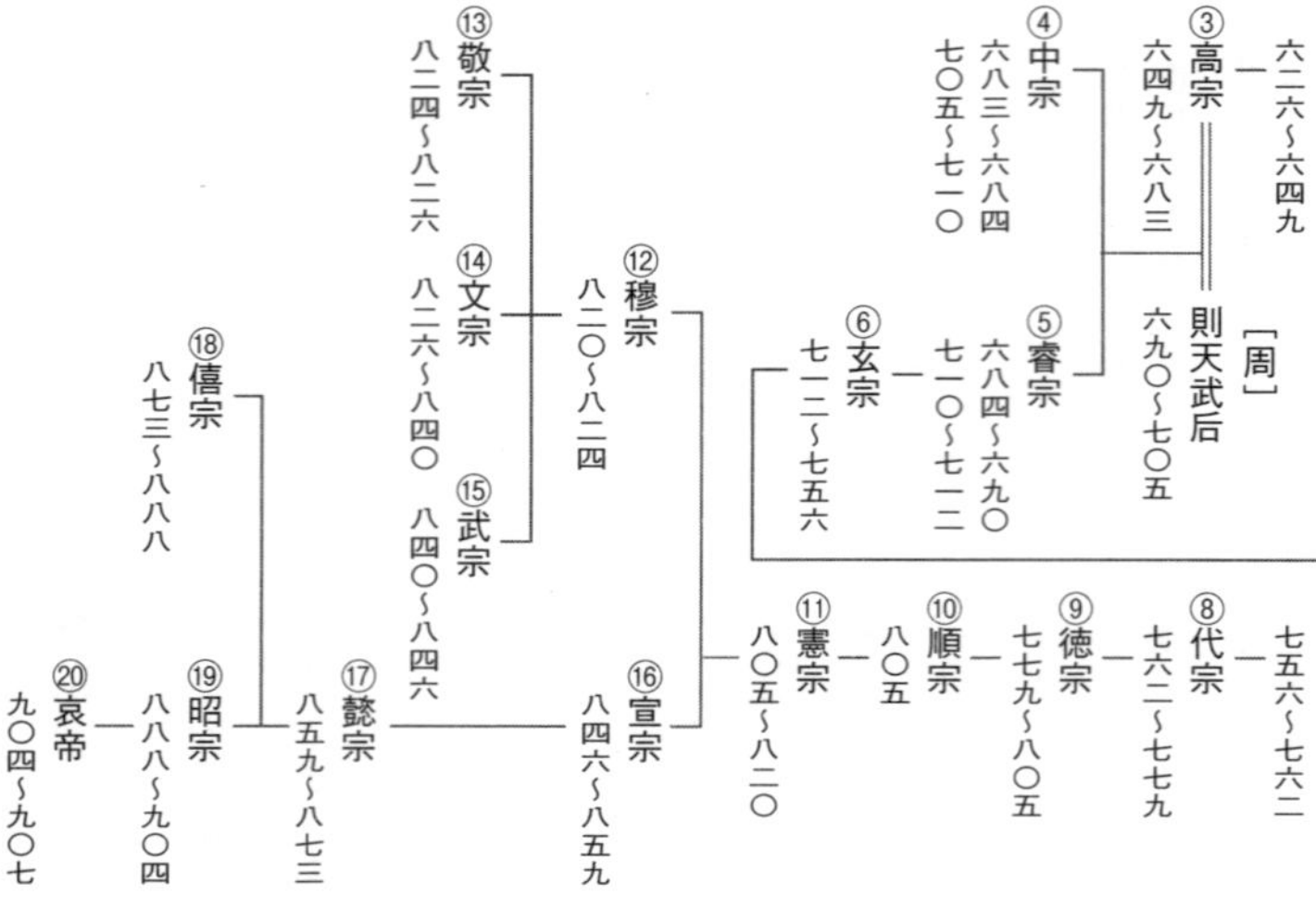


唐朝の皇帝（20代、618 ～ 907年）　○数字は即位順

天武朝のころから国家が実施する、ツミ・ケガレを祓う国の大祓《おおはらえ》が具体化したが（115～118頁参照）、その大祓のおりに、朝鮮半島南部から渡来した渡来氏族の東《やまと》（大和）・西《かわち》（河内）の文氏《ふみうじ》が横刀《たち》を献じて奏上する「呪《じゅ》（呪言）」には皇天《こうてん》上帝《じょうてい》・三極大君《さんきょくたいくん》・日月星辰《にちげつせいしん》・八方諸神《はっぽうしょしん》・司命司釈《しめいししゃく》・左東《ひだりとう》王父《おうふ》・右西王母《みぎせいおうぼ》など中国の神々が登場する。東王父は道教における最高位の男仙であり、西王母は同じく最高位の女仙である（122頁参照）。中臣《なかとみ》氏の大祓が国文体の祝詞《のりと》であったのに対して、東西の文氏の「呪」は漢文体で奏上されている。

藤原宮跡（奈良県橿原《かしはら》市）から出土した木簡《もっかん》（墨書の木札）に茅山《ぼうざん》道教を組織

八色の姓

| | |
|---|---|
| 真人 | 継体天皇以後（天武天皇から数えて５世以内）の皇室子孫の有力氏族 |
| 朝臣 | 継体天皇以前の旧臣《おみ》姓の皇別の有力氏族 |
| 宿禰 | 旧連《むらじ》姓の神別の有力氏族 |
| 忌寸 | 直《あたい》姓の国造《くにのみやつこ》、渡来人系の有力氏族 |
| 道師 | |
| 臣 | 氏姓制度における臣姓の氏族 |
| 連 | 氏姓制度における連姓の氏族 |
| 稲置 | |

した梁《りょう》の陶弘景《とうこうけい》の『本草集注《ほんそうしゅうちゅう》』が記されていたことや、あるいは静岡県浜松市の伊場《いば》遺跡や宮城県多賀《たが》城《じょう》市の多賀城跡から出土した道教の呪言である「急々如律《きゅうきゅうにょりつ》令《りょう》※10」と書かれた木簡なども参考になる。そのほか、歌舞伎の「勧進帳《かんじんちょう》」で名高い弁《べん》慶《けい》の山伏《やまぶし》問答の科白《せりふ》に「急々如律令」が出てくるのも、山伏の修験道は日本の山岳信仰・真言密教そして道教が習合して成り立っていたからである。

にもかかわらず、五斗米道《ごとべいどう》※11（天師道《てんしどう》）や太平道《たいへいどう》※12をはじめとする教団道教が受容された形跡はなく、道教の寺院である道観《どうかん》が建立されたことを物語る遺跡も発見されていない。

『日本書紀』の斉明《さいめい》天皇二年（六五六）九月の条に「嶺《みね》（多武峰《とうのみね》）の上の両《ふた》つの槻《つき》の樹の辺《ほとり》に、観《たかどの》を立つ」と記する「観」を道観とみなす説もあるが、確かな遺跡はまだ見つかっていない。このように道教の受容にあたっても選択のなされていたことがわかる。

高等文官の資格試験としては、中国や朝鮮では科挙《かきょ》の制があった。中国では漢代か

**呪符木簡《じゅふ》**　「急々如律令」という文字が両面に見える。（伊場遺跡出土。8～10世紀。浜松市博物館提供）

**※10　急々如律令**（きゅうきゅうにょりつりょう）　もとは中国漢代の公文書に「急ぎ律令の如く行え」の意味で書き添えられた慣用句。のちに道教や陰陽道で悪魔退散の字句として呪言・呪符に取り入れられた。

**※11　五斗米道**（ごとべいどう）　中国後漢末に張陵が蜀《しょく》（四《し》川《せん》省）で創始した原初道教の宗教結社。天師道と自称したが、入信者や祈禱を授けた人々から五斗の米を奉納させたことから、一般に五斗米道と呼ばれた。

**※12　太平道**（たいへいどう）　中国後漢末に張角を教祖として成立した民間宗教。まじないを用いた病気治しにより多くの信徒を得て、のちに黄巾《こうきん》

の乱（一八四年）とよばれる農民反乱を起こした。五斗米道とともに道教の源流のひとつに数えられる。

ら清朝末までこの制度が受け継がれた。しかし、日本では天武天皇十三年の八色《やくさ》の姓《かばね》をはじめとする氏姓改革によって確立された秩序にもとづいて官人の採用を行った。唐の科挙の制では、広く諸階層から有能な人材の登用をめざしたのに対して、日本では有力な位階の氏姓の人の子孫を重視する限定された官人の任用となった。そのことは「飛鳥浄御原令」や「大宝令」の考仕令《こうしりょう》や「養老令」の考課令《こうかりょう》を見ても明らかである。

中国や朝鮮では去勢された男子が宮廷の官人となった宦官《かんがん》が存在した。宦官は中国では古く周の時代に登場しているが、歴代絶えることなく、清朝末まで宦官の制度は続く。しかし、わが国ではついに宦官の制は導入されなかった。

## ■唐の律令官制との違い

こうした受容と選択のありようは、中国の法令の受けとめ方にも反映されている。わが国の「大宝令」や「養老令」は古代中国の唐の「唐令《とうりょう》」を母法としたが、その内容はかなり異なっていた。そのよい例を神まつりの法令である唐の「祠令《しりょう》」とわが国の「神祇令」との違いにも明確に見出すことができる。両者の差異はわが国の神祇令が二十条であるのに対して、唐の祠令が四十六条から構成されているという量的な違いのみには留まらない。

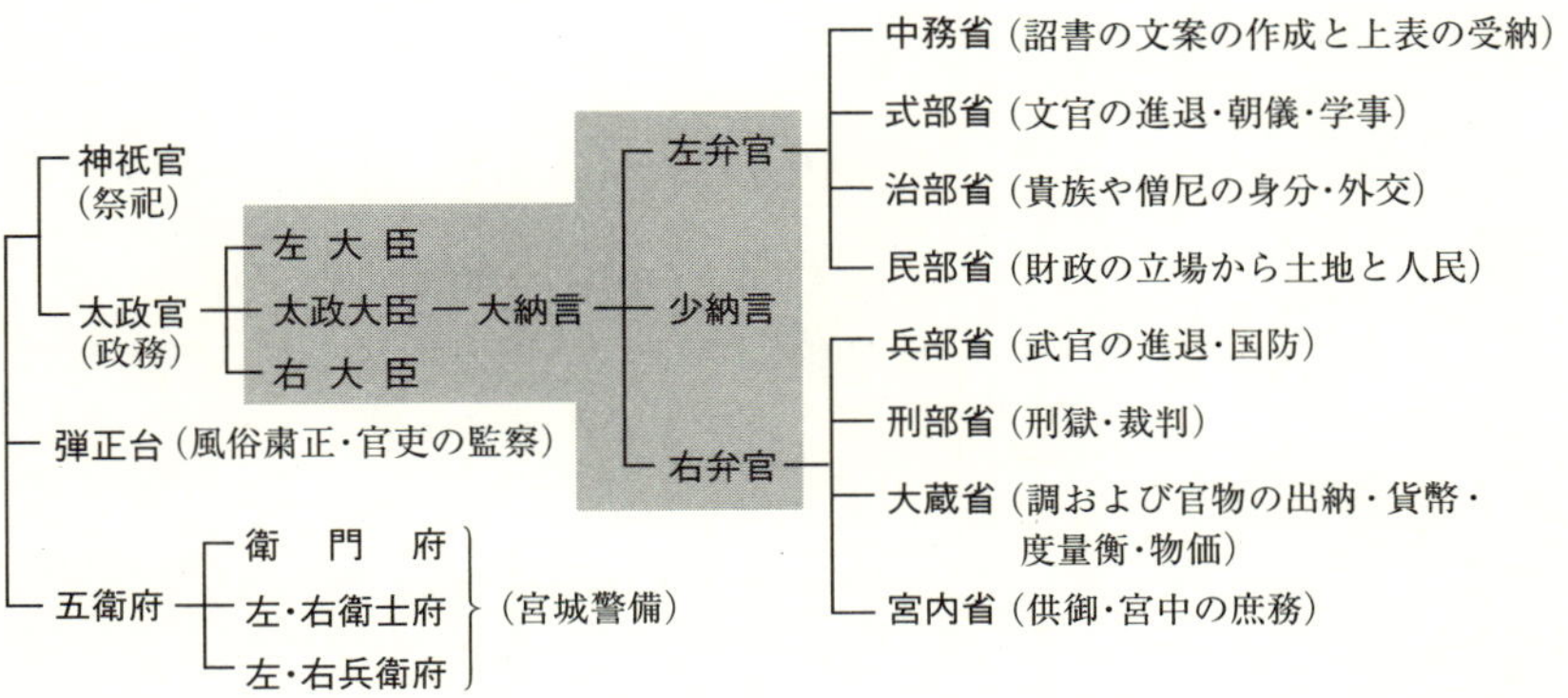


**律令期日本の官制**（▒内は太政官）

①唐の祠令では天神の「祀」と地祇の「祭」が明確に区別され、人鬼の享《きょう》（ものを供えてまつる）や釈奠《せきてん》のことなどが規定されている。しかし、「大宝令」や「養老令」の神祇令では、「祭」と「祀」の区別はあいまいであって、天神・地祇について同じように「祭」を用いている（たとえば第十条）。

②神祇令では、「祭」の名称と時期を明記しており、その点では祠令と共通するが、祠令のように祭儀を執行する場所は記載していない（たとえば第二条～第九条）。

③祠令にはみられない、天皇の即位・大嘗《おおなめ》・大祓《おおはらえ》のことを神祇令は独自に規定し（即位・大嘗は第十条、大祓は第十八条）、また

④サクリファイス（供犠）に関する記載もない。

⑤「大宝令」や「養老令」における僧尼令の罰則規定は二十七カ条のうち十八カ条におよぶが、神祇令では斎《いみ》の規定はあっても（たとえば第十一条）、神事違反の罰則は職制律でわずかに言及するのみである。

唐令を母法とする日本の古代法と唐令との差異を神祇令を中心に述べたが、そこには古代国家の成り立ちと、そのなかでの国家と祭儀、換言すれば権力と宗教的機能における大きなひらきが内在していた。儒教的

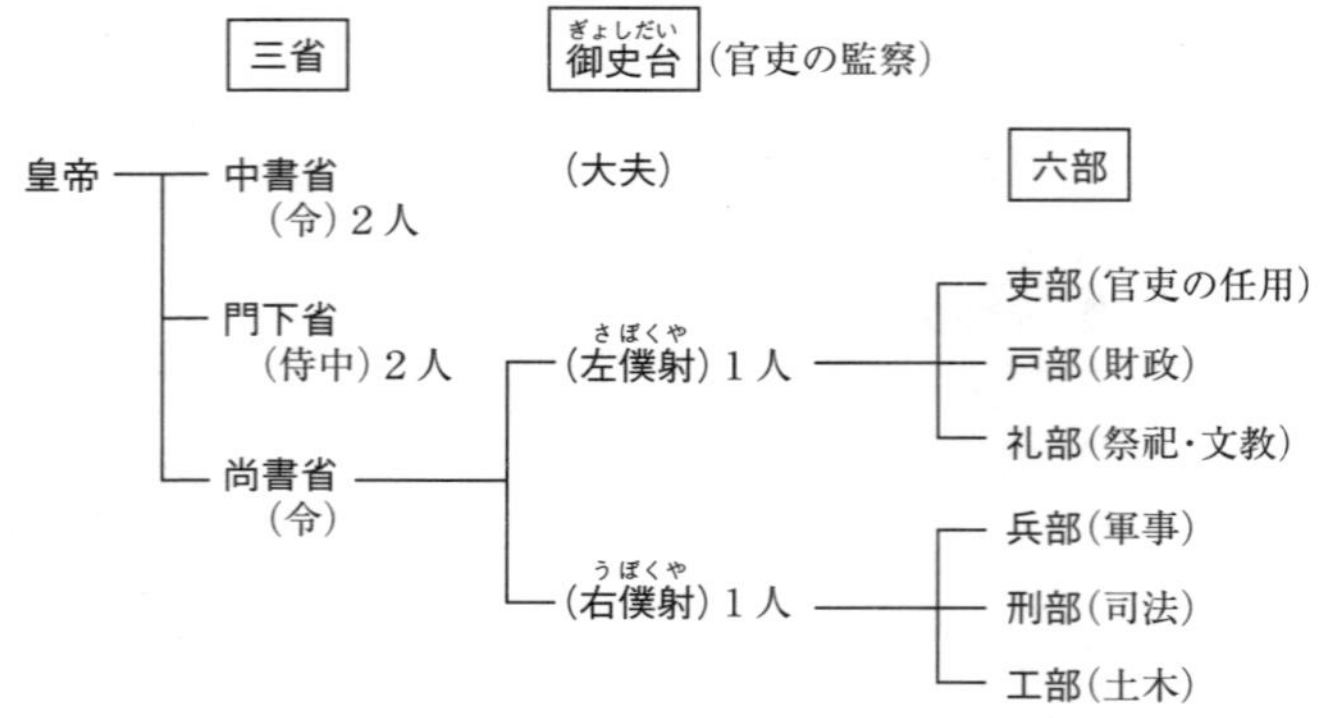


**唐の中央官制**　唐初は中書令（２人）・門下侍中（２人）・尚書省の左右僕射（２人）を宰相《さいしょう》という。

徳治主義を背景とする中国の皇帝と、高天原《たかまがはら》につながる神統譜の流れを受けての「明神」信仰を背景とした日本の天皇とのへだたりが、そうした違いを具体化したといえるかもしれない。

そのことは唐と日本の官制の比較にも明らかである。唐の「中央」における官制は三省（尚書《しょうしょ》、門下《もんか》、中書《ちゅうしょ》）と尚書省のもとの六部《りくぶ》（吏《り》部・戸《こ》部・礼《れい》部・兵《へい》部・刑《けい》部・工《こう》部）であった。それに対してわが国の官制は、二官（太政官・神祇官）と太政官のもとの八省（中務《なかつかさ》省・式部《しきぶ》省・治部《じぶ》省・民部《みんぶ》省・兵部《ひょうぶ》省・刑部《ぎょうぶ》省・大蔵《おおくら》省・宮内《くない》省）であった。二官として太政官に神祇官がならぶという独自の形態をとった。

古代日本の神祇官に相当するのは、唐の礼部のなかの祠部であって、官制における位置は神祇官よりは低い。そして祠部の職掌は卜筮《ぼくぜい》・婚姻・礼儀などにあったが、神祇官の長たる神祇伯は「神祇祭祀、祝部・神部の名籍、鎮魂、御巫《みかんなぎ》・卜兆、官事を惣判」した。

もっとも二官と併称されてはいるが、神祇官の実態は太政官よりは下位にあった。それは「官位令」において太政大臣は正一位・従一位相当、左右大臣は正二位・従二位相当、大納言《だいなごん》は正三位・勲一等相当とされているのに対して、神祇伯は従四位・勲四等相当であったばかりでなく、公文書の形式にあっても、太政官が神祇官に提出する文章形式が、上級官司から被官の官司への「符《ふ》」であり、また神祇官が太政官に出すそれが、被官の官司から上級官司へ上申する「解《げ》」であったことからもわかる。

そればかりではない。八世紀の神祇伯には大納言、中納言、各省（式部・兵部・宮内）の卿（長官）を兼任したものが少なくないのであって、実際には、神祇官と太政官とはけっして対等の官ではなかった。

慶応三年（一八六七）の十二月九日、「王政復古《おうせいふっこ》の大号令」※13が発表されたが、そこでは「諸事神武《じんむ》創業《そうぎょう》ノ始《はじめ》ニ基《もとづ》キ」と述べられてはいたが、神武天皇の「創業の始」とはいっても『古事記』や『日本書紀』をはじめとする古典をみても、いったいどのような政治体制であったかはわからない。明治政府が「王政復古」を謳《うた》ったその「古《いにしえ》」は、具体的には神祇官と

※13　**王政復古の大号令**（おうせいふっこのだいごうれい）　慶応三年（一八六七）十二月九日に出された政体変革の御沙汰書。大政奉還《たいせいほうかん》により朝廷の旧制度と幕府を廃止し、全国統治権を天皇直属の政府に統合した。

**六国史《りっこくし》**　『日本書紀』を最初として、6つの官撰の正史がつくられた。いずれも編年体・漢文体。○数字は即位順。

| 官撰の正史 | | | |
|---|---|---|---|
| 書名 | 記載時代 | 成立 | 主な撰者 |
| 日本書紀《にほんしょき》 | 神代《かみよ》～㊶持統《じとう》 | 七二〇年 元正《げんしょう》天皇 | 舎人親王《とねりしんのう》 |
| 続日本紀《しょくにほんぎ》 | ㊷文武《もんむ》～㊿桓武《かんむ》 | 七九七年 桓武天皇 | 藤原継縄《ふじわらのつぐただ》 菅野真道《すがののまみち》 |
| 日本後紀《にほんこうき》 | ㊿桓武～(53)淳和《じゅんな》 | 八四〇年 仁明《にんみょう》天皇 | 藤原緒嗣《おつぐ》 藤原冬嗣《ふゆつぐ》 |
| 続日本後紀《しょくにほんこうき》 | (54)仁明 | 八六九年 清和《せいわ》天皇 | 藤原良房《よしふさ》 伴善男《とものよしお》 |
| 日本文徳天皇実録《にほんもんとくてんのうじつろく》 | (55)文徳《もんとく》 | 八七九年 陽成《ようぜい》天皇 | 藤原基経《もとつね》 都良香《みやこのよしか》 |
| 日本三代実録《にほんさんだいじつろく》 | (56)清和《せいわ》～(58)光孝《こうこう》 | 九〇一年 醍醐《だいご》天皇 | 藤原時平《ときひら》 菅原道真《すがわらのみちざね》 |

太政官の二官と八省がモデルであった。

したがって、明治二年（一八六九）の七月八日に公布された「職員令」では、神祇官・太政官と六省（民部・大蔵・兵部・刑部・宮内・外務の六省）になる。近代日本の政治体制が律令制の官制をモデルにしたことをかえりみても、日本の律令官制の独自性はけっして古代だけの問題ではなかったことが察知される。

以上の実例などから、古代における日本文化の形成過程が読み取れると思うが、次章では日本文化の成立をめぐっての諸説を検討することにしよう。

# 第四章　日本文化成立論

## 応仁・文明の大乱

「京都学派」という学問のグループの名称がある。これはかつて京都帝国大学の教授であった西田幾太郎《にしだきたろう》の西田哲学に代表される学問のありようを意味し、第二次世界大戦後は、桑原武夫《くわばらたけお》を所長とする京都大学人文科学研究所の代名詞のように使われたことがある。

しかし、そもそもの始まりは、「大阪朝日新聞」「万朝報《よろずちょうほう》」などの記者をつとめて、明治四十二年（一九〇九）に京都帝国大学教授となった内藤虎次郎《ないとうとらじろう》※1（内藤湖南《こなん》）の東洋史学が、東京帝国大学のそれとは大いに趣きを異にするのにちなんで、中国の古代史学者であり政治家でもあった郭沫若《かくまつじゃく》が、内藤史学を「京都学派」と命名したのに由来する。

※1　**内藤虎次郎／内藤湖南**（ないとうとらじろう／ないとうこなん）［一八六六～一九三四］東洋史学者。秋田県生まれ。大阪朝日新聞などの記者として活躍し、中国問題の権威として認められる。のちに京大教授として東洋史学を担当、日本史学や中国史学の発展に貢献した。

内藤虎次郎

## ■内藤湖南の日本文化論

内藤湖南はすぐれた東洋史学者であったが、日本の文化にも造詣が深く、大正十三年（一九二四）の九月に出版された『日本文化史研究』（弘文堂）にもその学識が反映されている。のちにこの著作は補訂され、『内藤湖南全集』（第九巻、一九六九年、筑摩書房）によってその全容を読むことができる。

「日本文化は何ぞや」で、「日本には、文化の種が出来上って居ったのではなくして、日本文化になるべき成分があった所へ、他の国の文化の力によって、段々それが寄せられて来て、遂に日本文化といふ一《ひとつ》の形を成した」とみなし、豆腐のにがりのように「他の国の文化」（主として中国文化）がにがりとなって日本文化ができあがったという、「中国文化にがり」論を主張した。

そして「日本文化の独立」では、「蒙古《もうこ》襲来」以来、「外国に対する思想の独立、文化の独立」が具体化してきたと説いた。さらに「応仁《おうにん》の乱に就て」では、「応仁の乱以後は我々の真の身体骨肉に直接触れた歴史であって、これを本当に知って居れば、それで日本歴史は十分だと言っていい」という、応仁の乱以後に、今日に直接につながる日本文化の歴史が形づくられたという、有名な「応仁の乱後」説を提唱した。

内藤博士みずからが、「沢山の本を読んだという訳でありませぬから、僅かな材料でお話する」とことわり、「その材料も専門の側から見ると又胡散《うさん》臭い材料があるかも知れませぬ」と述べているように、その論拠には再検討すべきところが多い。

しかし応仁・文明の大乱[※2]（一四六七〜一四七七年）が、京都のみならず、全国に波及した影響は未曽有であって、内藤博士がいわれるように、「今迄《いままで》貴族階級の占有であったものが、一般に民衆に拡がるといふ傾きを持（っ）て来た」、「日本歴史の変り目」であったことは確かであった。「殊《こと》に平民実力の興起において最も肝腎《かんじん》な時代で、平民の方からは最も謳歌すべき時代」であったといえるかもしれない。

能《のう》・狂言《きょうげん》あるいは連歌《れんが》が民間に広がりをみせるようになり、山水河原者《さんすいかわらもの》とよばれた被差別の人びとが、さかんに作庭活動に手腕を発揮したのも、この時代であった。一向《いっこう》宗の信仰が民衆のなかに浸透し、また日本独自の福神信仰といってよい、日本の恵比寿《えびす》神と、仏教天部の大黒天《だいこくてん》・弁財《べんざい》（才）天《てん》・毘沙門天《びしゃもんてん》、さらに道教の神仙である寿老人《じゅろうじん》・福禄寿《ふくろくじゅ》そして唐の禅僧布袋《ほてい》を加えての七福神の信仰が、都市の商工業者を中心に拡大するのも、応仁・文明の大乱以後であった。

**※2　応仁・文明の大乱**（おうにん・ぶんめいのたいらん）京都を中心とした長期にわたる戦乱。この結果、幕府の権力は失墜し、有力守護大名の力も衰えた。さらに、在地武士による荘園《しょうえん》の侵略も激しくなり、荘園制が崩壊していった。また下剋上《げこくじょう》といわれる風潮が強まり、守護代《しゅごだい》などによって守護が倒され、戦国大名が各地に生まれるようになった。応仁の乱は正しくは応仁・文明の大乱というべきであろう。

## ■自治組織の形成

しかしながら、応仁・文明の大乱以後に初めて日本文化が結実したわけではない。たとえば十四世紀前半からほぼ半世紀にわたった南北朝の内乱期には、中世武士団における族的結合というべき惣領制《そうりょうせい》※3が解体し、在地領主《ざいちりょうしゅ》※4制が成長したばかりでなく、荘園《しょうえん》※5制の枠を超えた村落の自治的結合が発展した。

こうした惣村《そうそん》・惣郷《そうごう》の寄合《よりあい》の場となったのが、多くの場合鎮守《ちんじゅ》の森※6であった。鎮守の森の聖なる水を酌み交して「一味神水《いちみしんすい》」※7・「一味同心《いちみどうしん》」し、自治の掟書《おきてがき》をつくった。そして起請文《きしょうもん》に署名して誓約した。鎮守の森の寄合では猿楽能《さるがくのう》※8や田楽《でんがく》※9が演じられ、あらかじめ用途としての猿楽田・田楽田を用意する村落もあった。奈良時代においても、春や秋のまつりに、村々で「郷飲酒の礼」が行われていたことは、「大宝令《たいほうりょう》」の注釈書ともいうべき『古記』によってうかがわれるが、南北朝には、それが村々の自治的結合によっていっそうさかんとなった。それにともない、相撲・立花《りっか》・闘茶《とうちゃ》・連《れん》歌《が》・田楽・猿楽など、郷土の文化が具体化していく。

もっとも、各村々にあった鎮守の森、神社も明治時代になって、その地域の有力

※3　**惣領制**（そうりょうせい）中世の武士団内にみられる惣領・庶子関係を軸とした一族の結合形態。父祖に定められた嫡子（惣領）が家督を継承し、分割相続によって分立した一族・庶子を統轄した。

※4　**在地領主制**（ざいちりょうしゅせい）中世、領主が農村や漁村に在住して所領を経営する形態。私領あるいは中央貴族や寺社の荘園などの土地と民衆を現地で支配した。

※5　**荘園制**（しょうえんせい）奈良時代から戦国時代にかけて行われた中央貴族や寺社による大規模な私有地の所有形態。またこれにもとづく経済的・社会的関係もさす。

神社に合併されていった。ただ、明治政府による神社合併が明治三十九年（一九〇六）から始まったとする通説は誤りで、実はそれよりも早く明治三十四年（一九〇一）から開始されている。明治四十二年（一九〇九）の九月から、政府の無謀な神社合併に反対した南方熊楠《みなかたくまぐす》[※10]が明治四十五年（一九一二）の四月から六月に『日本及日本人』に発表した「神社合併反対意見」のなかで、「神社合祀は人民の融和を妨げ、自治機関の運用を阻害す」と力説したのは、まことに正当な意見であった。

## ■郷土愛の誕生

郷土愛がいったいいつごろから誕生したのか。私は南北朝の惣結合による自治の寄合によって、郷土を愛する心が育まれたに違いないと思っている。こうして鎮守の森の祭祀団体である宮座《みやざ》や宮ノ党が形づくられる。こうした祭祀の伝統は、今も長く保持されて生き続けている地域も多い。

すでに古代農民は、支配者の強制的な収奪に対して、戸籍をごまかしたり（偽籍《ぎせき》）、逃亡することが最大の抵抗であった。たとえば神亀三年（七二六）山背国愛宕《おたぎ》郡出雲郷（京都市）の『計帳《けいちょう》』によれば、調《ちょう》・庸《よう》や労役・兵役を担う正丁《せいてい》（21～60歳。のちに22～59歳）の逃亡も少なくない。奴婢《ぬひ》の逃亡率は正丁をはるかに超えており、奴では四十五パーセント、婢では二〇パーセントの逃亡が記録されている。

**※6　鎮守の森**（ちんじゅのもり）　集落の鎮守の社地とその周囲に形成されている森。平安時代の天慶《てんぎょう》二年（九三九）正月の条の「鎮守正二位勲三等大物忌明神」（『本朝世紀』）の用例が古い。

**※7　一味神水**（いちみしんすい）　中世における集団誓約の儀式・作法。起請文《きしょうもん》（神仏への誓約書）に全員で署名し、これを燃やした灰を神前に供えた水にまぜて一同で回し飲みする。

**※8　猿楽能**（さるがくのう）　平安時代の芸能。もとは滑稽《こっけい》な物まねや言葉芸が中心であったが、鎌倉時代に入って演劇化し、能《のう》と狂言《きょうげん》へと発展する。

南北朝のころにも、農民たちが逃散《ちょうさん》して、田畑を枯れさせて苛酷な年貢米の取り立てを不可能とする抵抗を試みているが、この場合には近隣の農村や他の荘園の農民たちとの連帯を背景とする逃散であり、やがてはわずらわしい交渉による年貢の減免を、公然たる権利として確保する百姓請《ひゃくしょううけ》を勝ち取るようになった。逃散とはいっても、それは闘いの手段であり、還住を前提としての「惣荘一揆」であった。

このように考えてくると、南北朝のころもまた日本文化の成り立ちに深くかかわっていたことがわかる。

## ■元寇と国家意識

文永十一年（一二七四）と弘安四年（一二八一）の元《げん》・高麗《こうらい》軍によるいわゆる元寇《げんこう》が起こったころは、内藤博士も言うようにいちだんと国家意識の高まった時期であった。たとえば京都の正伝寺《しょうでんじ》の禅僧東巌慧安《とうがんけいあん》が、文永七年（一二七〇）の五月二十六日に、石清水八幡宮《いわしみずはちまんぐう》（京都府八幡《やわた》市）に祈願した「願文」には、蒙古《もうこ》を「辺州貪人《どんじん》（辺境の貪欲の人）」とし、日本を「神国」とする観念が反映されていた（『正伝寺文書』）。また平安時代以来の仏が本地《ほんち》で神が垂迹《すいじゃく》であるとみなした本地垂迹説《ほんちすいじゃくせつ》※11に対して、仏よりも神が根本であるとする神本仏迹（反本地垂迹）説が顕在化してきた。

しかしこうした神国意識は、当時の支配者層や知識人・僧侶などの一部にとどまっ

※9 **田楽**（でんがく） もとは農耕儀礼にかかわる芸能であったが、平安時代中期に遊芸化する。鼓《つづみ》・腰鼓・笛・ささらなどで囃《はや》しながら舞う田楽踊りや、高足などの散楽系の曲芸などがある。

※10 **南方熊楠**（みなかたくまぐす）［一八六七〜一九四一］ 生物学者・民俗学者。和歌山県生まれ。米国・英国に渡り、独学で動植物を研究した。その博識を買われ、大英博物館にも勤務し、生物学・民俗学の研究を深める。帰国後は粘菌類の研究を続ける一方、民俗学の論文を多数発表。また、神社合祀反対運動を起こすなど多方面に活躍した。

南方熊楠

※11　**本地垂迹説**（ほんちすいじゃくせつ）　本地である仏が、人々を救済するために仮に神の姿となって現れるという説。

て、日本文化の基層に根ざしたものではなかった。それは元寇に対する鎌倉幕府の対応や当時の国情にも明らかである。この国難のなかの日本の防衛が挙国一致でなされたわけではない。兵力の動員も九州ついで山陰・山陽さらに南海・北陸へと広がってはいったが、武士の総力を結集した戦いではなく、肝心の東国・近畿の御家人《ごけにん》は動員されず、主として御家人以外の武士が、元寇の防衛にあたったのである。

弘安四年（一二八一）六月、幕府はついに勅許を仰いで荘官その他の武士を動員しようとしたが、台風による敵軍潰滅の報が届いた。その日は弘安四年の閏《うるう》七月九日であった。にもかかわらず、閏七月二十日に、日付を勝報到着の日にさかのぼらせた勅許の公文を発布している。

鎌倉幕府の基盤である関東の政情の不安定、加えて近畿を中心とする武士や有力農民の反抗集団いわゆる「悪党《あくとう》」の活躍などが、東国や近畿の御家人を、「国難」に動員しえなかった主たる理由であったと考えられる。

また、鎌倉新仏教の展開も日本文化の形成に大きな影響を与えている。浄土真宗・法華（日蓮《にちれん》）宗さらに臨済《りんざい》宗・曹洞《そうとう》宗などの発展は、仏教のみならず思想や芸術にも大きな作用をもたらした。しかし、それらは日本国家のありようとかかわっての文化の変革とはならなかった。その役割は高く評価すべきだが、日本文化成立の段階は、それよりも古い時代に形づくられたとみなければならない。

**遣唐使一覧**

| | 使　節 | 隻数 | 出　発 | 帰　国 | 備　考 |
|---|---|---|---|---|---|
| 奈良以前 | 犬上御田鍬《いぬかみのみたすき》・薬師恵日《くすしのえにち》 | ? | 630 | 632 | 第1回遣唐使 |
| | 吉士長丹《きしのながに》・高田根麻呂《たかたのねまろ》 | 2 | 653 | 654 | 初めて南路をとる |
| | 高向玄理《たかむこのくろまろ》・河辺麻呂《かわべのまろ》 | 2 | 654 | 655 | |
| | 坂合部石布《さかいべのいわしき》 | 2 | 659 | 661 | 南海に漂流 |
| | 守大石《もりのおおいわ》 | ? | 665 | 667 | |
| | 河内鯨《かわちのくじら》 | ? | 669 | 670（？） | |
| | 粟田真人《あわたのまひと》・山上憶良《やまのうえのおくら》 | ? | 702（大宝2） | 704（慶雲元） | 初めて東シナ海を渡る |
| 奈良 | 多治比県守《たじひのあがたもり》 | 4 | 717（養老元） | 718（養老2） | 阿倍仲麻呂《あべのなかまろ》・吉備真備《きびのまきび》<br>玄昉《げんぼう》入唐 |
| | 多治比広成《ひろなり》 | 4 | 733（天平5） | 735（天平7） | 吉備真備・玄昉帰朝 |
| | 藤原清河《きよかわ》 | 4 | 752（天平勝宝4） | 754（天平勝宝6） | 鑑真《がんじん》来朝 |
| | 高元度 | 1 | 759（天平宝字3） | 761（天平宝字5） | |
| | 小野石根《いわね》・大神末足《おおみわのすえたり》 | 4 | 777（宝亀8） | 778（宝亀9）など | |
| | 布勢清直 | 2 | 779（宝亀10） | 781（天応元） | |
| 平安 | 藤原葛野麻呂《かどのまろ》 | 4 | 803, 804 | 805（延暦24）など | 空海《くうかい》・最澄《さいちょう》入唐、最澄帰朝 |
| | 藤原常嗣《つねつぐ》 | 4 | 836 ～ 838 | 839（承和6） | 円仁《えんにん》入唐 |
| | 菅原道真が任命されたが停止（894・寛平6） | | | | |

## ■国風文化の発達

日本文化の形成に東アジアの動向が大きな影響をおよぼしたことは、弥生時代・古墳時代のいにしえから史実にもとづいて指摘できるところだが、とりわけ注目すべきは、いわゆる「国《こく》風《ふう》文化」の時代である。

「国風文化」とは、十世紀前後のころから高揚してくる日本的な文化のありようを指して使われる場合が多いが、十世紀は東アジアの激動期であった。朝鮮半島では統一新羅《しらぎ》が滅んで高《こう》麗《らい》王朝が成立したのは九三三年であり、渤海《ぼっかい》と契丹《きったん》を倒して東丹《とうたん》国が登場してくるのは九三六年であった。中国にあっては唐帝国が滅亡して、後梁《ごりょう》・後晋《ごしん》を経たあと、九六〇年には宋《そう》が建国された。

俗説では、寛平六年（八九四）の九月三十日、菅原道真《すがわらのみちざね》が遣唐使の停止を奏進して、舒明《じょめい》天皇二年（六三〇）から承和五年（八三八）まで十五回におよんだ遣唐使が廃止されて、「国風文化」を生み出したといわれる。

しかし、このような見解はまったくの誤りである（道真らはその数年後まで遣唐使の役職名を帯びる）。しばしば「遣唐使時代」という用語が使われるが、その十五回の遣唐使のうち、正式の遣唐使は十二回で、他の一回は迎入唐使、二回は送唐客使であった。唐使の来日も九回（正式は八回）にすぎない。

これに対して、遣渤海使の派遣は、神亀五年（七二八）から弘仁二年（八一一）まで十五回（送渤海使を含む）であり、渤海使の来日は、神亀四年（七二七）から延喜十九年（九一九）まで実に三十四回におよぶ。

それ以外に天平十八年（七四六）には渤海人ら千百人が東北の出羽国に、宝亀十年（七七九）には渤海人ら三百十九人がやはり出羽国に漂着したり、あるいは

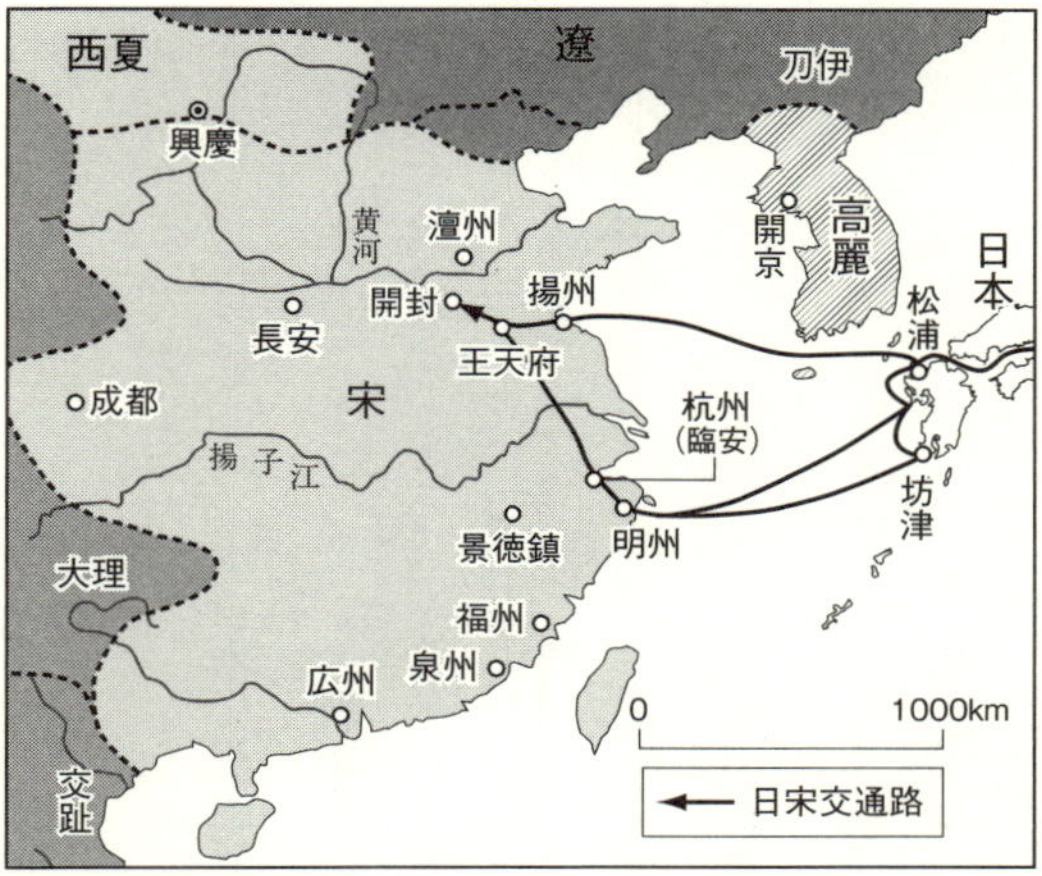


10世紀の東アジア

**遣唐使船**（『唐大和上東征伝絵巻』） 唐招提寺蔵

貞観十五年（八七三）に九州の甑島《こしきじま》に唐への渤海朝貢船が漂着したりする場合もあった。また、渤海国のあと東丹国使が延長七年（九二九）に丹波国（京都府北部）へ到来したことも見逃せない。

新羅との交渉は唐・渤海よりもさかんであって、史書にみられる遣新羅使は推古天皇三十一年（六二三）から元慶六年（八八二）まで三十九回、新羅使の来日は推古天皇十八年から延長七年（九二九）までなんと七十五回に及んでいる。

このように、いわゆる「遣唐使時代」における対渤海・対新羅外交を軽視するわけにはいかない。菅原道真は遣唐使を停止すべき理由として、「大唐凋弊」と「海賊」などによる渡航の危険を理由としてあげているが、当時の遣唐船（四隻、総数六・七百人）の派遣が、窮乏する国家財政の大きな負担であったことも確かであった。

そして前述のとおり、遣唐使中止後も、渤海国・東丹国・新羅国との交渉は続いており、なによりも民間の交易がさかんであって、「大唐商賈人」の活躍にはめざましいものがあった（「菅原道真と渤海使」、『日本書紀研究』第二十六冊所収、二〇〇五年）。

海外からの文物（唐物）の導入は「遣唐使時代」よりも活発であって、日本からの文物の「転出」にも注目すべきものがあった。さきに紫式部が白楽天《はくらくてん》の『白氏文集《はくしもんじゅう》』を愛読していたことを述べたが、『白氏文集』が承和年間（八三四〜八四八）に確実に招来されていたことが記録によって確かめられ、「国風文化」の背景にも漢語・漢文

※12　**源信／『往生要集』**（げんしん／おうじょうようしゅう）
天台宗の僧、源信が十世紀後半、極楽往生に関する文章を集めた仏教書。念仏《ねんぶつ》が最要の行業と説き、浄土教また文学や美術などにも多大な影響を与えた。

学の広がりがはっきりと存在した。

仮名《かな》文字が隆盛をきわめ、倭歌《やまとうた》（和歌）が王朝文学を彩り、仏像彫刻がより日本化するのもこの時代であった。藤原摂関家の時代に浄土教《じょうどきょう》が広まり、良源《りょうげん》の『極楽浄土九品往生義《くほんおうじょうぎ》』、良源の弟子の源信《げんしん》[※12]の『往生要集』[※12]がその思想的基盤となったが、念仏往生の指南ともいうべき『往生要集』が宋の商人周文徳によって、中国の国清寺《こくせいじ》にもたらされるという状況さえ生まれてくる。

阿弥陀来迎《あみだらいごう》の信仰が、日本古来の海上他界・山上他界の信仰と結びついて、「山越《やまご》し阿弥陀[※13]」の信仰を形づくってゆくのも（「日本人の他界概念」、『日本文化の基礎研究』所収、学生社、二〇〇三年）、国風文化を前提としたものであった。

## 折口信夫の古代学

### ■日本民俗学の祖

柳田国男と折口信夫《おりくちしのぶ》[※14]。この両先学は日本民俗学の事実上の育ての親とその後継者であり、新しい日本学を育《はぐく》んだ巨峰であった。南方熊楠《みなかたくまぐす》や渋沢敬三《しぶさわけいぞう》[※15]そして宮本常一《みやもとつねいち》[※16]などのすぐれた先学たちと対峙あるいは交流しながら、日本学としての民俗学を樹立し

**※13　山越し阿弥陀**（やまごしあみだ）　来迎図の一種。山の向こうに阿弥陀仏が上半身を大きく現して行者を迎えるさまを描いた図。山越え阿弥陀ともいう。

**※14　折口信夫**（おりくちしのぶ）［一八八七〜一九五三］国文学者・民俗学者・歌人・作家。大阪府生まれ。国文学、神道学、芸能史などを民俗学の観点から読み解き、その独自の学風は「折口学」とよばれる。歌人としては釈迢空《しゃくちょうくう》と号した。主な著書に『古代研究』、小説『死者の書』。

折口信夫

たのは、やはりこの両先学であった。柳田・折口の学問がともに「新国学」のこころざしを内包し、かつ標榜したのは、その点でも象徴的である。

柳田国男が『山宮考』『氏神と氏子』『祭日考』をのち『新国学談』として公刊したが、それよりも早く、折口信夫は「新国学」の興隆をめざして学問にいそんだ。折口の名著『古代研究』（国文学篇、民俗学篇⑴・⑵）が大岡山書房から出版されたのは、昭和四年（一九二九）である。その「追ひ書き」が執筆されたのは前年の十月ごろであった。その「追ひ書き」のなかで、みずからの目的が「其は、新しい国学を興す事である」と述べて、「今度の『古代研究』一部三冊は、新しい国学の筋立てを模索した痕である」と明記しているのにも、折口学のこころざしのありようが物語られている。

明治四十一年（一九〇八）の十二月、折口信夫は國學院大学の同窓会誌の編集にたずさわったが、そのおりに誌名『同窓』を『新国学』に改称したというのも、折口学夜明けのころの学問への志向を反映する。

折口信夫が終生学問の師と仰いだのは柳田国男であった。それは「私は先生（柳田）の学問に触れて、始めは疑ひ、漸くにして会得し、遂には、我が行くべき道に出たと感じた歓びを今も忘れないでゐる」（「追ひ書き」）をはじめとする折口自身の論著や言動にもはっきり示されている。

昭和二十五年（一九五〇）の秋、私は柳田国男と折口信夫の両先学がつれだっての

※15　**渋沢敬三**（しぶさわけいぞう）［一八九六～一九六三］実業家。渋沢栄一の孫。東京都生まれ。日本銀行総裁や大蔵大臣などの要職を務めた。民俗学・生物学の研究者でもあり、自邸でアチックミューゼアム（のちの日本常民文化研究所）を主宰。多くの研究者を援助し、民俗学の発展に貢献した。

※16　**宮本常一**（みやもとつねいち）［一九〇七～一九八一］民俗学者。山口県生まれ。教員を経て渋沢敬三のアチックミューゼアムの研究所員となる。離島や辺地の暮らしに目を向け、各地の生活文化を研究。全国を歩いて調査し、十万枚に及ぶ貴重な記録写真を残した。主な著書に『忘れられた日本人』。

最後の関西旅行のおり、折口先生から電話があって、京都の伏見稲荷大社《ふしみいなりたいしゃ》で夜遅くまで懇談する機会があった。その際の柳田先生に対する折口先生の対応ぶりに、改めて師弟の交わりのきびしさとさわやかさを間近に実感した。

## ■柳田と折口の思想の違い

だが柳田学と折口学との間には、明らかな違いがあった。社会現前の疑問から出発する柳田学はすぐれて考現学的であり、「日本人としての精神生活における古代的要素の研究」を重視した折口学はすぐれて古代学的であった。

だれよりも早く「古代学」を志向したひとりは喜田貞吉《きたさだきち》※17であったが（「考古学と古代学」、原題は「考古学と古代史」、一九〇九年）、折口みずからが「古代学」という名辞を使っている（たとえば「日本文学の発生序説」）。「世相解説の学」としての色あいの強い柳田学は「時代の変」に注目したが、折口学の場合には、「常に発生」に着眼して、「それが延長せられて展開を見る」方法とその立場をつらぬいた。

折口学における「古代」は、歴史学にいう時代概念としての「古代」ではなかった。まさに「古代的要素」としての「古代」であったが、そのゆえにまた柳田学とは異なる独自の学風を構築しえたといえよう。

「資料と実感と推論とが交錯して生まれて来る、論理を辿る」折口のその研究方法

※17　**喜田貞吉**（きたさだきち）［一八七一～一九三九］歴史学者。徳島県生まれ。一八九九年日本歴史地理学会を組織し、雑誌「歴史地理」を創刊。南北朝並立の記述で国定教科書編集官を辞し、のちに京大教授などを歴任。日本古代史研究に考古学、民俗学を導入した。

喜田貞吉

※18　J・G・フレイザー
［一八五四〜一九四一］イギリスの人類学者・民俗学者。未開民族の信仰や習俗の比較研究を行い、人間精神の本性を解明しようとし、『金枝篇』を著したほか、トーテミズムや外婚制などを研究した。

は演繹《えんえき》的であって、きわめて帰納《きのう》的な方法をとる柳田学とはその理論の組み立て自体が対照的であった。

民俗学者の赤坂憲雄《あかさかのりお》氏は、J・G・フレイザー[※18]の「王権論」をめぐる柳田と折口の受けとめ方の差異を指摘されたが、柳田と折口の皇室観の間にも微妙なひらきがあった。そしてまた日本のまつりの考察においても、神話の理解をめぐっても、この両先学の研究内容にはへだたりがあった。

柳田国男とJ・G・フレイザーとの関係については、歴史学者の佐伯有清《さえきありきよ》氏の注目すべき考察がある。民俗学者の岡正雄氏がフレイザーの『王制の呪的起源』の翻訳を刊行しようとしたおり、柳田国男が協力を拒否したエピソードは有名だが、フレイザー研究者の永橋卓介《ながはしたくすけ》氏がフレイザーの『サイキス・タスク』を出版する際には、まったく違った態度を示して、賛意と教示を与えたことを紹介し、「柳田がフレイザーを忌避しだしたのは、天皇および天皇制の問題にかかわる記述についてであって、この点への警戒と配慮とが、柳田にはきわめて強かったためであるとみなしてよいであろう」と述べているのは、正当な指摘と思われる（『柳田国男と古代史』、吉川弘文館、一九八八年）。その点では経済史学者の岩本由輝《いわもとよしてる》氏が「柳田のフレイザー忌避は天皇あるいは天皇制にからむ政治的恣意にほかならなかった」とみなしたこととも共通する（『柳田民俗学と天皇制』、吉川弘文館、一九九二年）。

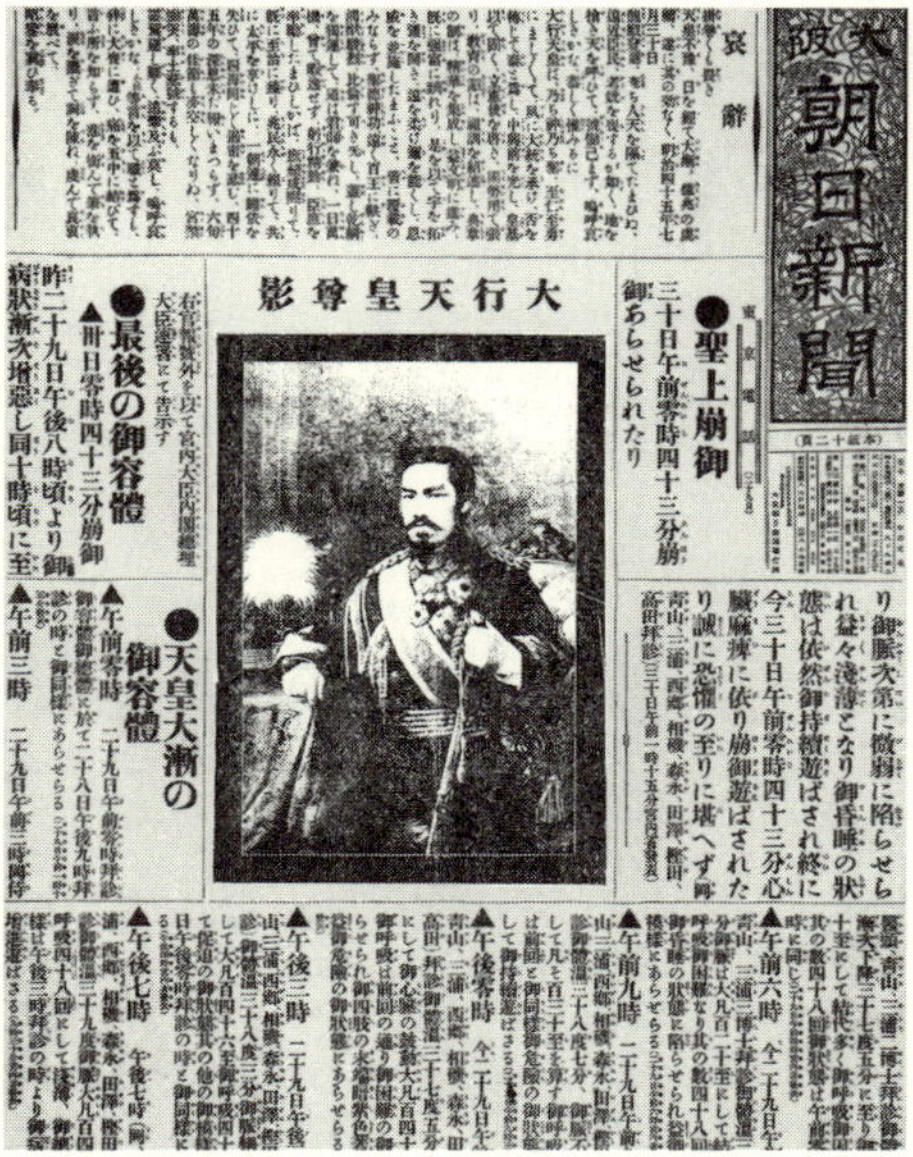
大阪朝日新聞

哀辭

●聖上崩御

三十日午前零時四十三分崩御あらせられたり

大行天皇尊影

●最後の御容體

▲卅日零時四十三分崩御

昨二十九日午後八時頃より御病状漸次増悪し同十時頃に至

●天皇大漸の御容體

**明治天皇の崩御を報道する記事（明治45年7月30日付の朝日新聞）**　明治天皇によって、天皇を中心とする絶対主義的天皇制国家が完成した。

ところで、折口信夫の場合はどうであったか。昭和五年（一九三〇）から昭和七年（一九三二）にかけての慶応大学文学部の講義のなかで、「マジック・キング（呪的王者）に関しては、フレイザーの本がある。日本では禁書であるが、かえって読ましたほうが、天子にたいする高い情愛が生まれてきてよいと思う」と、柳田とは異なって、日本の天子は「マジック・キングの色彩が濃い」ことを力説した（『折口信夫全集』ノート編第三巻）。

そして、しばしばその論説に「ふれいざあ教授」への見解を引用した（『全集』第二・三・九・十六・二十九巻）。『ごうるでん・ばう』『GOLDEN BOUGH』（折口は二つの表記をしている）の引用ばかりではない。柳田国男の学問を論じて、「『山島民譚集』その他の書物のやうに、沢山の例を挙げられた」柳田の学問のありようを「ふれいざあ教授の本を書く態度とおなじ態度をとってゐられた」（「先生の学問」、『全集』第十六巻）ともいう。そして大正七年（一九一八）の『土俗と伝説』（一巻一・二号）には、『ごうるでん・ばう』の「穀物の神を殺す行事」（抄訳）を発表している。折口信夫にあっては、フレイザーの学問とその著述は拒絶するよりも受容すべきものであった。

柳田との差異は折口の天皇論にもはっきりと見出すことができる。折口の天皇・天子論は、「女帝考」をはじめとする各論にうかがわれるが、なかでも出色なのは「宮廷生活の幻想」である（『全集』第二十巻）。そのサブタイトルが、――天子即神論是非――であったように、それは折口の天皇観を率直に表明したものであった。

この論文は昭和二十二年（一九四七）の七月、『日本歴史』（二巻三号）に発表されたものであるが、その執筆の前提に、前年正月のいわゆる「天皇の人間宣言」※19の詔旨があったことは、昭和二十二年の一月十六・十七日の「夕刊新大阪」に書かれた次の文からも明らかである（ただし、この「天子非即神論」はその便乗でない）。

「われ　神にあらず」と仰せられた去年の初春の詔旨は、まことに青天より降った霹靂《カムトケ》の如く、人々の耳を貫いた。その億兆の心のおどろきは、深い御心にもお察しの及ばぬところであつたらうかと思ふ。最凡下なる民庶の一人は、うち挫がれた心に、やつと此だけの叫びをあげさせることが出来た。

かしこさは　まをすすべなし。たみくさの深きうれひも　きこしめさせむ

その後一年たつた。夢より更にとりとめられぬ一年であつた。

**※19「天皇の人間宣言」**（てんのうのにんげんせんげん）天皇の神格を否定した昭和二十二年一月一日の詔勅の通称。天皇と国民の結びつきは、神話と伝統によって生じたものではなく、そのうえ天皇を現人神《あらひとがみ》とし日本民族は他民族に優越するという架空なる観念に基づくものでもないとした。

青年の心は、此間にもすでに新しい曙の光りを見出したかも知れない。当時あれほどに驚いた「天子非即神」の詔旨の深い思ひを、安らかに諾ふことの出来る日が来たのである。今私は、心静かに青年たちの心に向かつて「われ　神にあらず」の詔旨の、正しくして、誤られざる古代的な意義を語ることの出来る心持ちに到着した。

この折口の論旨は明快であって、「天子即神論の常識的根拠を形づくつてゐる語として、近代まで生きてゐた『あらひと神』」の語義を、『日本紀』（『日本書紀』）の雄略天皇四年二月の条の大和・葛城《かつらぎ》の一言主神《ひとことぬしのかみ》が「現人之神《あらひとがみ》※20」と宣する例、あるいは『万葉集』（一〇二〇・一〇二一）の〝住吉《すみのえ》の荒人神《あらひとがみ》※21〟や『大鏡《おおかがみ》』『袖中抄《しゅうちゅうしょう》』『後拾遺和《ごしゅういわ》歌集《かしゅう》』などの「あらひと神」の例をあげて、「天子ならぬ神に就いて使つた例は明らかだが、『天子に当る例は頗《すこぶ》（る）明らかでない』ことを論述する。

そしてさらに、「現御神・明御神・明津神・明神」などと書く「あきつかみ」系統の語彙《ごい》を解明して、「神とあきつ神とは別」であり、「神と認められる人、今や神の位に立つ人」としての〝あきつ神〟を明確にする。「神ながらと言ふ語でも、天子即神論は解決しない」と断じ、『万葉集』の〝大君は神にしませば〟という讃歌も、「天子は人間だが、こんな事をなさる、と言ふ一つの証明法を文字の上で用ゐて、其を列座

**※20　一言主神の現人之神**（ひとことぬしのかみのあらひとがみ）　奈良県御所《ごせ》市森脇《もりわき》に祀られている葛城一言主神社の神。『日本書紀』によると、雄略天皇が葛城山で狩りをしていた最中、自分と同じ格好をしたこの神と出会い、互いに名乗りあったとされる。神は原則として人に姿を見せないが、一言主神や住吉の神（※21）は人の姿を持ち、時に姿を現すことがあった。

**※21　住吉の荒人神**（すみのえのあらひとがみ）　大阪市住吉《すみよし》区の住吉神社（大社）に祀られている神。海神を祀り、航海の安全を祈った。

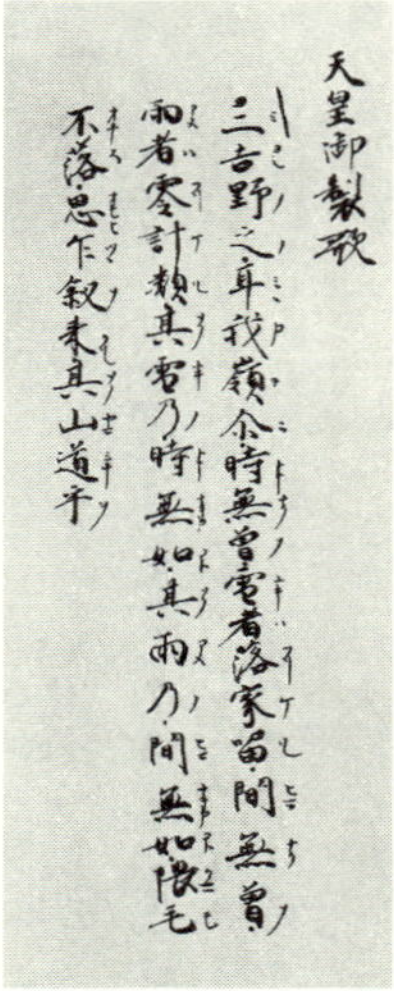

**天武天皇の詠**　『万葉集』巻1-25（京都・西本願寺本）。天武天皇８年の吉野《よしの》行幸（奈良県）の際、宮滝《みやたき》の離宮（吉野町）で詠んだ歌といわれる。冒頭の「天皇の御製歌《おほみうた》」の天皇は天武天皇。「み吉野の耳我《みみが》の嶺《みね》に時なくぞ」で始まる。西本願寺本は現存する『万葉集』の完本としては最も古い。

の人の興奮を誘ふ中心に置いた」と解釈した。

「夕刊新大阪」掲載の「天子非即神論」では、「『天子即神論』が太古からの信仰であつたやうに力説せられ出したのは、維新前後の国学者の主張であつた」とし、また前掲の「宮廷生活の幻想」では、「近世学者の唱へた『天子即神論』」とも表現した。

「天子の根本称である所の『すめらみこと』は、すべてのみこと——尊・命——と言つた敬称の起源なる『詔命伝達者』の意義をやはり持つて居た」とする持論は、折口の「天子非即神論」にも貫かれていたといってよい。もっとも折口のこの見解にもなお吟味すべき余地がある。たとえば「スメラミコト」の「スメル」はモンゴル語の sumel（至高・最高）と同義とする説の方がより説得力がある（85頁参照）。

なおこの「宮廷生活の幻想」の一節には、次のような文がある。

此語（あらひと神）に就いて、問題のおこつた事がある。今はおなじ夢と過ぎた満州国に使した或文学者が、かの国の皇帝を現人神と書いた賀表を草した。ところが大いに非難を受けた。此語は日本の天子を申す語なのだから、さうした使ひ方は不都合だ、とする意見が強かつた。

併し考へると、此語を天子の御人格を表す為に用ゐた確かな例はない。少し其と思ひ紛れさうな例はあるが、正確には使つた例がない。此間違ひは寧《むし》（ろ）、普通人は正しい用語例を保つてゐたのに、学者の方が間違つて言ひ出したのである。

これは昭和十八年（一九四三）の三月の日本文学報国会短歌部会での出来事を指したものであり、久米正雄《くめまさお》[※22]（事務局長）が満州国《まんしゅうこく》皇帝を「現人神」と「東京日日新聞」に書いたことにもとづく、久米正雄弾劾《だんがい》事件を意味しての記述であった。そのおり、折口理事は『万葉集』の〝住吉の荒人神〟を引用して久米正雄を擁護した（平野謙「アラヒトガミ事件」、池田弥三郎他編『折口信夫回想』、一九六八年）。この「アラヒトガミ事件」の際に折口信夫がとった態度を見ても、折口の「天子非即神論」が、「天皇の人間宣言」に便乗し迎合しての論説でなかったことが察知される（戦時下の折口の言動については、たとえば昭和二十年〈一九四五〉七月の情報局会議における海軍報道部への質問なども見逃せない。高見順『昭和文学盛衰史』、一九五八年）。

いまは折口の「天子論」を中心に、その学問の〝おおやけばら[※23]〟を若干かいま見たにすぎないが、王制や天皇についての論説にも、柳田学との間にはへだたりのあったことは明らかである。

**※22　久米正雄**（くめまさお）［一八九一～一九五二］　小説家・劇作家・俳人。長野県生まれ。特に晩年は菊池寛《きくちひろし》とともに文壇の世話役をつとめた。著書に『破船』『学生時代』などがある。

久米正雄

**※23　おほやけばら**　公腹とも書き、公的な観点から不正を憤ること。公憤。

## ■日本のまつりについての考察

日本のまつりの研究に画期的な視角を導入したのは、柳田・折口の両先学であった。しかし、その力点のおき方は両者の間にひらきがある。かつて、私は「芸能と場の問題」に関して論究した際に（「古代芸能と場の問題」、『芸能史研究』六九号）、日本のまつりの構成を私なりに三つの段階に区分して検討したことがある。すなわち第一としてのケガレからハレの段階、第二としてのハレの段階、第三としてのハレからケへの段階がそれである。

第一段階にはケガレからハレにはいるためのイミ（積極的＝能動的な斎と、消極的＝受動的な忌とがある）の期間があり、第二段階ではまつりの本番であって、神むかえをして神と人との交流（祝祷・卜占《ぼくせん》・鎮魂・歌舞など）が中心となり、第三段階では直《なお》会《らい》※24や饗宴《きょうえん》が行われる。

柳田の場合にはまつりの主役は人間にあって、どちらかといえば人間の側から、換言すればまつる側からの究明に重点があった。これに対して折口の場合は、まつられる側、つまりまつりの主役はあくまでも神にあって、神の側からのまつりの論究に主眼がおかれていた。けっして柳田が第二段階を軽視したわけではない。しかし、柳田は主として物忌《ものいみ》※25や直会などの考察にあらたな分析を試みた。折口もまた、第一・

**※24　直会**（なおらい）　祭事のあとに、神に供えた供物や神酒などを下げて、祭りの参加者が分かち合って酒食する宴。本来は祭事の一部。

**※25　物忌**（ものいみ）　悪い夢を見たとき、不吉な前兆があったとき、死などのケガレに触れたときなどに、一定期間、自室に閉じこもること。

第三の段階を無視していたわけではない（饗宴などにも重要な指摘がある）。けれども、その考察にあっては第二段階が最も重視された。

そしてそのことがまた「芸能はおよそ祭りから起こつてゐる」（『日本芸能史六講』、『折口信夫全集』第十八－十九巻、一九四五年）とする、柳田学とは異なる独特の芸能史を導き出す要因ともなった。

## ■神話における二人のへだたり

神話をめぐる柳田国男と折口信夫の認識もまたおおいに異なっていた。

その点については別に論究したので（「神話と民俗」、『古代伝承史の研究』所収、塙書房、一九九一年）ここでは再説を避けるが、神話と伝説と昔話を厳密に規定した柳田は「後にも先にも神話は日本に無かつたもののやうに、きめてかかつたことも亦間違つて居る」として、「我々の民間説話の何れの部分が、神話に近いかが先づ問題になる」と説いた（『口承文芸史考』、一九四七年）。そして「神話の闡明《せんめい》が上代を対象とする研究でありながら、やはり目前の材料に就いて始めなければならぬ」と民俗学の側からのアプローチの必要性を指摘した。しかも「神話学といふ学問は、日本でならば可能である。特に一定の目的ある載録以外に、神話から無意識に導かれ、又文芸化したかと思はれるさまざまな民間資料は、この国土に充ち溢れてゐるからである」と神話学と民俗学とのかかわりについても論究した。

柳田学にあっては、さまざまな民間伝承から神話へと遡及《そきゅう》する方法が重視され、「我々の民間説話の何れの部分が、神話に近いかが先づ問題になる」とした。そして「昔話と伝説と神話」の違いについても、かなり厳密に規定した。

ところが折口信夫の神話の定義とその理解は、きわめて独自であって、柳田国男の見地と方法とは対照的であった。その実際を折口みずからの論著に即して若干紹介しておく。たとえば、前掲の「宮廷生活の幻想」(『日本歴史』二巻三号)の冒頭には次のように述べられている。

「私ども、民俗学を研究する者の側から考へると、神話といふ語は、頗《すこぶ》(る)範囲を限つて使ふべき語となる」として、「神学の為に、神話はあるのである。従つて神学のない所に、神話はない訳である。謂はば神学的神話が、学問上にいふ神話なのである」と記す。そして「学問上から謂ふ神話は、まだ我が国にはないと謂ふてよい。日本には、ただ神々の物語があるまでである。何故かと言へば、日本には神話がないからである。日本には、過去の素朴な宗教精神を組織立て系統づけた神学がなく、更に、神学を要求する日本的な宗教もない。其で自ら、神話もない訳なのである。統一のない、単なる神々の物語は、学問的には神話とは言はないことにするのがよいのである。従つて日本の過去の物語の中からは、神話の材料を見出す事は出来ても、神話そのものは存在しない訳である」。

この折口独特の神話観ないし神話論は、第二次世界大戦後とりわけみずからが神道神学の樹立をめざしたありようと重層して注目すべき論述になっている。その内容にはたとえば「日本には、過去の素朴な宗教精神を組織立て系統づけた神学がなく、更に、神学を要求する日本的な宗教もない」とするような独自の見解もあったが、折口学におけるこうした神話観は、それ以前にも内在した。

そのことは昭和十八年（一九四三）の八月から『日本評論』に掲載された「日本文学の発生序説」のなかの、次の文章を見てもはっきりする。「私は『神話』と言ふ言葉を使ふことを避けてゐる。神話と言ふのは、一つの教会・教派として、神学をもってゐる宗教の上に出てゐるものを神話と言ふと定義を立てて居るので、日本の民俗信仰の如く、殆（ど）神学・教会を持たぬものに、此語を使ふのは当らないと考へてゐるのだ」とその見解を明記する。そのような理解を戦時下のいわゆる「皇道《こうどう》」※26主義へのプロテストとみるのはあたらないだろう。

またそれよりかなり早い昭和九年（一九三四）に刊行された『日本文学大辞典』のなかでも、「民俗学」を執筆した折口は、「日本には、基督《キリスト》教的生活を基調としたもの

※26　**皇道**（こうどう）　天皇が行う政道。昭和七年ごろから旧陸軍部内に天皇中心の国家至上主義を信奉する皇道派がつくられた。

がないから、神話といつても西洋学者の言ふやうなものはない」と断言している。だが折口信夫における神話と民譚《みんだん》※27の区別はきわめてあいまいであり、たとえば「神話が神の誓約を元とするのに対して、人の世の任意な事件とするのが民譚」とするようなおおまかな類別にとどまっていた。

柳田国男が『口承文芸史考』などで規定した「昔話と伝説と神話」の概念のほうがはるかに明確であった。基督《キリスト》教的神学の影響が、折口の「神話論」にはかなりあったとみなすべき要素が濃厚である。

いまは柳田国男と折口信夫の巨学のありようを、なるべくこれを対比して、若干の事例に即しながら検討を試みたにすぎない。しかしこの両先学、とりわけ折口古代学のめざした方向は、日本文化成立の内実を考察する際にも、大きな示唆を与える。

※27 **民譚**（みんだん） 民間説話。民話のこと。

# 第五章　倭国から日本国へ
## ―「日本文化成立期」としての天武・持統朝

### 日本国の登場

そもそも文化という熟語は、中国の「文徳教化《もんとくきょうか》」※1に由来する略語だが、明治以後カルチャーの翻訳語として一般化した。ところで実在の文化は、けっして物体のみに表現されるものではなく、人間の意識や行為をも内包している。そしてひとりひとりの人間の意識や行為ばかりでなく、人間集団の意識や行動の総体として存在する。したがって文化の歴史的考察は、「それがいかにあったか」にとどまらず、「それがいかになったか」をあわせて究明する必要がある。「人間集団の意識と行動の総体」としての文化は、縄文時代にも弥生時代にも、さらに古墳時代にも実在したが、それを「日本国の文化」として位置づけるのには、まず「日本国」の誕生を前提としなければならない。「倭国《わこく》の文化」の段階と「日本国の文化」との間には大きなひらきがある。そこでまず、「日本国」という国号がいつごろから具体化するかを検討することが不可欠となる。

※1　**文徳教化**（もんとくきょうか）　権力や刑罰を用いないで、学問や文教によって教え導くこと。

※2　**墓誌**（ぼし）　死者の名前や系譜、業績、死亡年月日などを石に刻んだもの。

「井真成」墓誌蓋（王維坤提供）

墓誌蓋の石核拓本

## ■史料に残る「日本」の国号

平成十六年（二〇〇四）の十月、中国西安《せいあん》市の西北大学が日本の遣唐留学生「井真成《いのまなり》」の墓誌※2を発見したと発表した。西安市北部の工事現場で見つかったこの墓誌石は、西北大学博物館が収蔵し、検討のうえ公にし、内外の注目を集めた。墓誌蓋を伴うこの墓誌は、ほぼ正方形で一辺の長さは約三九・七センチ、厚さ一〇センチであり、墓誌蓋に四行十二字、墓誌に十二行・百七十一字が刻まれていた。そしてその墓誌には、遣唐留学生「井真成」が開元二十二年（七三四）正月に三十六歳で亡くなり、玄宗《げんそう》皇帝がその死を悼んで「尚衣奉御《しょういほうご(ぎょ)》」の職を贈ったことが記されていた。

舒明《じょめい》天皇二年（六三〇）から承和五年（八三八）におよぶ遣唐使は、十五回（そのうち迎入唐使一回、送唐客使二回）派遣されているが、その多くは四隻の船に乗船して入唐し（一隻一回、二隻五回）、一隻平均百二十人前後で、最大は六百余名を越えた。しかし遣唐使の行動は、高官・高僧しかほとんど記録に名を留めず、入唐した人びとのなかでは、羽栗臣吉麻呂《はぐりのおみよしまろ》や、その吉麻呂と唐の女性の間に生まれた羽栗臣翼《つばさ》や翔《かける》のような人物の活躍が史料にみえるにすぎない。

「井真成」墓誌銘の拓本と銘文

贈尚衣奉御井公墓誌文并序
公姓井字真成国号日本才称天縦故能
[銜]命遠邦馳聘上国蹈礼楽襲衣冠束帯
□朝難与儔矣豈図強学不倦問道未終
□遇移舟隙逢奔駟以開元廿二年正月
□日乃終于官弟春秋卅六　皇上
□傷追崇有典　詔贈尚衣奉御葬令官
□即以其年二月四日窆于万年県滻水
[東]原礼也嗚呼素車暁引丹旐行哀嗟遠
□兮頽暮日指窮郊兮悲夜台其辞曰
[寂]乃天常哀茲遠方形既埋於異土魂庶
帰於故郷

したがって、このたびの「井真成」の墓誌は貴重であり、阿倍仲麻呂《あべのなかまろ》や藤原清河《きよかわ》をはじめとする異国に没した遣唐使のありし日を偲ぶ資料としても見逃せない。さらに、この墓誌には「国号日本」とあり、重視されている。そして、「日本」という国号が開元二十二年までに使われている確実な初見とする見解も述べられた。

しかし「日本」という国号が、大宝元年（七〇一）にできあがった「大宝《たいほう》令《りょう》」にすでに用いられていたことは、その「公式令《くしきりょう》」の詔書式《しょうしょしき》に、「大事を蕃国使《ばんこくし》に宣するの辞」として「明神《あきつかみと》御宇《あめのしたしらす》日本天皇詔旨」と規定してあるのを見ても明らかである。したがって、大宝元年（七〇一）に遣唐執節使（代表）に任命されて翌年に入唐した粟田朝臣真人《あわたのあそみまひと》が、『続日本紀』の慶雲元年（七〇四）七月の条に「日本国使」を名乗ったことを明記し、そのおりの遣唐留学僧であった僧弁正の「唐に在りて本郷を憶《おも》ふ」の詩が『懐風《かいふう》藻《そう》』に収められており、「日辺《にっぺん》日本を瞻《み》、雲裏雲端《うんりうんたん》を望む」と詠じているのも偶然ではない。

大宝二年入唐の遣唐少録であった山上憶良《やまのうえのおくら》が、大伴旅人《おおとものたびと》の妻の死を悼んで、「日本挽歌」を歌っているのも参考になる（『万葉集』七九四）。

## ■国号「日本」はいつから使われ始めたか?

それなら「日本」という国号は、いったいいつごろから使われるようになったのであろうか。『隋書』※3東夷伝《とういでん》倭国の条に、大業三年（六〇七、推古十五年）の国書に「日出づる処《ところ》の天子、書を日没する処の天子に致す」とあるのを、日本の用例とみなす説もあるが、それは尚早の見解である。推古朝に「日出づる処」とする意識のあったことは認められるとしても、これをもって「日本」の国号を名乗った確実な例とすることはできない。

「日本」という国号の明確な史料としては、『旧唐書』《くとうじょ》※4東夷伝倭国の条に「日本国は倭国の別種なり、その国日辺に在るを以て、故に日本を以て名と為す。或ひは曰く、倭国自らその名雅《みや》びならざるを悪《にく》み、改めて日本と為す」とあるのが注意される。しかし日本と

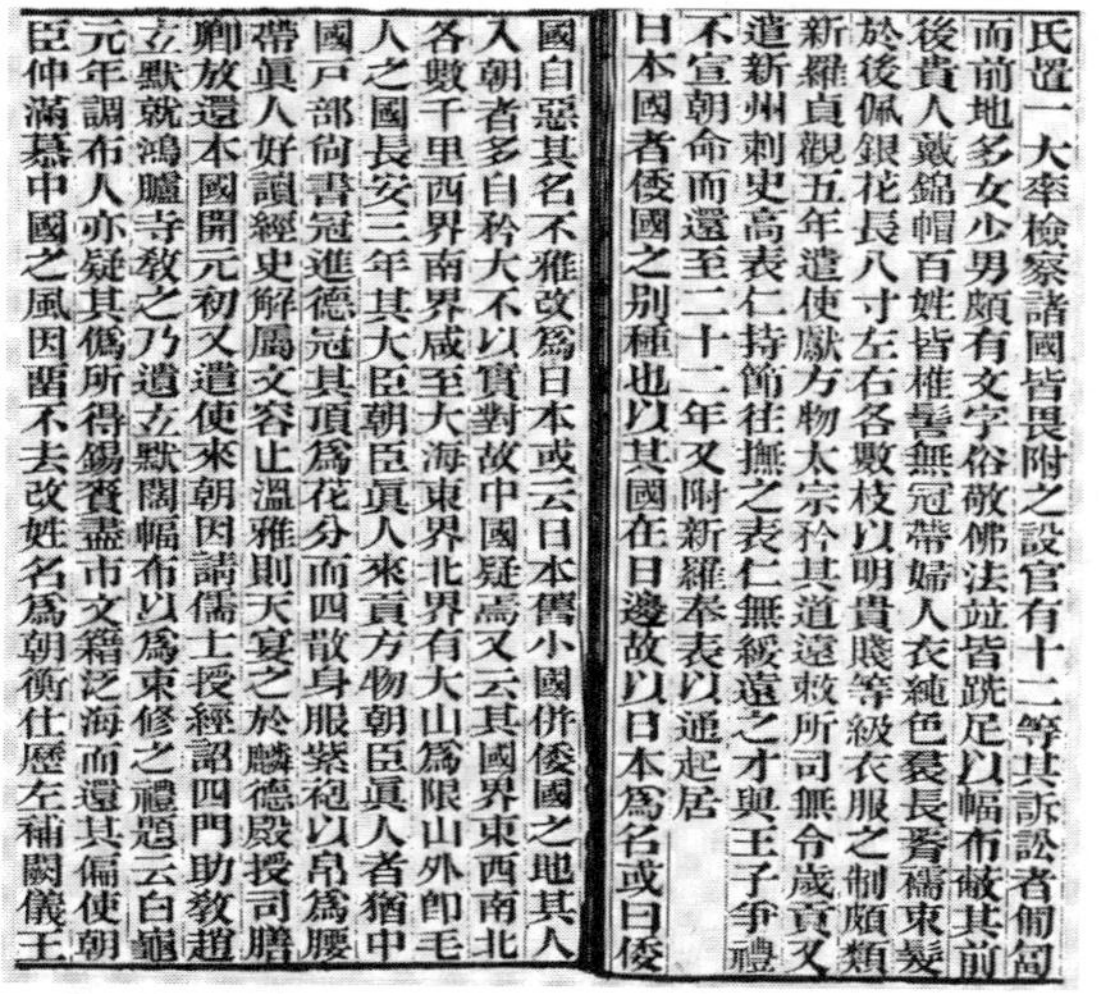
氏置一大率檢察諸國皆畏附之設官有十二等其訴訟者匍匐
而前地多女少男頗有文字俗敬佛法並皆跣足以幅布蔽其前
後貴人戴錦帽百姓皆椎髻無冠帶婦人衣純色裙長腰襦束髮
於後佩銀花長八寸左右各數枝以明貴賤等級衣服之制頗類
新羅貞觀五年遣使獻方物太宗矜其道遠敕所司無令歲貢又
遣新州刺史高表仁持節往撫之表仁無綏遠之才與王子爭禮
不宣朝命而還至二十二年又附新羅奉表以通起居
日本國者倭國之別種也以其國在日邊故以日本爲名或曰倭
國自惡其名不雅改爲日本或云日本舊小國併倭國之地其人
入朝者多自矜大不以實對故中國疑焉又云其國界東西南北
各數千里西界南界咸至大海東界北界有大山爲限山外即毛
人之國長安三年其大臣朝臣眞人來貢方物朝臣眞人者猶中
國戸部尚書冠進德冠其頂爲花分而四散身服紫袍以帛爲腰
帶眞人好讀經史解屬文容止溫雅則天宴之於麟德殿授司膳
卿放還本國開元初又遣使來朝因請儒士授經詔四門助教趙
玄默就鴻臚寺教之乃遺玄默闊幅布以爲束修之禮題云白龜
元年調布人亦疑其僞所得錫賚盡市文籍泛海而還其偏使朝
臣仲滿慕中國之風因留不去改姓名爲朝衡仕歷左補闕儀王

**『旧唐書』東夷伝倭国の条**　8・9行目に「日本」の文字が見える。

**※3　『隋書』**（ずいしょ）
中国・隋朝の正史。六二二年に編纂にかかり、六五六年に上進された。計八十五巻。このうち、東夷伝倭国の条は、日本古代史の貴重な史料として有名である。

**※4　『旧唐書』／『新唐書』**（くとうじょ／しんとうじょ）
唐朝の正史。旧新二種がある。『旧唐書』は九四二年より編纂にかかり、九四五年に完成。計二百巻。しかし、中唐以後の史料を欠く所が多いことなどから、一〇四四年に新たに『新唐書』の編纂が始まり、一〇六〇年に完成した。計二百二十五巻。

※5 **『三国史記』**（さんごくしき）朝鮮の史書。三国時代の新羅・百済・高句麗三国などの事績を金富軾が記す。一一四五年の成立。計五十巻。

いう国号がいつごろから使われたかについては、なんら言及されていない。『旧唐書』についで注目されるのは、『新唐書《しんとうじょ》』[※4]東夷伝日本の条である。そこには咸亨元年（六七〇）に「使を遣はして、高麗（高句麗）を平《たいら》ぐを賀す、後稍《のちやや》（やや後）夏音《かおん》（中華の音）に習ひ、倭の名を悪《にく》み、更《あらた》めて日本を号す、使者自ら言ふ、国日出づる処に近し、以て名と為す」と記す。この咸亨元年の遣唐使は、『日本書紀』の天智天皇八年（六六九）是歳の条に記す河内直鯨《かわちのあたいくじら》を代表とする一行であり、翌年に入唐した。

この『新唐書』の文によれば、咸亨元年（天智天皇九年）から「後稍」に日本という国号を用いたことになる。この『新唐書』などの所伝をうけて、『三国史記』[※5]の新羅本紀文武王十年（六七〇）二月の条には、「倭国更めて日本を号す。自ら言ふ、日出づる所に近し、以て名と為す」と述べている。

こうした史料によって、日本国の具体化の上限は六七〇年であり、その下限は七〇〇年ということを見定めることができる。

日本という国号が天智天皇九年（六七〇）から大宝元年（七〇一）までの間に使用されたことを、もっと詳細に見きわめることができないか。その点を考える際に参考となるのは、『正倉院文書』のなかの天平二十年（七四八）の「書写所目録」にみえる「帝紀二巻 日本書」である。この「日本書」を『日本書紀』の天武天皇十年（六八一）三月の条に記す川島皇子をはじめとする十二名に「帝紀及び上古の諸事の記定」と関連づけて、その「帝紀」をこの「日本書」とみなす説がある（折口信夫「日本書と日本紀と」、『折口信夫全集』第一巻、中央公論社、一九五四年）。留意すべき仮説だが、この説を裏づける確かな証拠はない。

## ■『日本世記』にみる「日本」の表記

ここで改めて浮かび上がってくるのが、高句麗僧の道顕《どうけん》が著した『日本世記《にほんせいき》』※6である。この『日本世記』は『日本書紀』の斉明天皇六年七月の条、同七年四月の条、同年十一月の条、天智天皇八年十月の条に引用されており、天智天皇即位前紀十二月、同元年四月の条にはその道顕の言葉がみえている。即位前紀十二月の条には「釋道顕云《い》はく」として「春秋の志《こころ》と言ふは、正《まさ》に高麗に起れり、而《しこう》して先《ま》づ百済に聲《きか》しめむとす、百済、近《このごろ》、侵さるること甚しく苦念《くるし》ぶ、故《かれ》、爾《しか》いふといふ」と註記し、同元年四月の条には「釋道顕占《うらな》ひて曰く『北国の人、南国に附《つ》かむとす、蓋《けだ》し高麗破れて日本に属《つ》かむか』といふ」と本文に記す。これらの道顕の言葉も、その著『日本世記』に記述されている文にもとづいたものと考えられる。

道顕の言葉については、藤原仲麻呂※7がまとめた『家伝《かでん》』（上）（『大織冠＝藤原鎌足伝《かまたり》』）にもあり、また藤原（中臣）鎌足の長男であった貞慧《じょうえ》（貞恵）が二十三歳で亡くなったおりに（六六五年）、誄詞《しのびごと》を献じたことが記載されている。これらの史料によって

※6 **『日本世記』**（にほんせいき） 著作の全容・巻数・成立年代などは不明だが、『日本書紀』編纂資料の一つとして重要である。七世紀代の日本の対外関係を述べている。

※7 **藤原仲麻呂**（ふじわらのなかまろ） 奈良時代の官僚。藤原（中臣）鎌足の子である不比等《ふひと》の孫にあたる。仲麻呂は、『家伝』上巻で鎌足の伝記である『大織冠伝』をまとめた。

道顕が鎌足と深いつながりをもっていたことが察知されよう。

書名に「日本」を冠し、その言に「日本」がみえる道顕の『日本世記』は、いつごろまとめられたのであろうか。その年次は不詳だが、鎌足が薨《こう》じた天智天皇八年（六六九）以後、天武朝には確実に存在した記録と思われる。ここで参照すべきは、『日本書紀』の天武天皇三年（六七四）三月の条に、九州の対馬で産出した銀を朝廷に献上したことを記して、「凡《およ》そ銀の倭国にあることは、初めて此《こ》の時に出《み》えたり」と述べている記事である。この「倭国」はいわゆる「日本国」に相当するが、天武天皇三年の記述に「倭国」とあるのは、六七四年のころの原史料にはまだ「日本国」は使われず、倭国と称されていたことを示唆する。とすれば、「日本国」の登場は、六七四年以後の天武朝であったと考えられる。道顕の書も天武天皇三年以後にまとめられた可能性がある。

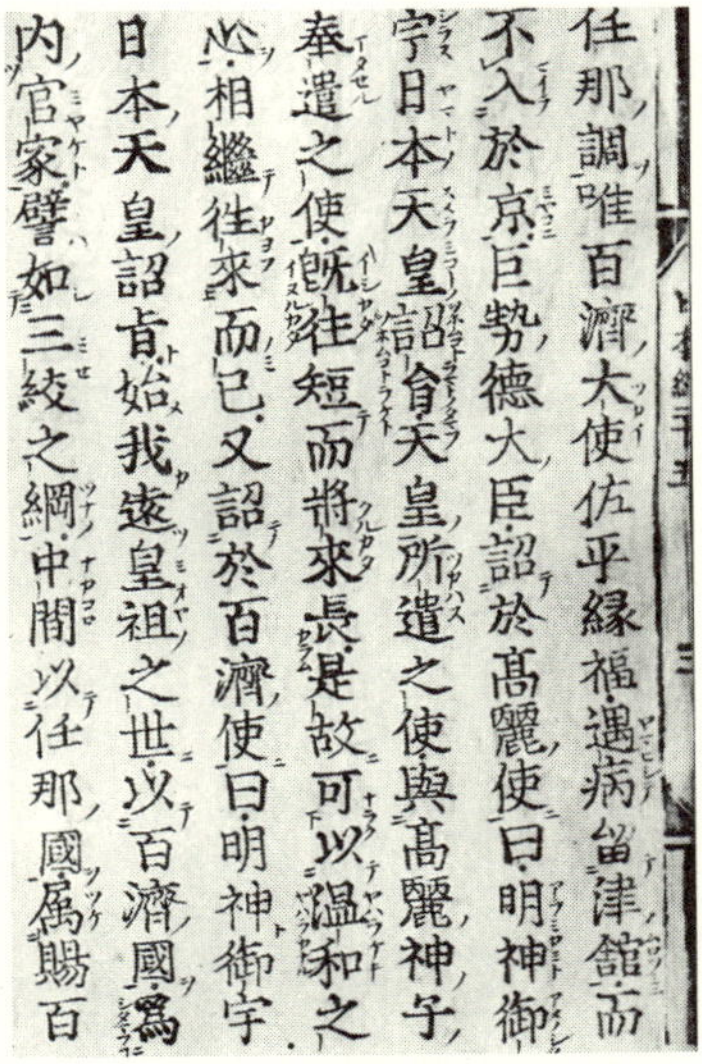
任那調唯百濟大使佐平縁福遇病留津館而
不入於京巨勢德大臣詔於高麗使曰明神御
宇日本天皇詔旨天皇所遣之使與高麗神子
奉遣之使既往短而將來長是故可以温和之
心相繼往來而已又詔於百濟使曰明神御宇
日本天皇詔旨始我遠皇祖之世以百濟國爲
内官家譬如三絞之綱中間以任那國屬賜百

**『日本書紀』孝徳天皇大化《たいか》元年７月条**
645年の乙巳《いっし》の変（大化《たいか》の改新《かいしん》）で高句麗や百済からの使節に「明神御宇日本天皇《あきつみかみあめのしたしろしめすやまとのすめらみこと》」という名前でよびかけた（２〜３行目）。日本の史料における「日本」の初出とされる。

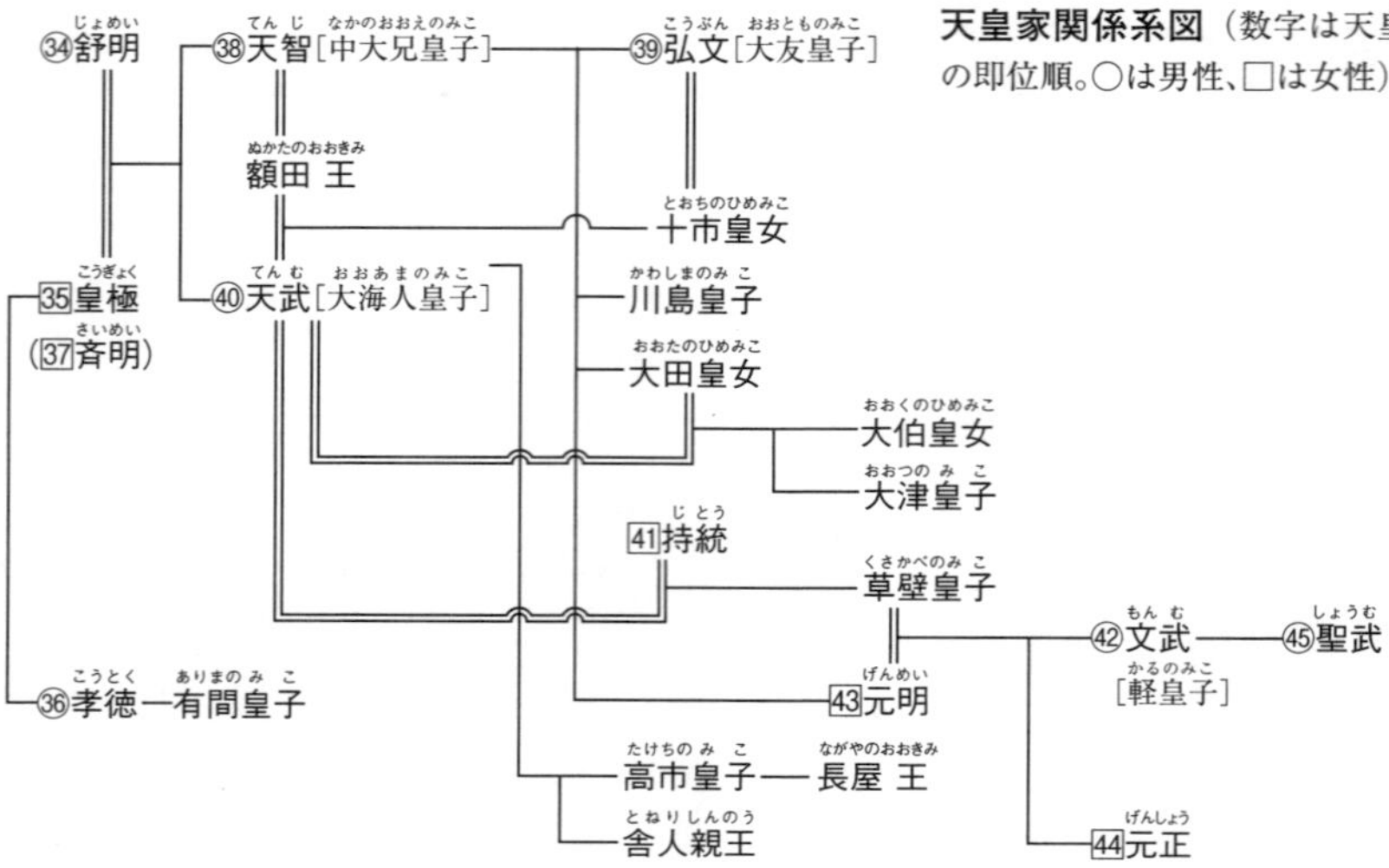


天皇家関係系図（数字は天皇の即位順。○は男性、□は女性）

## 天皇の具現

それなら、その「日本国」の君主としての「天皇」号はいつごろから使われるようになったのか。

天皇の語の由来については、北極星を神格化した道教の「天皇《てんこう》大帝《たいてい》」であるとみなす説が有力だが、中国では六世紀後半になると道教の最高神である原始天尊が具体化して、唐の高宗《こうそう》が上元元年（六七四）に「皇帝」を「天皇」に改め、則天武后《そくてんぶこう》が「天后」を称するというような一時的状況も形づくられる。

### ■史料に残る「天皇」の称号

わが国の史料で「天皇」の用例のみえる古い例としては、推古天皇三十年（六二二）の厩戸皇子《うまやどのみこ》（聖徳太子）の没後、妃の橘大郎女《たちばなのおおいらつめ》が、天寿国《てんじゅこく》に往生した厩戸皇子の様子を見たいと願って、推古大王が采女《うねめ》に命じて繡帳《しゅうちょう》二張を作らせたという「天寿国繡帳」の銘文が有名である。しかし繡帳とその銘文は断片しか残っておらず、銘文のある亀甲図は、額装断片の四つと奈良県斑《いか》鳩《るが》の中宮寺《ちゅうぐうじ》にある別の断片、そして奈良・正倉院蔵の断片五文字である。合わせてもわずか二十五字ばかりであり、亀甲百匹を縫いつけてそのおのおのに四字ずつを縫った銘文の字数とはほど遠い。幸いに『上宮聖徳法王帝説《じょうぐうしょうとくほうおうていせつ》』※8によって銘文のおよそをうかがうことができるが、原銘文にはたして「治天下天皇」あるいは「天皇」という文字が用いられていたかどうかはなお検討を要する。私見では「天寿国繡帳」は「浄御原御宇天皇」（天武天皇、一説に持統天皇）が修補して斑鳩の法隆寺に献納したものと考えているが（『明日香風』第七十五号）、推古朝末年に「天皇」の用語があったとは断言できない。

法隆寺金堂の薬師如来《やくしにょらい》像光背《こうはい》銘文に「池辺大宮治天下天皇」・「小治田大宮治天下大王天皇」「丁卯年《ひのとう》」とあるが、この像の完成も推古朝の「丁卯年」（六〇七、推古十五年）ではなく、天武・持統朝とみなされている。

また、河内（大阪府）の野中寺《やちゅうじ》（羽曳野《はびきの》市）の弥勒菩薩《みろくぼさつ》像銘文にも「丙寅年《ひのえとら》」「詣中宮天皇」とあるが、その銘文は「丙寅年」（六六六、天智五年）のものではなく、のち

※8　『上宮聖徳法王帝説』（じょうぐうしょうとくほうおうていせつ）　聖徳太子の伝記集。七世紀中ごろ以降の史料を編集し、平安時代中期ごろに集大成されたものとされる。

池辺大宮治天下天皇大御身労賜時歳
次丙午年召於大王天皇与太子而誓願賜我大
御病太平欲坐故将造寺薬師像作仕奉詔然
当時崩賜造不堪者小治田大宮治天下大王天
皇及東宮聖王大命受賜而歳次丁卯年仕奉

法隆寺金堂・薬師如来像光背銘文

丙寅年四月大旧八日癸卯開記　栢寺智識之
等　詣中宮天皇大御身労坐之時　誓願之奉
弥勒御像也　友等人数一百十八　是依六道
四生人等此教可相之也

野中寺弥勒菩薩像銘文

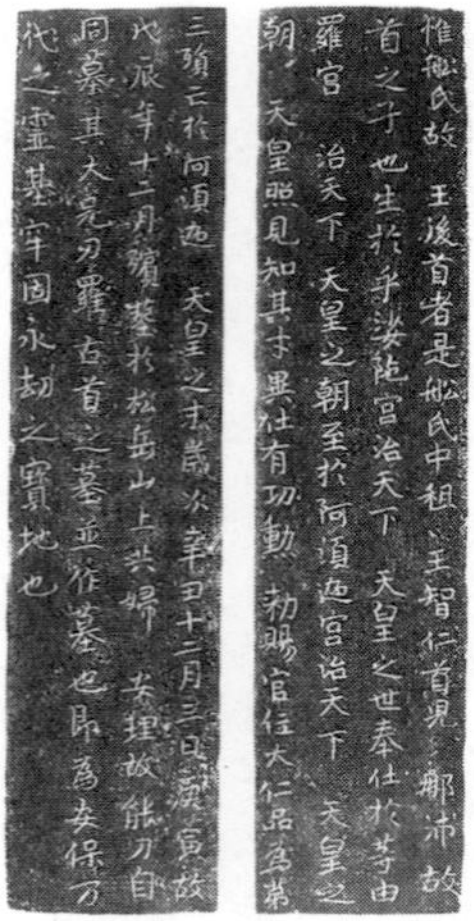

**船王後墓誌（拓本）と銘文**
金銅。長さ29.4cm。668年造といわれる。渡来人船氏の墓誌。

〔表〕惟船氏故　王後首者是船氏中祖　王智仁首児　那沛故
首之子也生於乎娑陁宮治天下　天皇之世奉仕於等由
羅宮　治天下　天皇之朝至於阿須迦宮治天下　天皇之
朝　天皇照見知其才異仕有功勲　勅賜官位大仁品為第
〔裏〕三殯亡於阿須迦　天皇之末歳次辛丑十二月三日庚寅故
戌辰年十二月殯葬於松岳山上共婦　安理故能刀自
同墓其大兄刀羅古首之墓並作墓也即為安保万
代之霊基牢固永劫寶地也

に刻銘された可能性が濃厚とされている。
「戊辰《つちのえたつ》年十二月、松岳山上に殯葬《ひんそう》す」と記す河内の松岳《まつおか》山《やま》（柏原《かしわら》市）に葬られた『船王後墓誌《ふなのおうごのぼし》』については、「治天下天皇」の用語があるが、戊辰年（六六八、天智七年）のものではなく、天武朝末年以後八世紀初頭までに作製された追葬の墓誌とする説がある。この説の有力な根拠としては、銘文中に「官位」と記すのが疑問とされている。「官位」を位階と同義に用いた例は、『続日本紀』の慶雲二年（七〇五）四月十七日の「勅」にみえる「官位」が初見という。だが、「官《つかさ》の位《くらい》」としての「官位」の用例は『日本書紀』にもあって、たとえば大化二年四月の条、天智四年二月の条などの「官位」は位階と同義で使われている場合もある。船王後の埋葬の後に墓誌だけを追葬したとみなす説には、賛同できない。

## ■日本版中華思想

ところで「天皇」という君主の称号がいったい、いつごろから確実に用いられるようになったか。昭和五十九年に奈良

**天武天皇の飛鳥浄御原宮跡をのぞむ（明日香村）**　中央右下が甘樫丘《あまかしのおか》、その左後方が畝傍山《うねびやま》。その奥の２つのコブが見えるのが二《に》上山《じょうざん》である。飛鳥浄御原宮は手前の丘陵と甘樫丘にはさまれた地にいとなまれた。

県明日香村の飛鳥《あすか》浄御《きよみ》原宮《はらのみや》跡から出土した木簡《もっかん》（削片）に「大津皇（子）」とあり、天武朝に「皇」の用字のあったことが確かめられていたが、平成十年に明日香村飛鳥池遺跡から天武朝と考えられる「天皇聚露《てんのうしゅうろ》」の木簡が見つかって、遅くとも天武朝には「天皇」の用字のあったことが確実となった。

　このようにみると、「日本国」と「天皇」の登場の画期としては、天武朝のありようが大きく浮かびあがってくる。そして天武朝にでき、持統朝に実施された「飛鳥浄御原令」にも「日本天皇」の用語が使われていた可能性が濃厚となった。

　わが国古代法の「儀制令」の天子称号の条には、天子・天皇・皇帝・陛下・太上天皇・乗輿《じょうよ》・車駕《しゃが》の規定がある。そして条文は「天子」を「祭祀に称する所」、「天皇」は「詔書に称する所」、「皇帝」は「華夷《かい》に称する所」、「陛下」は「上表（上表文）に称する所」、「太上天皇」は「譲位の帝に称する所」、「乗輿」は「服御《ぶくご》に称する所」、「車駕」は「行幸に称す

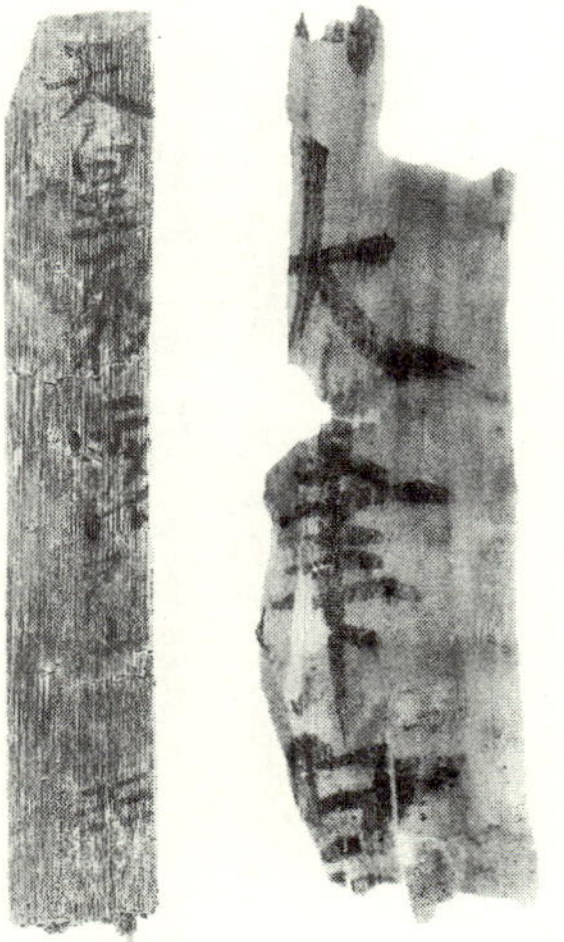

**（右）「大津皇」木簡**　大津皇子か。（奈良県立橿原考古学研究所提供）
**（左）「天皇聚露」木簡**　「天皇聚（露）弘□□」（天皇“露”を集めて広く□□する）（奈良文化財研究所提供）

る所」と定めている。

　この規定が唐の「儀制令」を参考にしていることは、唐の「儀制令」にある「皇帝天子」が「夷夏通称《いかつうしょう》」※9、「陛下」が、「対敭《たいよう》※10、咫尺《しせき》※11、上表通称」、「至尊」が「臣下内外通称」、「乗輿」が「服飾に称する所」、「車駕」が「行幸に称する所」と規定しているのを見てもわかる。唐の「儀制令」には「皇帝天子」とあるのを、日本の古代法は「天子」と「皇帝」に分け、またわが国の古代法には、「至尊」の称号はなくて、「天皇」および「太上天皇」の称号をあげているのが注目される。

「皇帝」の称号は中国の天子が絶えず使用しているところである。中華※12の東方に位置する東夷の日本の天子が、「夷夏通称」の「皇帝」を用いているのを、不思議とする意見があるかもしれない。「唐令」の「夷夏通称」を日本令では「華夷所称」と表現するが、この「華・夏」は中華の「華・夏」であり、「夷」は「夷狄《いてき》」の「夷」である。東夷のなかの日本国であるけれども、東夷のなかの中華であるとする日本版中華思想にもとづいての「皇帝」であった。

　日本の律令政府が日本版中華思想を背景とする内政や外交を行ったことは、①『続日本紀』の文武天皇三年（六九九）七月十九日の条に、「多褹《たね》（種子島）、夜久《やく》（屋久島）、菴美《あまみ》（奄美大島）、度感《とかん》（徳之島）等の人、朝宰に従ひて来り方物を貢ず、位を授けて物を賜ふに各差あり、その度感嶋の中国に通ずること、是に始まる」と

**※9　夷夏通称**（いかつうしょう）　夷は、古代中国において東方の未開人（異民族）を称した。

**※10　対敭**（たいよう）　君令にこたえて、その意を天下にあらわすこと。

**※11　咫尺**（しせき・ししゃく）　天子に拝謁すること。

**※12　中華（中華思想）**（ちゅうか／ちゅうかしそう）　中国が世界の中心であり、その文化・思想を最も価値のあるものとする考え方。それ以外の文化や習慣をもつ周辺諸国はその所在方位に合わせて東夷《とうい》・西戎《せいじゅう》・南蛮《なんばん》・北狄《ほくてき》とよばれ、未開な異民族とされた。

書き、

②また養老六年（七二二）四月二十五日の「太政官奏」に「是を以て聖王制を立て、亦《また》務めて辺りを実するは、蓋し中国を安むずるを以てなり」と記すのにもうかがわれる。

この「中国」は唐ではなくて日本国を指す。したがって、『続日本紀』の霊亀元年（七一五）九月二日の詔に「華・夏載佇《さいちょ》」と記し、また延暦九年（七九〇）五月五日の陸奥《むつ》国の解文《げぶみ》（上申文書）に「華・土」と述べるのである。この「華夏」も「華土」も日本国を意味していた。

日本版中華思想にもとづいて日本列島内部に、夷狄を設定していたことは、「大宝令」の注釈書ともいうべき『古記』に、「戸令」の「凡そ辺遠の国に夷人雑類あり」を「毛人《えみし》・肥人《くまびと》・阿麻弥《あまみ》（奄美）人等」とし、さらに「隼人《はやと》・毛人、本土にては、之《これ》を夷人といふなり」と記述しているのに明白である。

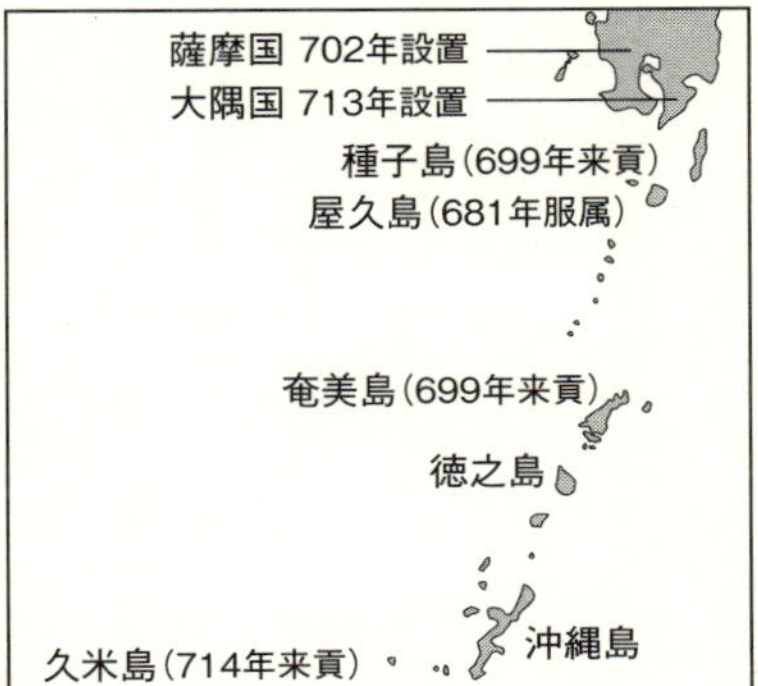


8世紀の南西諸島

**太安萬侶の墓**（奈良市此瀬《このせ》町）養老7年（723）に亡くなった安萬呂の墓の近くには、志貴《しき》皇子（御春日宮天皇）の田原西陵や光仁《こうにん》天皇の田原東陵もあり、奈良時代の天皇・皇族の葬地でもあった。

## ■「天皇」の称号

前に「公式令《くしきりょう》」（詔書式《しょうしょしき》）の「明神御宇《あきつかみあめのしたしらす》日本天皇詔旨」について「大事を以て蕃国《ばんこく》使に宣するの辞（外国使臣に大事を宣するとき）」とあることに言及したが（73頁参照）、「明神御宇天皇詔旨（次事のとき）」は「次事を以て蕃国使に宣するの辞」であり、「明神《あきつかみ》御《と》大八洲《おおやしましらす》天皇詔旨」は「朝廷の大事に用ふるの辞（国内の大事のとき）」であった。そして「天皇詔旨」は「中事に用ふるの辞」とされていた。実際に「詔書」において「皇帝」は使われず、もっぱら「天皇」が用いられたのである。

しかし、「皇帝」を日本の天子に使用した例が皆無であったかというと必ずしもそうではない。たとえば、和銅五年（七一二）正月二十八日「献上」と伝える太安萬侶《おおのやすまろ》の『古事記』序には仁徳天皇を「大雀《おおさざき》皇帝」と記す。だがこうした例はまれで、たいていは「天皇」が使用された。ただし『続日本紀』には聖武天皇を「勝宝感神聖武皇帝」、孝謙太上天皇を「上臺宝字称徳孝謙皇帝」と称するなど、「皇帝」の用例もかなりある。

日本の古代法に「隣国」と記すのは唐であり、「蕃国」と記すのが新羅（渤海も）であったことは、『古記』に「隣国は大唐、蕃国は新羅なり」とあるのにも確かめられる。では、「明神御宇日本天皇」を隣国（唐）に対する詔書に用いたのであろうか。

それについて『令集解』は「隣国に通ずるには、まさに別に勘《かんが》ふべくしてこの式に依らず、但し使の来る時はまさにこの式に放《なら》（倣）ひ用ふべきなり、別条なきが故なり、未《いま》だ審《つまびら》かならず検《かんが》ふべし」と答えている。事実「明神御宇日本天皇」が使用されたあかしはなく、玄宗《げんそう》[※13]皇帝のおりの宰相《さいしょう》であった張九齢《ちょうきゅうれい》の文集『唐丞相《とうじょうそう》曲江張先生文集《きょくこうちょうせんせいぶんじゅう》』や『全唐文』に収められている第九次の遣唐副使中臣名代《なかとみのなしろ》が帰国するおり起草された玄宗の「勅書」に、「勅日本国王主明楽美御徳《すめらみこと》」とあるのが参考となる。唐が周辺国々の国王に与えた「勅書」では国名・称号・姓名となっているから、日本は国名、国は称号、主明楽美御徳は姓名に相当する。「明神御宇日本天皇」が唐との外交に用いられた確証はない。

『万葉集』でも「天皇」はオホキミのほかスメラミコトあるいはスメロギ（須売呂伎）と訓《よ》まれているが、この「スメル」を「澄める」とか「統べる」に由来するとの説もある。しかしスメラミコトのスメはsume の音で、「梵語《ぼんご》の至高・妙高の蘇迷盧 sumeru と音韻・意味が一致」し、「最高の山を意味する蒙古語 sumel と同源」とする『岩波古語辞典』の説が正当であろう。須弥山《すみせん》[※14]もまた同類であって、最高・至高のミコトが「スメラミコト」であった。

**※13　玄宗**（げんそう）　唐の第六代の皇帝。在位七一二～七五六年。初め開元《かいげん》の治《ち》とよばれる政治を行ったが、晩年、妃の楊貴妃《ようきひ》を寵愛《ちょうあい》し、安史《あんし》の乱が起こった。

**※14　須弥山**（すみせん／しゅみせん）　古代インドの世界観が仏教に取り入れられたもので、世界の中心にそびえるという高山。

## ■国家意識の高まり

これまで述べてきたように、日本国と天皇が登場する最も確実な時期は天武朝であることが確かとなった。天武天皇が『万葉集』に「皇《すめらぎ》は神にしませば赤駒のはらばふ田居《たい》を都となしつ（天皇は神であられるので、赤駒もはらばう田を都としてしまわれた）」（「万」四二六〇）と歌われているのも、それなりの意味をおびてくる。その故に持統称制三年（六八九）、二十八歳で皇太子草壁《くさかべ》皇子が他界したその殯宮《もがりのみや》※15の挽歌《ばんか》で、柿本人麻呂《かきのもとのひとまろ》は天武天皇を「飛ぶ鳥の清御原《きよみ》の宮に神ながら太敷きまして天皇《すめらぎ》の敷きます国と」とはっきり「天皇」と表記した歌を詠みあげたのである（「万」一六七）。

天智称制二年（六六三）、倭国の軍隊は朝鮮の白村江《はくすきのえ》※16で唐・新羅の連合軍によって

白村江の戦い

※15　殯宮（もがりのみや）　天皇や皇子などを本葬する前に、棺に死体を納めて仮にまつることを殯といい、殯宮とはその場所をいう。

※16　白村江（はくすきのえ／はくそんこう）　朝鮮半島西南部を流れる錦江《きんこう》の古名。倭国軍は唐・新羅軍に攻略された百済の救援に向かったが、白村江で敗れ、百済も最終的に滅亡した。

壊滅的な打撃を受けた。そして、その五年後には唐と新羅に挟撃されて高句麗が滅亡する。それぱかりではない。壬申《じんしん》の年（六七二）には、実力で天智天皇の弟である大《おお》海人皇子《あまのみこ》（天武天皇）が大友皇子（天智天皇皇子）の近江朝廷を倒して、飛鳥浄御原宮で即位するという、画期的な内乱（壬申の乱）が起こった。王朝の危機的状況のなかで、国家意識が高まり、日本の王者を至高の天子とする神格化が始まる。日本国と天皇の登場は、こうした歴史を背景として具体化したといえよう。そしてまたこの時期は、天智天皇八年（六六九）の遣唐使任命以後、大宝元年（七〇一）まで、遣唐使の派遣が中止されていた時代であった。なおこの間に新羅使が二十四回来日し、遣新羅使が十回の交渉を『日本書紀』が伝えているのが注目される。

## 『古事記』と『日本書紀』にみる〝日本意識〟の高まり

前述のように、六六三年の白村江における倭国の軍勢の潰滅は、東アジアにおける倭国家存立の危機となった。それぱかりではない。六七二年の壬申の乱は、大海人皇子みずからが近江朝廷を打倒し、王権を簒奪した未曽有の争乱であった。

国家意識が高まりをみせた天智朝のあとを受けた天武・持統朝に、日本国の文化が顕在化してくるのは、きわめて当然のことであった。

## ■天武天皇の「勅語」による『古事記』の編纂

天武天皇の治世のなかで、注目すべきひとつに『古事記』の編集がある。太安萬《おおのやすま》侶《ろ》が和銅五年（七一二）正月二十八日に「献上」したとする『古事記』の「序」によれば、『古事記』誦習《しょうしゅう》・筆録の事業は、次のような天武天皇の「勅語」からスタートする。

「朕《われ》聞く、諸家の賚《もた》る帝紀《ていき》及び本辞《ほんじ》、既に正実に違《たが》ひ、多く虚偽を加ふと。今の時に当りて、其の失《あやまり》を改めずば、未だ幾年をも経ずして其の旨《むね》滅びなむとす。斯《こ》れ乃ち、邦家《ほうか》の経緯、王化の鴻基《こうき》なり。故惟《かれこ》れ、帝紀を選録し、旧辞《きゅうじ》を討覈《とうがく》して、偽《いつわ》りを削り実《まこと》を定めて、後葉《のちのよ》に流《つた》へむと欲《おも》ふ。」

有力氏族の家々に伝えている王位の継承に関する伝えを主と

※17　**帝紀**（ていき）　歴代の大王・天皇、大王家・天皇家の系譜を中心に記録したものと考えられている。

※18　**本辞／旧辞**（ほんじ／きゅうじ）　口承された神話・伝説や氏族の系譜を中心に記録したものと考えられている。

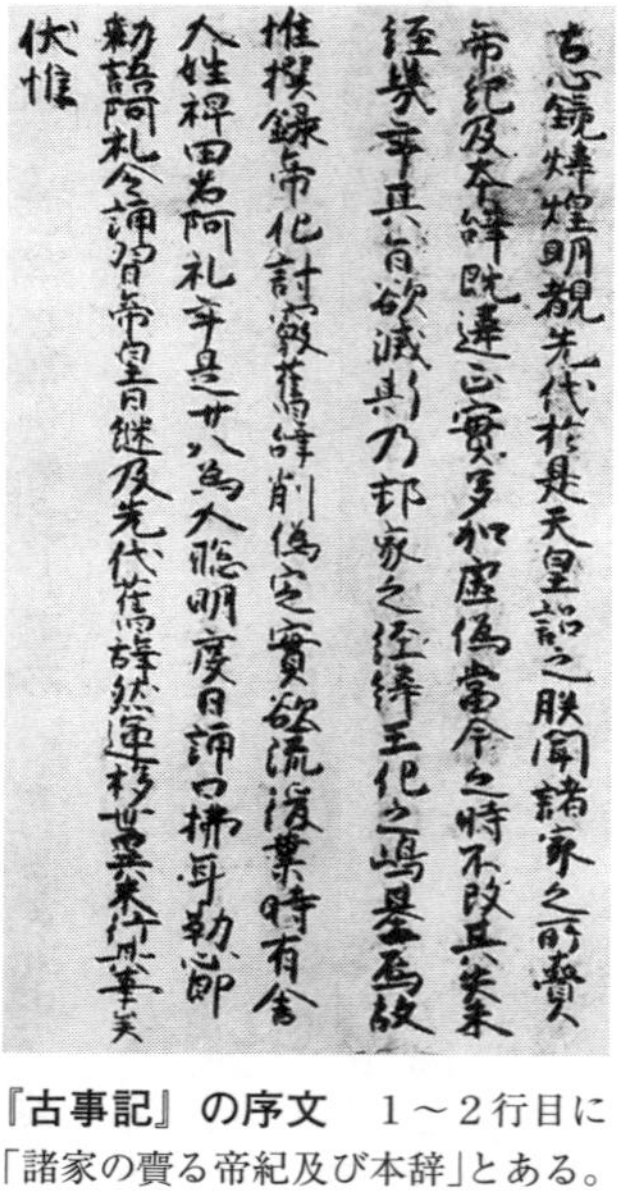
志心鏡煒煌明覩先代於是天皇詔之朕聞諸家之所賚
帝紀及本辞既違正實多加虚偽當今之時不改其失
經幾年其旨欲滅斯乃邦家之經緯王化之鴻基焉故
惟撰録帝紀討覈旧辞削偽定實欲流後葉時有舎
人姓稗田名阿礼年是廿八為人聡明度目誦口拂耳勒心
勅語阿礼令誦習帝皇日継及先代旧辞然運移世異未行其事矣
伏惟

**『古事記』の序文**　1～2行目に「諸家の賚る帝紀及び本辞」とある。

する『帝紀』※17（『帝皇日継』）と氏族の歴史、たとえば物語や歌謡などを中心とする『本辞』※18（『先代旧辞《きゅうじ》』）が、「正実に違ひ、多くの虚偽を加ふ」として、「邦家の経緯（国家の根本）」、「王化の鴻基（皇族による徳化の広い基礎）」を明らかにするため、「削偽定実」して後の代に伝えようという意義のもとに、「舎人《とねり》の稗田阿礼《ひえだのあれ》に勅語して帝皇日継及び先代旧辞を誦《よ》み習はしめた」とある。

この天武天皇の「勅語」は、元明天皇が和銅四年（七一一）九月十八日に、太安萬侶に詔して、「稗田阿礼の誦む所の勅語の旧辞を撰録して献上せしむ」と述べるくだりにもでてくる。日本古文献には「勅」・「詔」の用例はあるが、「勅語」という表記はほとんどない。『続日本後紀』の承和三年（八三六）五月の条の「勅語」のほか、唐の開元六年（七一八）四月撰の『金剛般若集験記』にみえる「勅語」の例が参考になる。天皇みずからが親しく宣《の》べる「親撰」の義と解釈するのが穏当と考えられる。

つまり天武天皇が稗田阿礼に「親宣」して、『帝紀』及び『旧辞』※18の「誦習」を命じたのである。その「勅語」にもとづく阿礼の「誦習」を受けた太安萬侶が「撰録」して『古事記』ができあがったことになる。この阿礼の「誦習」もたんなる暗誦ではなく、『史記《しき》』※19（儒林伝）・『論語《ろんご》』※20（学而篇の注）・『周礼《しゅらい》』※21（地官の誦訓の注）などの「誦習」と同じように、すでに記録としてあった古文を古語をもって節をつけて「読習」することを意味したと考えられる。

**※19 史記**（しき）　黄帝から前漢の武帝までのことを記した史書。前漢の司馬遷《しばせん》が紀元前九一年頃に完成させた。

**※20 論語**（ろんご）　孔子《こうし》の言行。孔子の弟子などとの問答や弟子たち同士の問答などを集録した書。漢代に集大成された。

**※21 周礼**（しゅらい）　周代の官制を記した書。

だからこそ、太安萬侶が「撰録」に際して「亦《また》姓に於いては日下を玖沙訶《くさか》と謂ひ、名に於いては帯の字を多羅斯《たらし》と謂ふ。此《か》くの如き類は本《もと》の随《まにま》に改めず」と明記するのである。『古事記』は漢文体ではなく、ヤマト言葉を重視した「フルコトブミ」であった。「序」に記すその「本」とは「稗田阿礼誦む所」の「本」であった（『古事記』鑑賞日本古典文学第一巻・解説、角川書店、一九七八年）。

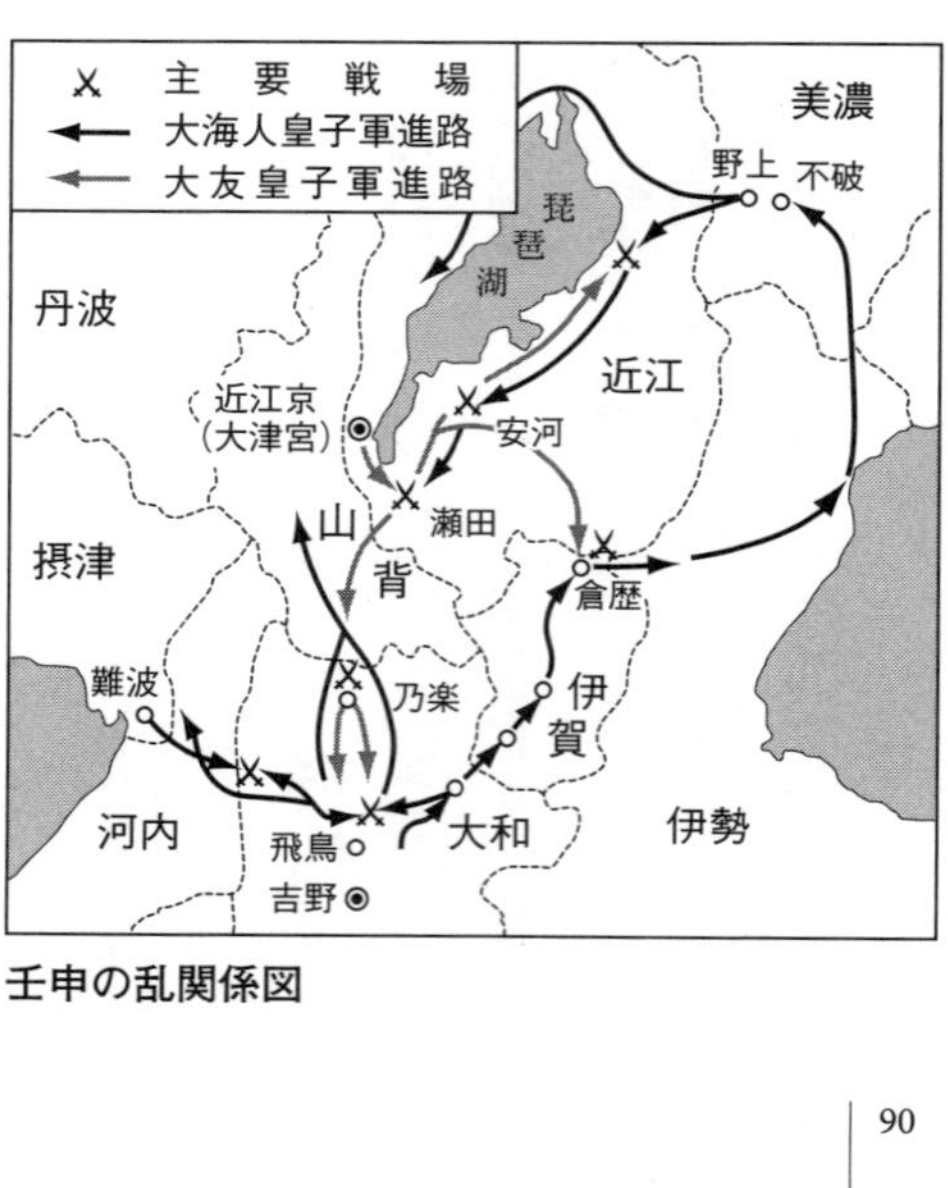

壬申の乱関係図

壬申の乱によって皇位を簒奪し、飛鳥浄御原宮で即位した天武天皇は、その皇統継承の正当性を『古事記』の編集によって主張しようとした。それはその「序」が、次のように壬申の乱を詳述し、天武天皇の即位が正当なものであったことを強調しているのを見てもわかる。

飛鳥《あすか》の清原《きよみはら》の大宮《おおみや》に大八洲《おおやしま》御《くにしら》しめしし天皇《すめらみこと》の御世に暨《いた》りて、潜竜元《せんりょうげん》を体し、洊雷期《せんらいき》に応じき。夢の歌を開きて業《わざ》を纂《つ》がむことを相《あわ》せ、夜の水《かわ》に投《いた》りて基《もとい》を承《う》けむことを知りたまひき。然れども、天の時未だ臻《いた》らずして、南山に蝉蛻《せんぜい》し、人事共給《そな》わりて、東国に虎歩《こほ》したまひき。皇輿《こうよ》忽ち駕《が》して、山川を淩《こ》え渡り、六師《りくし》雷《いかづち》のごとく震《ふる》ひ、三軍電《いなづま》のごとく逝《ゆ》きき。杖矛《じょうほう》威《いきおい》を挙げて、猛士烟《けぶり》のごとく起こり、絳旗《こうき》兵《つわもの》を耀《かがや》かして、兇徒瓦《かわら》のごとく解《と》けき。未だ浹辰《しょうしん》を移さずして、気沴《きれい》自《おのづか》ら清まりき。乃ち、牛を放ち馬を息《いこ》へ、愷悌《がいてい》して華夏に帰り、旌《はた》を巻き戈《ほこ》を戢《おさ》め、儛詠《ぶえい》して都邑《とゆう》に停《とど》まりたまひき。歳大梁《ほしたいりょう》に次《やど》り、月夾鐘《きょうしょう》に踵《あた》り、清原《きよみはら》の大宮にして、昇りて天位《あまつくらい》に即《つ》きたまひき。道は軒后《けんこう》に軼《す》ぎ、徳は周王に跨《こ》えたまひき。

この文に「絳旗兵を耀かして、兇徒瓦のごとく解けき」と表現しているのは、吉野《よしの》（奈良県）で挙兵し、伊勢（三重県）から美濃（岐阜県）へ、そして大友皇子《おおとものみこ》の近江朝廷を滅ぼした大海人皇子の軍勢が、漢の高祖《こうそ》※22にならって「赤衣」をまとい、「紅旗」をひるがえして進撃したのを反映しての叙述であった。『日本書紀』は「その衆《いくさ》の近江の師《いくさ》と別け難きことを恐りて、赤色を以て衣の上に着く」と記載する。

## ■『古事記』と『日本書紀』の相違点

『古事記』と『日本書紀』は、日本の古典の白眉といってよいが、研究者でさえも

※22 **漢の高祖**（かんのこうそ）漢王朝を創業した劉備《りゅうび》のこと。関羽《かんう》・張飛《ちょうひ》と結び、呉の孫権《そんけん》と協力して魏の曹操《そうそう》を赤壁《せきへき》に破った。

しばしば『記紀』あるいは『記紀神話』などと表記して言及することがある。しかし、この両書を一括して論ずるわけにはいかない。なぜなら

①『古事記』が上巻（神代）・中巻（神武天皇〜応神天皇）・下巻（仁徳天皇〜推古天皇、ただし系譜は天武天皇の父の舒明天皇におよぶ）の三巻で成り立っているのに対して、『日本書紀』は三十巻で、巻第一・第二が神代の巻であり、巻第三より巻第三十まで、神武天皇から持統天皇の代にわたっている。しかも『古事記』はフルコトブミにふさわしく、古き代に重点をおいて、仁賢《にんけん》天皇以後は「帝紀」中心の記述となっているのに、『日本書紀』では巻第十四（雄略天皇の巻）以降が実録風の記述となり、外交関係記事も増加する。『古事記』が神武天皇〜応神天皇までを中巻として、下巻を仁徳天皇から始め、しかもその序に仁徳天皇を「大雀《おおささぎ》皇帝」と特筆しているのが注目される。それに対して『日本書紀』では雄略天皇の代からを近き世として強く意識して編纂されているのは見逃せない。『日本書紀』の暦日が、巻第十四の雄略朝から巻第三十の持統朝までが、宋の何承天《かしょうてん》が作った元嘉暦《げんかれき》※23に従ってなされていることも興味深い（岸俊男「画期としての雄略朝」、『日本政治社会史研究』、塙書房、一九八四年）。『万葉集』が雄略天皇の「御製歌《おおみうた》※24」とする「籠《こ》もよ　み籠《こ》持ち」の歌から始めている歴史意識は、『日本書紀』の近き世の歴史意識と対応する。

また、両者の相違はこのような時代と内容の違いばかりではない。

**※23　元嘉暦**（げんかれき）
中国・宋の天文学者である何《か》承天《しょうてん》が編纂した太陰・太陽暦の暦法。日本では推古朝に導入され、持統朝ごろまで使用した（127頁参照）。

**※24　雄略天皇の御製歌**（ゆうりゃくてんのうのおおみうた）
「籠《こ》もよ　み籠《こ》持ち　掘串《ふくし》もよ　み掘串《ふくし》持ち　この岳《おか》に　菜摘《なつ》ます児《こ》　家聞かな　告《の》らさね　そらみつ　山跡《やまと》（大和）の国は　おしなべて　われこそ居《お》れ　しきなべて　われこそ座《ま》せ　われこそは　告《の》らめ　家をも名をも」

| 季 | 春 | | | 夏 | | | 秋 | | | 冬 | | |
| --- | --- | --- | --- | --- | --- | --- | --- | --- | --- | --- | --- | --- |
| 月 | 一月 | 二月 | 三月 | 四月 | 五月 | 六月 | 七月 | 八月 | 九月 | 十月 | 十一月 | 十二月 |
| 異名 | 睦《む》月《つき》 | 如《きさ》月《らぎ》 | 弥《や》生《よい》 | 卯《う》月《づき》 | 皐《さ》月《つき》 | 水《み》無《な》月《づき》 | 文《ふ》《ふみ》月《づき》 | 葉《は》月《づき》 | 長《なが》月《つき》 | 神《かん》《かみ》無《な》月《づき》 | 霜《しも》月《つき》 | 師《し》走《わす》 |

**月の異名と季節**　『日本書紀』などに記された暦《こよみ》は、月の満ち欠けをもとにした太陰暦《たいいんれき》（陰暦）である。太陰暦の月日は、太陽暦（陽暦）のそれに比べると、約１か月ぐらいずれている。立春は、太陽暦の２月４日ごろにあたるが、太陰暦ではふつう、１月の初めにあたる。同様に、立夏は４月、立秋は７月、立冬は10月の節である。

②『日本書紀』が漢文体であるのに対し、『古事記』は亜漢文体（和風の漢文体）であり、『日本書紀』の巻第三（神武天皇の巻）以後は編年体であるが、『古事記』の中・下巻は、天皇の代にかけての記載となっている。

③『古事記』は本文以外に別伝を併記していないが、『日本書紀』は中国の『魏志《ぎし》』・『晋《しん》起居注』のほか、朝鮮の百済三書（『百済記』・『百済本記』・『百済新撰』）・高句麗僧道顕《どうけん》の『日本世記《にほんせいき》』や『伊吉連博徳書《いきのむらじはかとこ》』、『難波吉《なにわのき》士男人書《しのおひと》』、さらに「一書」・「一本」・「貳本」・「旧本」など九種類の表記による別伝を、二三一カ所に掲載する。

そうした相違は、次のように『記紀神話』などとよばれる神話（両書の神代巻）においても著しい。

(イ)『記』にみられる神名は二六七神であるのに、『紀』の本文は六十六神、「一書」に一一五神（合わせて一八一神）であり、『記』・『紀』両書にみられる神名は一一二神である。神代巻に登場する神名そのものにひらきがある。

(ロ) 有名な造化三神（アメノミナカヌシ・タカミムスヒ・カミムスヒ）は、『古事記』上巻の冒頭に記されているが、『日本書紀』では第四の「一書」の「又曰く《またいは》」にみえるにすぎず、またイザナギノカミの黄泉《よみ》訪問神話をかなり詳しく述べる『古事記』に対して、『日本書紀』は本文では一切語らず、「一書」（別伝）に記す。

(ハ) 有名な因幡《いなば》の素菟《しろうさぎ》の神話は『古事記』のみが伝えて『日本書紀』にはみられず、高天原《たかまがはら》の主宰神として、『古事記』は天照大御神《あまてらすおおみかみ》と高木神《たかぎのかみ》とするのに、『日本書紀』の本文・第二・第四・第六の「一書」ではタカミムスヒノカミとし、国譲りのために高天原から葦原《あしはら》の中つ国へ派遣される神々も、『古事記』ではタケミカヅチノカミとアメノトリフネノカミであるのに対して、たとえばタケミカヅチノカミとフツヌシノカミとするような違いがある。

いまは『記』・『紀』の両書の相違点のいくつかをかえりみたにすぎないが、このように両書の内容には差異があったからこそ、和銅五年（七一二）正月二十八日「献上」の『古事記』についでわずか八年後の養老四年（七二〇）の五月二十一日の『日本紀』三十巻と系図一巻の「奏上」となったのであろう。

## ■『古事記』と『日本書紀』の受けとめられ方の違い

両書の違いはその受けとめられ方にも差異があって、『日本書紀』（正しくは『日本紀』）は「奏上」の翌年から宮廷で講書され、平安時代においても少なくとも六度の講書がなされたことが確かめられる。ところが『古事記』は、その完成を『続日本紀』をは

**『古事記』と『日本書紀』**

| | 古事記 | 日本書紀 |
|---|---|---|
| 成立 | 和銅《わどう》5（七一二）年 | 養老《ようろう》4（七二〇）年 |
| 編者 | 稗田阿礼《ひえだのあれ》が誦習《しょうしゅう》 太安萬侶《おおのやすまろ》が撰録《せんろく》 | 舎人親王《とねりしんのう》が総裁 |
| 巻数 | 三巻 | 三〇巻 |
| 内容 | 神代《かみよ》～推古《すいこ》天皇 | 神代～持統《じとう》天皇 |
| 本文表記 | 漢字の音訓をまじえた変則の漢文体 | 純粋な漢文体 |
| 目的 | 天皇を中心とした国家の統一をめざす | 対外的に国家としての威を示そうとする |
| 特色 | ドラマ性に富み、物語的・文学的 | 異伝を記すなど史書としての性格が強い |

じめとしてその当該年に一切記さず、写本の残り方においても、たとえば『日本書紀』は、奈良時代末期ないし平安時代初期の佐々木信綱旧蔵本の巻第一断簡などの古写本があるのに比べて、『古事記』の現伝最古の写本は、応安四、五年（一三七一、七二）の名古屋の真福寺《しんぷくじ》に伝わった真福寺本というように異なっている。

もっとも真福寺本の奥書によれば、鎌倉時代にも『古事記』写本の校合がなされていたことが明らかであり、承平六年（九三六）の『日本書紀』講書のおりにも『古事記』の存在が論議されていたことが確かめられる。日本という国名を冠する「国記」としての『日本紀』と、「天皇記」としての趣きの濃い『古事記』、その両書には成書化の後にあっても、その受けとめられ方に違いがあった。

しかし『日本書紀』の編纂もまた、天武天皇の代に始まると考えられる形跡が濃厚である。ここで注意をひくのは、『日本書紀』の次の記事である。

天武天皇十年（六八一）三月十七日の条には、川島《かわしま》皇子以下十二名に詔して「帝紀及び上古の諸事」を記定せしめた。このおりの記定者には川島皇子ら六名の皇親と、上毛野君《かみつけぬのきみの》三千《みちち》ら六名の官僚が名を列ねる。ここで見逃せないのは、中臣連《なかとみのむらじ》大嶋《おおしま》と

**帯解《おびとけ》黄金塚《こがねづか》古墳《こふん》**（奈良市田中町）　現在、宮内庁によって陵墓参考地となっている。舎人親王がこの近くの帯解あたりに居住していたので、同親王墓という伝承がある。

平群臣子首《へぐりのおみこびと》が「みずから筆を執りて以て録《しる》す」と書かれていることである。

このときの大嶋は大山上《だいせんじょう》であって、令制の位階でいえば正六位上ぐらいとなる。彼が学識の人であったことは『懐風藻《かいふうそう》』※25に載す「五言、孤松を詠む」、「同、山斎《さんさい》」の詩にもしのばれる。この中臣連大嶋らの筆録が単なる史料の収集選別であったか、あるいは「帝紀」や「上古の諸事」の記定に関する『日本書』の執筆であったか、それはさだかでない。「帝紀」は「帝王本紀」・「帝皇日継《ひつぎ》」とも称され、前にも言及したように皇室の系譜を中心とする記録であった。「上古の諸事」とは、別に「本辞」・「旧辞」ともよばれたものに相当し、各氏族によって伝承された物語や歌謡などを含む。それらには、祭祀や芸能に関する伝えもあったとされている。そして、それも記録として存在した。それらを記定して、記録したというのである。

これを天武天皇による『古事記』の編集と関連づける説もあるが、『古事記』は前述のとおり、天武天皇が稗田阿礼に「勅語」して「誦習」させ、ついで元明天皇が太安萬侶に詔して「撰録」せしめたフルコトブミであって、この天武天皇十年の「記定」と「筆録」とはまったく無関係である。かつて指摘したように、これは『日本書紀』編纂の前提となる『記定』と『筆録』とみなすほうが説得力がある（『藤原不比等』、朝日選書、一九八八年）。

その故に、『日本書紀』は巻第二十八のすべてを壬申の乱に充当し、天武天皇の代を巻第二十九にあてたのではないか。しかも、その成書化の総裁は天武天皇の皇子の舎人《とねり》親王であった。

## 〝富本思想〟と道教の信仰

天武天皇が中国の故事に関心を抱いていたことは、前述のように壬申の乱に漢の高祖（91頁参照）にならって「赤衣」・「紅旗」を用いたのにもうかがわれる。そのありようは、奈良県明日香村の飛鳥池《あすかいけ》遺跡から富本銭《ふほんせん》※26の鋳型《いがた》や鋳棹《いざお》ばかりでなく、大量の富本銭が出土したのにも察知することができる。この富本銭は『日本書紀』の天武天皇十二年四月の条の「今より以後、必ず銅銭を用いよ、銀銭を用いること莫《なか》れ」の天武天皇の詔の「銅銭」に相当するとみなされるが、その富本銭は唐の開元通寳《かいげんつうほう》をモデルとし、その「富本」の用語も、中国の「富本思想」に由来すると考えられる。

たとえば『漢書』の「食貨志《しょくかし》※27」に「食足りて貨通じ、然る後に国實《みの》り、民富む」と述べるように、食物の充足と貨幣の流通は「富民の本」とする中国為政者の徳治理念のひとつであった。唐の欧陽詢《おうようじゅん》撰の『芸文類聚《げいもんるいじゅう》』（巻六十六、産業部下）に、後漢の名将馬援《ばえん》が光武帝《こうぶてい》に五銖銭《ごしゅせん》の再鋳を進言した際に、「富民の本は食貨に在り」と上書

※25 『懐風藻』（かいふうそう）
奈良時代の漢詩集。一巻。天平勝宝三年（七五一）の成立。

※26 富本銭（ふほんせん）
奈良県明日香村の飛鳥池遺跡から発見された銅銭。飛鳥池遺跡は七世紀後半から八世紀初めの天武・持統朝の官営総合工房ともいうべき遺跡。和《わ》同開珎《どうかいほう》よりも古く日本最古の銅貨とみなされる。

※27 食貨志（しょくかし）
財政や経済に関する動向や政策をまとめたもの。

**富本銭**（奈良文化財研究所提供）

**開元通寶**（王維坤提供）

したと伝えるのも「富本」思想の反映である。この「富本」の思想が、わが国にもはっきりと受容されていたことは、霊亀元年（七一五）十月の元正天皇の詔に、「国家の隆泰は、民を富ますに在り、民を富ます本は、務《つと》めて食貨に従《よ》る」（『続日本紀』）とあるのを見てもわかる。

天武天皇が開明派の天皇であったことは、『日本書紀』が「生《あ》れましより岐嶷《いとよか》なる姿あり、壮に及《いた》りて雄々しく神武《たけし》、天文・遁甲《とんこう》に能《よ》し」と批評し、実際に壬申の乱のさなかにみずから式《ちく》（占いの心木）をもって占い、天武天皇四年（六七五）正月に天文を観察し吉凶を占う占星台《せんせいだい》を造ったことからも明らかである。

そして道教とのかかわりも深く、別著でも論証したように（『古代の道教と朝鮮文化』、人文書院、一九八九年）、天武天皇がその十三年（六八四）十月に制定した八色《やくさ》の姓《かばね》の筆頭である真人《まひと》は、道教にいう奥義を悟った真人《しんじん》（神仙）、第五番目の道師《みちのし》は文字通りの道師を意味する。また天武天皇の和風諡号《しごう》※28は天渟中原瀛真人《あめのぬなはらおきのまひと》天皇というが、その「瀛」は道教三神山のひとつである瀛洲山《えんしゅうざん》、真人は前述の道教の真人にちなむ諡《おくりな》※28であった。

ちなみに、八色《やくさ》の姓《かばね》の筆頭の真人の賜姓において最も重視されたのは、天皇家ゆかりの皇親氏族への真人賜姓であった。真人姓十三氏のうち、息長公《おきながのきみ》・羽田公《はたのきみ》・山《やま》道公《じのきみ》は応神天皇の後裔で、継体天皇の近親関係に相当した。そして、他の酒人公《さかひとのきみ》ほ

※28　**諡／和風諡号**（おくりな／わふうしごう）　死者にその生前の徳や功績を讃えて贈られる称号。天皇の場合、和風（国風）諡号と漢風諡号がある。

か十氏は、すべて継体天皇より数えての五世の氏族であったことは注目に値する。高《たけ》市《ち》皇子（天武天皇皇子）が太政大臣、丹比《たじひの》真《ま》人嶋《ひとしま》が右大臣になったのをはじめとして皇親政治が具体化したのも天武・持統朝であった。

さきに、「天皇」の語が北極星を神格化した道教の「天皇大帝」に由来するという説を紹介した。あわせて、天皇号が明確化したのは天武朝であることを指摘したが、大王の后である「大后」を皇后と称するようになるのは、「浄御原令」からで、その編纂は天武天皇十二年（六八三）の二月から始まる。

## “浄”の意識

『万葉集』の巻第十九には、「壬申の年の乱平定以後の歌二首」として、大伴《おおともの》御行《みゆき》の歌「皇《すめらぎ》は神にしませば赤駒のはらばふ田居《たい》を都となしつ」と作者不詳の「大君《おおきみ》は神にしませば水鳥のすだく水沼を都となしつ（天皇は神であられるので、水鳥が群れ集う沼地を都としてしまわれた）」の歌を収めている。皇位継承をめぐる皇位簒奪の戦いといってよい壬申の乱（六七二）で、実力をもって勝利し、ついに即位した天武天皇による飛鳥浄御原宮の都づくりを「皇は神にしませば」「大君は神にしませば」と賞讃した歌である。

**［飛鳥］地域とは**
「飛鳥」とよぶと、漠然と明日香村全体のことを指す。明日香村を南から北に貫く大和川の支流・飛鳥川に沿い、南北四キロメートル、東西一〜一・五キロメートルの小盆地、「飛鳥盆地」にほぼすっぽり収まる。
西にかつて蘇我蝦夷《そがのえみし》、入《いる》鹿《か》父子が居を構えた甘樫丘《あまがしのおか》（一四五・六メートル）、北に飛鳥川を隔てて、『万葉集』で柿本人麻呂《かきのもとのひとまろ》が「大君《おおきみ》は神にしませば天雲《あまくも》の雷の上に廬《いお》らせるかも」（巻三―二三五）と詠んだ雷丘《いかづちのおか》（一〇五メートル）がある。北端は橿原《かしはら》市に接し、天香具《あまのかぐ》山（一四七・九メートル）、畝傍《うねび》山（一九八・一メートル）、耳成《みみなし》山（一三九・七メートル）の大和三山に囲まれた藤原宮跡を望む。

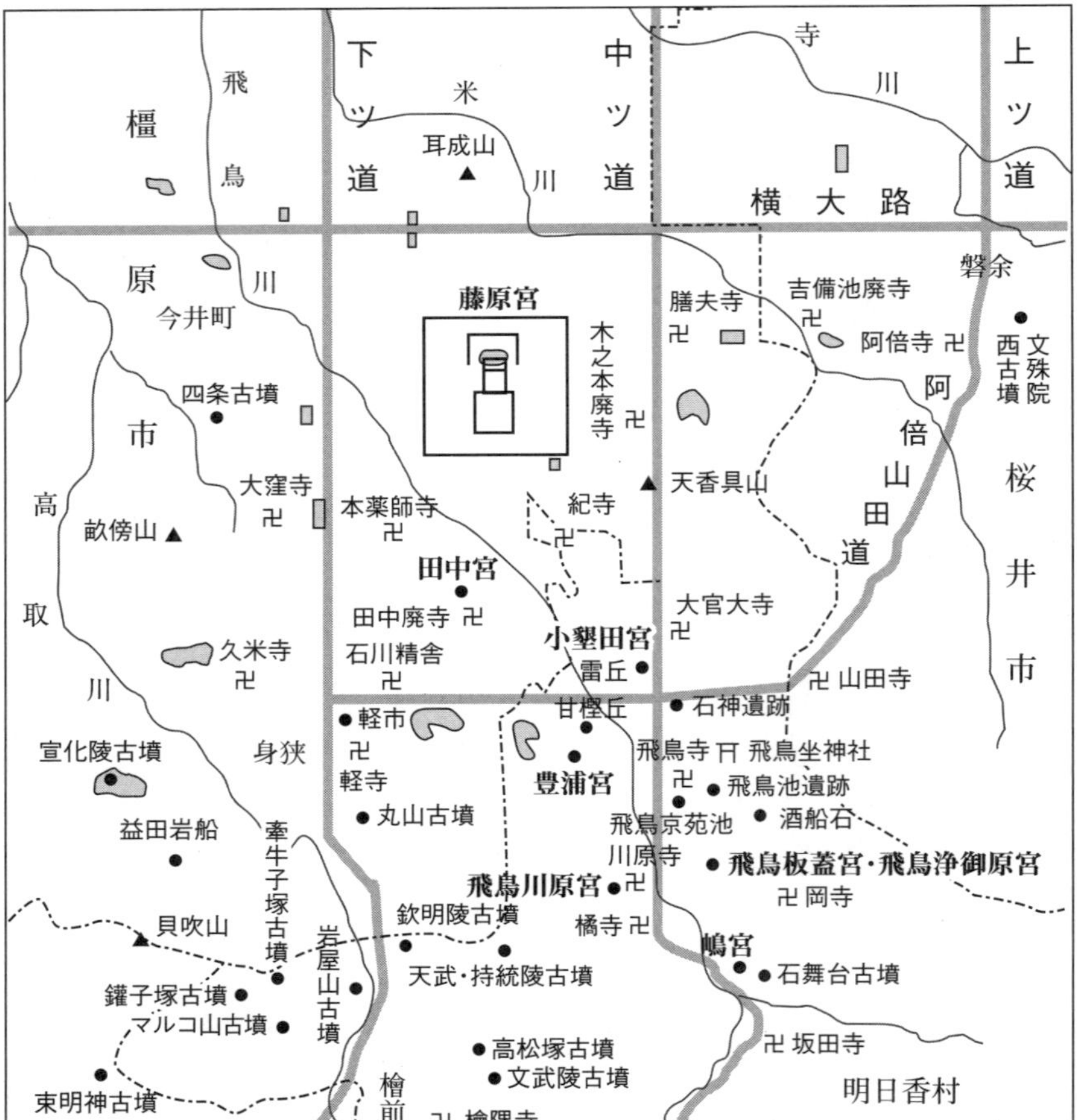

飛鳥地域要図

平成十一年（一九九九）の一月十八日から始まった奈良県明日香村の飛鳥京跡苑池《えんち》遺構調査で、噴水用の石造物、石敷きの島、中島の張り出し部分などが検出されたとの連絡を受けて、私が現地に赴いたのは同年の六月二十八日であった。そのおりにただちに想起したのは、前掲の「水鳥のすだく水沼を都となしつ」の飛鳥浄御原宮造営の讃歌である。

**飛鳥京跡苑池遺構**　南池。島状石積み（南から）
（明日香村、奈良県立橿原考古学研究所提供）

苑池の場所は、明日香村の出水《でみず》であり、発掘現場の池底から今でも水が湧出していた。天武天皇の和風の諡《おくりな》が、「天渟中原《あめのぬなはら》」から始まって、〝瀛真人《おきのまひと》〟に連なるのも興味深い。「渟中原」は浄御原宮の景観にちなむ。

飛鳥宮跡苑池遺構はその後の発掘調査によって、南北二〇〇メートル、東西七〇メートル以上の苑池であることが確かめられ、中島への渡り堤などが検出された。斉明朝から天武朝のころには存在した、人工の、かなり規模の大きい苑池であることが明らかになった。

## ■「飛鳥浄御原宮」という宮号の謎

ところで、斉明朝の後飛鳥岡本宮や天武朝の飛鳥浄御原宮に隣接するこの苑池と関連して、私がかねてから抱いているひとつの疑問

**飛鳥浄御原宮跡**（明日香村）

**宮の変遷**

| 天皇 | 宮の変遷 |
|---|---|
| 推古 | 豊浦宮（592）→小墾田宮（603） |
| 舒明 | 飛鳥岡本宮（630，636 火災）→田中宮（636）→厩坂宮（640）→百済宮（640） |
| 皇極 | 小墾田宮（642 計画）→飛鳥板蓋宮（643） |
| 孝徳 | 〈難波長柄豊碕宮，651〉 |
| 斉明 | 飛鳥板蓋宮（655 火災）→飛鳥川原宮（655）→後飛鳥岡本宮（656） |
| 天智 | 〈近江大津宮，667〉 |
| 天武 | 嶋宮→岡本宮→飛鳥浄御原宮（672） |
| 持統 | 飛鳥浄御原宮→藤原宮（694） |

は、天武天皇の宮号をめぐる謎である。『日本書紀』によれば、「飛鳥浄御原宮」という宮号が決定されたのは、天武天皇十五年（六八六）の七月二十日であった。すなわちこの日に朱鳥《あけみとり》と元号を定めて、「宮を名《なづ》けて飛鳥浄御原宮」と称することとなった。

なぜ、これまでの宮号とは異なる飛鳥浄御原という宮居の名称がつけられたのか。たとえば同じように「飛鳥」を冠する皇極《こうぎょく》天皇の飛鳥板蓋宮《いたぶきのみや》、舒《じょ》明《めい》天皇の飛鳥岡本宮、斉明《さいめい》天皇（皇極天皇の重祚《ちょうそ》）の飛鳥川原宮・後飛鳥岡本宮などの宮号とはおもむきを異にする。「板蓋」という殿舎の形態あるいは「飛鳥岡の傍（本）」、はたまた飛鳥（明日香）川の「川原」という地形名・地名とは違って、どうして「浄御原」という宮号が採用されたのか。

もっとも飛鳥浄御原宮は、『日本書紀』のほか、この時代の畿内で見つかった小野《おのの》毛人《えみし》の墓誌（京都市）にある「飛鳥浄御原宮」、采女《うねめ》氏塋域《けいいき》碑（大阪府）の「飛鳥浄御原大朝庭」、美努岡萬《みののおかまろ》の墓誌（奈良県）の「飛鳥浄御原天皇」、関東でも栃木県の那須《なすの》国造《くにのみやつこ》碑の「飛鳥浄御原大宮」のように「浄」の字を用いている。また「浄」ばかりではない。『古事記』序の「飛鳥清御原大宮」、大和・長谷寺《はせ》の法華説相図の「飛鳥清御原大宮」のように「清」の字をあてている例もある。河内・大和国境の二上山《にじょうざん》で見つかった威奈大村《いなのおおむら》の骨蔵器に記す「後清原聖朝」とは持統朝を指し、清（御）原朝をうけての「後」であった。『万葉集』もまた「明日香清御原御宇天皇」と表記する。

宮号浄（清）御原宮にちなんで、持統天皇称制三年（六八九）六月に頒布された古代法は飛鳥浄御原令とよばれているが、『続日本紀』の大宝元年（七〇一）八月の条には、「大略、浄御原朝廷（浄御原令）を以て准正《じゅんせい》とす」と記す。

浄にしても清にしても、壬申の乱に勝利した天武天皇の造営した宮居は、浄（清）の御原に造られたと強く意識されていたことが、その宮号にうかがわれる。血で血を洗う、まさに血みどろの戦いを勝ち抜いて造営された天武天皇の宮居には、〝ケガレ〟を清浄にした、あるいは清浄にしたいという強い願望が秘められていたのではないか。

「清」の字は『古事記』に十二例、『日本書紀』に六十一例みえる。ところが「浄」の字は『古事記』では垂仁天皇の条に兄比売《えひめ》・弟比売《おとひめ》の両王女を「浄公民」と記す例のみで、「浄」の用字はほとんどない。これに対し、『日本書紀』ではどうか。『日本書紀』には五十三例もあって、巻二十九（天武天皇の巻）では十七例、巻三十（持統天皇の巻）

**冠位十二・十三・二十六・四十八階**

| 十二階（六〇三） | 十三階（六四七） | 二十六階（六六四） | 四十八階（六八五） |
|---|---|---|---|
| | 大小織《しき》・大小繍《しゅう》・大小紫《し》 | 大小織《しき》・大小縫《ふう》・大小紫《し》 | 明《めい》／正《しょう》（8階級） |
| 大小徳《とく》 | 大錦《きん》 | 大錦 上中下 | 浄《じょう》／直《じき》（8階級） |
| 大小仁《にん》 | 小錦 | 小錦 上中下 | |
| 大小礼《らい》 | 大青《せい》 | 大山《せん》 上中下 | 勤《ごん》（8階級） |
| 大小信《しん》 | 小青 | 小山 上中下 | 務《む》（8階級） |
| 大小義《ぎ》 | 大黒《こく》 | 大乙《おつ》 上中下 | 追《つい》（8階級） |
| 大小智《ち》 | 小黒 | 小乙 上中下 | 進《しん》（8階級） |
| | 建武《けんむ》 | 大小建《こん》 | |

では二十二例と多くを占める（「『日本書紀』を読む会」での田中譲氏の報告による）。「浄」の意識は『古事記』よりもはるかに『日本書紀』のほうに濃厚であり、天武朝以後に「浄」の意識が高まりをみせることと関連している。

　この清浄・清明の観念は仏教思想によって導入されたとみなす説もあるが、そうとばかりはいえない。道教においても清浄・清明の観念は重視されており、道教との関連も留意すべきで、これらの観念がすべて仏教に由来するというわけにはいかない。「浄公民」という用語の反対は「賤民」であって、「公民」の実体である「公戸」が明確になるのは天武朝であった。浄・賤の意識も天武朝のころから具体化してくる。

　そのことは、位階制の名称にも反映されている。推古朝の冠位十二階（徳《とく》・仁《にん》・礼《らい》・信《しん》・義《ぎ》・智《ち》を大小に分ける）の儒教的徳目や、その後の冠位（織《しき》・繍《しゅう》・紫《し》・錦《きん》など）などと大きく異なるのは、天武天皇十四年（六八五）正月に実施された冠位四十八階である。諸王以上の位階に「明位二階・浄位四階」を設け、ついでその下に「正位四階」「直位四階」などを制定している。明・浄・正・直（「明《あか》く、浄《きよ》く、正しく、直《なお》く」※29）という

※29　直く（なおく）　誠実、素直なこと。

まさしく日本的な位階名であった。いわゆる浄の美意識の高まりがその背景にあった。「明く浄く正しく直く」という美意識は、その後の日本のモラルの基本ともなったが、その原点は実は天武朝にさかのぼるのである。

## 渡来文化の日本化のきざし

### ■緊迫する近隣外交

天武朝廷のそうしたありようの前提には、六七二年の壬申《じんしん》の乱ばかりではなく、六六三年の白村江《はくすきのえ》（錦江《きんこう》）河口における唐・新羅連合軍による倭軍《わぐん》（水軍）の大敗北がある。

唐帝国はすでに早く六五二年、新羅を援けて百済を討ち、ついで高句麗を滅ぼすという対朝鮮政策を打ち出していた（『旧唐書《くとうじょ》』・『資治通鑑《しじつがん》』）。実際に新羅と連合して百済を征討し（六六〇年・六六三年）、六六八年には高句麗を滅した。六六四年には戦勝国の唐使の劉仁願《りゅうじんがん》※30や郭務悰《かくむそう》※31らが来日し、六六九年にも唐使郭務悰は二千余人を引率して渡来してきた。このころの外圧の高まりは想像を絶する。

遣唐使の派遣は六三〇年に始まるが、六五三年・六五四年と相次いで任命されて入唐した遣唐使も、唐の朝鮮政策の真意を探る任務を負っていたと考えられる。このよ

※30 **劉仁願**（りゅうじんがん）生没年不詳。初唐の武将。太宗の高句麗遠征に従軍以後、各地で武勲をあげ、百済平定にも活躍した。六六三年、百済残党の支援に出兵した倭軍を白村江の戦いで打ち破った。

※31 **郭務悰**（かくむそう）生没年不詳。七世紀後半の唐の官人。唐使として占領下の百済から三度来日した。

律令の編纂

| | 成立 | 天皇 | 編　者 | 巻　数 | 施行 | （天皇） |
|---|---|---|---|---|---|---|
| 飛鳥浄御原令 | 686年以降 | 天武 | 粟田《あわたの》真人《まひと》・伊吉博徳《いきのはかとこ》ら | 令22巻、律？ | 689年（令のみ） | （持統） |
| 大宝律令 | 701年 | 文武 | 刑部《おさかべ》親王・藤原《ふじわらの》不比等《ふひと》ら | 令11巻、律6巻 | 702年 | （文武） |
| 養老律令 | 718年 | 元正 | 藤原不比等ら | 令10巻、律10巻 | 757年 | （孝謙） |

うに遣唐使をくり返し派遣したのは、このおりだけであったが、このときの遣唐使は、唐の高宗から璽書《じしょ》[※32]を与えられて出兵して新羅を援けよと命じられるありさまであった（『新唐書』東夷伝日本の条）。その後、遣唐使は六五九年・六六五年・六六九年と派遣されたが、天智天皇八年（六六九）の任命・派遣から大宝元年（七〇一）の任命・入唐まで、三十二年ばかりの間、遣唐使外交は中絶した。

白村江での敗北と唐の外圧、百済のみならず高句麗までが滅亡するという東アジアの激動の渦の流れ――壬申の乱は、そんな緊迫した近隣外交の中で勃発したのである。そして遣唐使外交が中絶していた天武・持統両朝の時期に、日本国の天皇制と律令制が成熟したのである。大宝元年（七〇一）の大宝律令の完成と翌年の実施のおりには、七〇一年に任命された遣唐使はまだ帰国していなかった。

唐と新羅の関係も複雑であって、六七四年、唐の新羅侵略が始まると、新羅と日本の関係は密接となり、関係史料によれば六六八年から六九七年の間に新羅使の来日は二十六回、遣新羅使の派遣は十回におよぶ。そして新羅と唐との関係が修復すると、新羅と日本の関係は疎遠になったのである。

## ■日本文化成熟のきざし

天武・持統両朝を中心とする時代は、美術史や文化史では白鳳《はくほう》時代とよばれているが、この白鳳の文化は、天武・持統時代の東アジア激動の渦のなかで、遣唐使や遣新羅使の中断・衰退と無縁ではない。この近隣外交の中断の時代に渡来文化の日本化のきざしが顕著になったと言ってよい（54頁参照）。

## 国家と宗教の結びつき

### ■社格の始まり

日本文化成立のきざしとともに、天武・持統朝の注目すべき動向に、国家と神祇信仰や仏教とのかかわりがある。まず神祇信仰のありようから考えることにしよう。

神社の格づけを社格とよぶが、社格がクローズアップされたのは、いわゆる国家神道の段階であった。すなわち明治四年（一八七一）には、神祇官から幣帛《へいはく》[※33]を供進する官幣《かんぺい》大・中・小社、大蔵省から幣帛を供進する国幣大・中・小社、府社・藩社・県社・郷社ついで村社の社格が定められ（翌年藩社消滅）、ついで明治五年（一八七二）には別格として官幣社[※34]が設けられ、さらに村社・無格社が増設された。無格社以上が政府公認の神社ということになる。

こうした社格の始まりが、高天原系の神々をまつる天《あま》つ社《やしろ》、葦原中《あしはらのなか》つ国《くに》系の神々

※32　**璽書**（じしょ）　天子の印の押してある文書。

※33　**幣帛**（へいはく）　神に捧げる供え物。ただし神饌《しんせん》（食物）は含まれないことが多い。金銭の場合は「幣帛料」。

※34　**官幣社**（かんぺいしゃ）　皇室から幣帛料が共進された神社。皇家と関係の深い神や天皇、皇族をまつった。

をまつる国《くに》つ社《やしろ》である。『古事記』では、第十代と伝える崇神《すじん》天皇の代に「天神・地祇の社を定め奉りたまひき」とし、『日本書紀』では崇神天皇七年十一月の条に「天つ社・国つ社及び神地・神戸《かんべ》を定む」と記しているが、崇神天皇の治政として天つ社・国つ社が設置されたかどうか疑わしい。第一に「神戸」は神社に対する封戸《ふこ》※35であって、封戸を賜与する「食封《じきふ》の制」※36の初見は『日本書紀』の大化二年（六四六）正月の条であり、律令制の成立によって整備された。したがって、「神戸」とならぶ「天つ社・国つ社」の設定記事も疑わしい。『記』・『紀』の崇神朝にかけての「天つ社・国つ社」の設定の記事以後、まったく「天つ社・国つ社」の関係記載はなく、天武天皇五年（六七六）以降になって、「天神・地祇」・「天つ社・国（地）つ社」の記述が多くなる。

そして天武天皇六年五月の「勅」によって、明確に「天つ社・地《くに》つ社の神税は三つに分《わか》ち、一つをば擬《つかえまつ》供るが為にし、二分をば神主に分ち給へ」と決められた。天つ社・国つ社という社格制度ができあがったのは、まぎれもなく天武朝であった。

部族を形づくるクラン（氏族）を、二つのグループに分けて、半族 moiety で構成する例は、たとえば北米ミシガン湖の東方の森林地帯に住むウイネバゴ族など、かなりの例がある。ウイネバゴ族の半族は、「天に居るものたち」と「地に居るものたち」とに区分されている。

**※35　封戸**（ふこ）　古代の食《じき》封《ふ》に指定された戸で、品封・位封・職封・中宮湯沐《ちゅうぐうとうもく》・功封・寺社封・別勅封がある。

**※36　食封の制**（じきふのせい）　一定数の戸を指定し、そこからの調《ちょう》・庸《よう》の全部と田租の半分（後には全部）を与える制度。

## ■「天つ神」の三つのタイプ

日本の「天つ神」をまつる「天つ社」と「国つ神」をまつる「国つ社」の区分は、まさに日本的双分組織とよんでもよいが、天つ神には別に述べたとおり、厳密には次の三つのタイプに分けることができる（『日本人のこころ』学生社、二〇〇八年）。

(A)は独り神で身を隠す隠身《かくりみ》の天つ神である。『古事記』では天之御中主神《あめのみなかぬしのかみ》・高御《たかみ》産巣日神《むすひのかみ》・神産巣日神《かみむすひのかみ》・宇摩志阿斯訶備比古遅神《うましあしかびひこちのかみ》・天之常立神《あめのとこたちのかみ》の別天神《ことあまつかみ》、それに神《かみ》世七代《よななよ》のなかの二代すなわち国立常立神《くにたちのとこたちのかみ》・豊雲野神《とよくもぬのかみ》の二神がそれである。この七神は男女老若の区別はなく、死なない神々であった。

日本のカミの語源については、いろいろな説があるが、目に見えない「隠身《かみ》」とする説が最も説得力がある。

(B)は神世七代《かみよななよ》※37のなかの五代すなわち宇比地邇神《うひぢにのかみ》・妹須比智邇神《いもすひちにのかみ》をはじめとする男女の対偶神五代などをはじめとする神々である。神世七代の最後は国生み・神生みをする伊邪那岐神《いざなぎのかみ》・妹伊邪那美神《いもいざなみのかみ》だが、伊邪那美神が火の神を生んで黄泉国《よみのくに》へ赴くように、死を体験する神である。

もっとも『日本書紀』の神世七代は『古事記』と異なっており、本文では国常立《くにとこたちの》尊《かみ》・国狭槌尊《くにさづちのみこと》・豊斟渟尊《とよくむぬのみこと》の三神を「純男」とし、埿土煮尊《うひぢにのみこと》・沙土煮尊《すひぢにのみこと》から伊弉《いざ》

※37　**神世七代**（かみよななよ）
『古事記』『日本書紀』の神話で、天地開闢《かいびゃく》のはじめに現れたクニノトコタチからイザナミまでの七代の神々。『古事記』と『日本書紀』とでは、その内容に差異がある。

諾尊《なぎのみこと》・伊《い》奘《ざ》冉尊《なみのみこと》までの四代を「男女」の神とするように、若干内容が異なっている(「一書」の内容も異なる)。しかし、これらの天つ神は死を体験する。葦原の中つ国の平定のために派遣された天若《あめのわか》日子《ひこ》(天稚彦)は死んで葬儀の営まれたことが、『記』・『紀』神話にみられる。

(C)は天児屋《あめのこやね》(根)命《みこと》(中臣連《なかとみのむらじ》の祖)をはじめとする五伴緒《いつとものお》(五部)神《のかみ》をはじめとして天つ神で葦原の中つ国に天降って、葦原の中つ国に住むようになり、大王家・天皇家をはじめ各氏族の祖先となる神々である。

弘仁三年(八一二)に行われた『日本書紀』の講読の集い(講筵《こうえん》)を数年後にまとめた『弘仁私記《こうにんしき》』には『神別記《しんべつき》』※38が引用されており、天つ神が天神と天孫に分けられていたことがわかるが、(C)はその天孫にあたる。弘仁六年(八一五)に完成した『新《しん》撰姓氏録《せんしょうじろく》』※39では、畿内一一八二氏の系譜を皇別・神別・諸蕃《しょばん》に分けているが、そのうちの神別を、さらに天神・天孫・地祇に分けているのも参考になる。

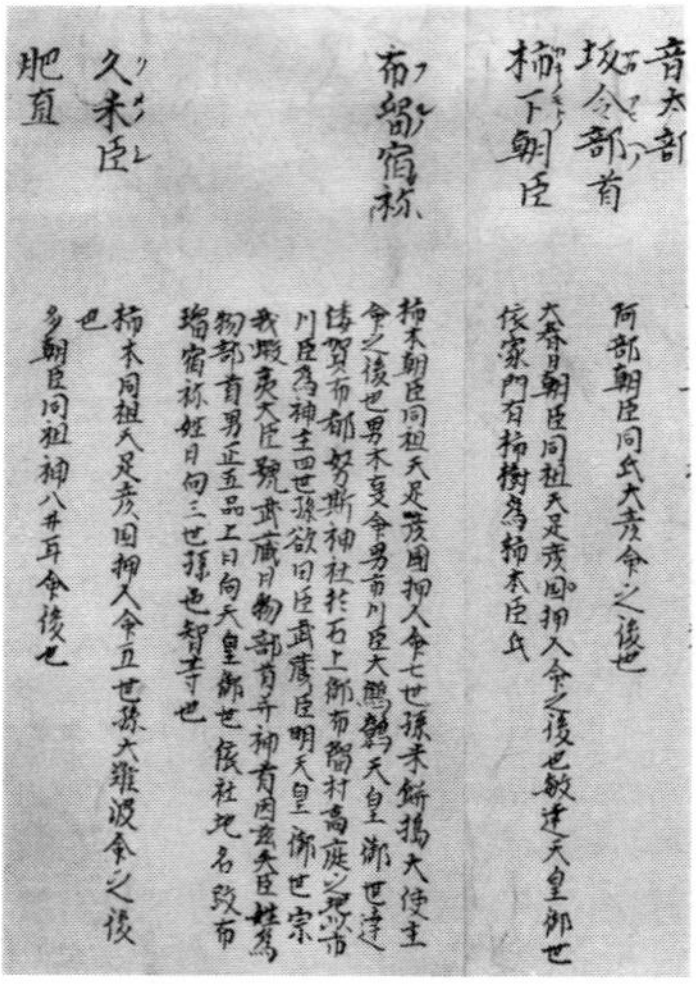

**『新撰姓氏録』の写本** 柿本人麻呂を出した柿下(本)朝臣の系譜と大春日朝臣とがつらなり、敏《び》達《だつ》天皇の代に至って、柿本氏を称したとある(著者蔵)。

**※38『神別記』**(しんべつき) 神事や神道の理念を記した書籍。

**※39『新撰姓氏録』**(しんせんしょうじろく) 古代氏族の系譜書。弘仁六年(八一五)に完成。大和・山城・摂津・河内・和泉の五畿内の一一八二氏の系譜と伝承を収録したもので、日本古代史の研究に欠かせない史料。

## ■宮廷神話の定着と神統意識

こうした「天つ社」・「天つ神」を重視する神統意識は、『記』・『紀』に見出される高天原を中心とする宮廷神話の成立をその背景としていた。

持統天皇三年（六八九）の四月十三日には皇太子草壁《くさかべ》皇子が薨じたが、その死を悲傷した柿本人麻呂の殯宮《もがりのみや》挽歌《ばんか》が『万葉集』に収められている。その挽歌では、次のように詠まれていた。

天地の　はじめの時　ひさかたの　天の河原に　八百万《やおよろず》　千万神《ちよろずかみ》の　神集ひ　集ひ
座《いま》して　神はかり　はかりし時に　天照らす　日女《ひるめ》の尊《みこと》（一に云ふ、さしのぼる日女
の命）　天をば　知《し》らしめすと　葦原の　瑞穂《みずほ》の国を　天地の　寄り合ひの極《きわみ》　知ら
しめす　神の命《みこと》と　天雲の　八重かき別きて（一に云ふ、天雲の八重雲別きて）　神下
し　座《いま》せまつりし
（以下略、一六七）

この挽歌は、持統天皇三年のころにはすでに、『記』・『紀』神話に描く天《あま》の岩屋戸《いわやと》や天孫降臨の詞章《ししょう》※40と類似する「神代」が唱われていたことを示す。『記』・『紀』の

※40　**詞章**（ししょう）　詩歌や文章のこと。

完成以前にこうした「天照らす日女《ひるめ》の尊《みこと》」につながる神統意識を成り立たせた宮廷神話が存在したことを裏づける挽歌である。

たとえば、川内（河内）国・大倭（大和）国・山代（山背国）などというクニグニの国 造《くにのみやつこ》らが中心となって執行していたツミ・ケガレを祓う大祓《おおはらえ》を、国家の執り行う大祓としたのも天武朝であった。『日本書紀』の天武天皇五年八月一六日に詔して「四方《よも》に大解除《おおはらへ》せむ。用ゐる物は、国別《くにごと》に国 造《くにのみやつこ》輸《いた》せ。祓 柱《はらへつもの》は馬一匹《うまひとぎ》・布一常《ひときた》。以 外《これよりほか》は郡 司《こおりのみこともち》。各刀一口《たちひとから》・鹿皮一張《しかのかわひとはだ》・鍬一口《くわひとわ》・刀子一口《かたなひとつ》・鎌一口《かまひとつ》・矢一具《やひとそろい》・稲一束《いねひとつか》。且《また》戸毎《へごと》に、麻一條《あさひとたばり》」と示したのは、クニグニの大祓ではなく、明らかに国家が執行する大祓であった。「国別」の国造の「祓 物《はらえつもの》※41」が、郡司《ぐんじ》の「祓物」と共に列挙してあるのは、クニグニの大祓の伝統を吸収し包括しての大祓になっていたことを示す。

この国家の大祓には、渡来系氏族である文氏《ふみうじ》（書氏）の、道教風の文言を内容とする、東《やまと》・西《かわち》の文忌寸《ふみのいみき》らが横刀を献《たてまつ》るときの「呪《ず》※42」が奏された。天武朝の国家の大祓に、次のように漢文体で道教信仰にちなむ「呪」が奏されたことも興味深い。

「謹請《きんじょう》、皇天上帝《こうてんじょうてい》、三極《さんこく》大君、日月星辰、八方諸神、司命司籍、左は東王父《とうおうふ》、右は西王母《せいおうぼ》、五方の五帝、四時の四気、捧ぐるに祓人をもちてし、禍災を除かむことを請

※41　祓物（はらえつもの）　罪やけがれを祓うためにその代償として出す品物。

※42　呪（ず）　まじないの言葉を奏上する。

ふ。捧ぐるに金刀をもちてし、帝祚《ていそ》を延べむことを請ふ。呪《ず》に曰はく、東は扶桑《ふそう》に至り、西は虞淵《ぐえん》に至り、南は炎光に至り、北は弱水に至る、千の城百の闇《やみ》、精治万歳、万歳万歳」

この文氏の「呪」の奏上が重視されていたことは、『続日本紀』が、大宝二年（七〇二）の十二月二十二日に持統太上天皇の崩去があったおりに、その十二月晦日の「大祓を廃した」にもかかわらず、「東・西文部の解除、常の如し」と明記するのにもうかがわれる。

天武朝が神祇の祭祀を重視していたことは、たとえば大和の盆地と河内平野を結ぶ大和川の要地（大和西北部の生駒《いこま》郡や北葛城《きたかつらぎ》郡）に、天武天皇四年の四月、「風神《かぜのかみ》を龍《たつ》田《た》の立野《たつの》」に、「大忌神《おおいみのかみ》を広瀬《ひろせ》の河曲《かわわ》」に奉斎し、翌年の四月四日に「龍田の風神・広瀬の大忌神」を祭祀したのを見てもわかる。宮廷祭祀に重きをなす広瀬大忌祭[※43]や龍田風神祭[※44]も、天武朝から始まるのである。

## ■天武朝の仏教政策

国家と仏教の結びつきも、天武朝からより顕著となる。崇峻《すしゅん》天皇元年（五八八）に蘇我《そが》氏が建立した蘇我氏の氏寺であった大和の飛鳥寺（法興寺《ほうこうじ》）を天武天皇九年（六

※43 **広瀬大忌祭**（ひろせのおおいみのまつり）　広瀬河合の水の神の祭り。天武朝より龍田の風神とともに祀られ、風雨の調和と五穀豊穣を願った。現在、広瀬大社（奈良県北葛城郡河合町）では二月に御《お》田植《たうえ》祭（砂かけ祭）が行われている。

※44 **龍田風神祭**（たつたのかぜのかみのまつり）　龍田の風の神の祭り。現在でも龍田大社（奈良県生駒郡三郷《さんごう》町立野）では七月に風鎮祭が行われ、風難除けを祈る。

八〇）四月に官寺としている。

また、飛鳥の百済大寺《くだらのおおでら》（高市大寺《たけちのおおでら》）を天武天皇二年十二月に官寺とし、天武天皇六年には高市大寺を大官大寺《だいかんだいじ》と寺の名を改めたように、国家仏教のさきがけともいうべき官寺仏教の具体化も天武朝であった。そして天武天皇十二年の三月には、僧正《そうじょう》・僧都《そうず》・律師《りっし》を任命して、国家による仏教統制のシステムともいうべき僧綱制《そうごうせい》※45が実質的にスタートした。

天武天皇四年の十月に、「使を四方《よも》に遣して、一切経《いっさいきょう》※46を覓《もと》め」たのも、一切経の書写事業を促進するためであり、天武天皇十二年の七月、「初めて僧尼を請《よ》せて、宮中安居《あんご》」を実施したのも天武朝であった。天武天皇みずからが、たとえば天武天皇十四年の八月に飛鳥の浄土寺《じょうどじ》※47や川原寺《かわらでら》に行幸したし、朱鳥元年（六八六）の七月に「天皇の為に観世音像を造り」、「即ち観世音経を大官大寺に説かし」めたりした。翌八月一日には「天皇の為に、八十の僧を度《ど》せしめ（出家させ）」、同月二日には「僧尼并せて一百を度せしめ」、「百の菩薩（図・像）を宮中に坐《ま》せて、観世音経二百巻を読ましめ」たりもした。

天武朝における仏教の重視は、神祇を重んじたとする崇神《すじん》天皇の伝承とならんで注目するに値する。そうした路線は、次の持統《じとう》朝にも受け継がれた。たとえば持統天皇四年（六九〇）の七月十四日、「七寺《ななつのてら》の安居の沙門《ほうし》三千三百六十三（人）に奉施」、「別

※45 **僧綱**（そうごう）　僧官ともいう。全国の僧尼《そうに》を統括し、法務を統べる官のこと。

※46 **一切経**（いっさいきょう）　経蔵・律蔵・論蔵の三蔵およびその注釈書を含めた仏教聖典の総称。

※47 **浄土寺**（じょうどじ）　現在の桜井市の山田寺の別名。奈良市興福寺に伝わる白鳳《はくほう》時代の山田寺仏頭《ぶっとう》は有名である。

に皇太子（草壁皇子《くさかべ》）の為に、三寺《みつのてら》の安居の沙門三百二十九（人）に奉施」という例などにも反映されていた。そしてたとえば持統天皇六年五月二日には「大水」があって、「吉野《よしの》・四畿内」に金光明経《こんこうみょうきょう》を講説させたり、あるいは持統天皇七年十月に仁王経《にんのうきょう》会《え》を諸国で実施したりしている。

## 天つ罪・国つ罪と七夕

### ■「大祓」の祝詞の成り立ち

国家による大祓《おおはらえ》は、六月と十二月の定例の大祓のほか、臨時に実施される場合もしばしばあったが、天武天皇十年（七月）の臨時の「大解除《おおはらえ》」[※48]においても「国造《くにのみやつこ》等、各《おのおの》祓柱《はらえつもの》奴婢一口《ぬひひとり》を出して解除《はらえ》」しているのは見逃せない。臨時の大祓[※48]にあっても、国造らがかつて行っていたクニの大祓のしきたりは継承されていた。

『延喜式《えんぎしき》』の巻第八には、当時の朝廷における「大祓」の祝詞《のりと》が収められている。この「大祓」の祝詞の成り立ちについては、天武朝のみならず平安時代にも追加されていたことが、青木紀元（「大祓詞の構造と成立過程」、『芸林』第十四巻第六号）や白江恒夫（「大ハラへ詞の完成」、『古事記研究大成』4所収、高科書店、一九九三年）の両氏の

※48　臨時の「大解除」大祓（りんじのおおはらえ）　大祓の恒例は六月・十二月の晦日に行うが、他にも疾病・災害などに際し、臨時に行う場合があった。

**大祓の行事**（「年中行事絵巻」より）平安時代、宮中では朱雀門《すざくもん》の前で祝詞が奏された。なお、民間では水辺で禊《みそぎ》を行った。人形《ひとがた》を流したり、茅《ちがや》の輪をくぐって穢《けが》れをはらったりもする。

研究によって明らかになっている。この「大祓」の祝詞を白江氏が復元した〈〉内の仮名まじり文を参考として、私なりに表現すると、次の五つの区分になる。

①「集侍《うごな》はれる親王《みこたち》・諸王《おおきみたち》・諸臣《まへつぎみたち》・百《もも》の官人等《つかさびとたち》、諸《もろもろ》聞《きこ》しめせ」と宣《の》る。

②「天皇《すめら》が朝廷《みかど》に仕へまつる、領巾《ひれ》挂《か》くる伴《とも》の男《を》・手襁《たすき》挂《か》くる伴の男・靫《ゆき》負《お》ふ伴の男・剱《たち》佩《は》く伴の男、伴の男の八十《やそ》伴《とも》の男を始めて、官官《つかさづかさ》に仕へまつる人等《ひとども》の過ち犯しけむ雑雑《くさぐさ》の罪を、今年の六月《みなづき》（十二月）の晦《つごもり》の大祓《おおはらえ》に、祓へたまひ清めたまふ事を、諸聞こしめせ」と宣《の》る。

③「高天《たかま》の原《はら》に神留《かむづ》ります、皇親《すめむつ》神《かむ》ろき・神ろみの命もちて、八百万《やおよろづ》の神等《かみたち》を神《かむ》集《つど》へ集へたまひ、神議《かむはか》り議りたまひて、『我が皇御孫《すめみま》の命は、豊葦原《とよあしはら》の水穂《みずほ》の国を、安国と平らけく知ろしめせ』と事依さしまつりき。かく依さしまつりし国中《くぬち》に、荒ぶる神等をば神問《かむと》はしに問はしたまひ、神掃《かむはら》ひに掃ひたまいて、語問《こととと》ひし磐《いわ》ね樹立《こだち》、草の片葉《かきは》をも語止《ことや》めて、天《あめ》の磐座《いわくら》放れ、天の八重雲をいつの千別《ちわ》き千別きて、天降し依さしまつりき。かく依さしまつりし四方《よも》の国中に大倭《おおやまと》日高見《ひたかみ》の国を安国と定めまつりて、下《した》つ磐《いわ》ねに宮柱《みやばしら》太敷《ふとし》き立て、高天の原に千木《ちぎ》高知りて、皇御孫の命の瑞《みづ》の御舎《みあらか》仕へまつりて、天の御蔭、日の御蔭と隠《かく》りまして、安国と平らけく知ろしめさむ国中に、成り出でむ天の益人等《ますひとら》が過ち犯しけむ雑雑の罪事は、天つ罪と、

畔放《あはな》ち・溝埋《みぞう》み・樋放《ひはな》ち・頻蒔《しきま》き・串刺し・生け剥《は》ぎ・逆剥《さかは》ぎ・屎戸《くそへ》・許多《ここだく》の罪を天つ罪と法《の》り別《わ》けて、国つ罪と、生膚断《いきはだた》ち・死膚断《しにはだた》ち・白人《しろびと》・こくみ・おのが母犯せる罪・おのが子犯せる罪・母と子と犯せる罪・子と母と犯せる罪・畜《けもの》犯せる罪・昆《は》ふ虫の災《わざわい》・高つ神の災・高つ鳥の災・畜仆《けものたう》し、蠱物《まじもの》する罪、許多の罪出でむ。かく出でば、天つ宮事もちて、大中臣《おおなかとみ》、天つ金木《かなぎ》を本《もと》うち切り末うち断《た》ちて、千座《ちくら》の置座《おきくら》に置き足《たら》はして、天つ菅麻《すがそ》を本苅《もとか》り断《た》ち末苅り切りて、八針《やはり》に取り辟《さ》きて、天つ祝詞《のりと》の太祝詞事《ふとのりとごと》を宣《の》れ。かく宣らば、天つ神は天《あめ》の磐門《いわと》を押し披《ひら》きて天の八重雲をいつの千別《ちわ》きに千別きて聞しめさむ　国つ神は高山の末・短山《ひきやま》の末に上りまして、高山のいえり・短山のいえりを撥き別けて聞こしめさむ。かく聞こしめしては皇御孫の命の朝廷《みかど》を始めて、天の下四方の国には、罪といふ罪はあらじと〈事教へ依サシ奉リキ。カク依サシ奉リシマニマニ天津宮事モチテ天津祝詞ノ太祝詞事ヲ称辞竟《たたえごとお》へ〈奉ラクト申ス〉

④科戸《しなど》の風の天の八重雲を吹き放つ事の如く、朝《あした》の御霧《みきり》・夕べの御霧を朝風・夕風の吹き掃《はら》ふ事の如く、大津邊《おおつべ》に居る大船を、舳《へ》解き放ち・艫《とも》解き放ちて、大海《おおみ》の原に押し放つ事の如く、彼方《おちかた》の繁木《しげき》がもとを、焼鎌《やきがま》の敏鎌《とがま》もちて、うち掃ふ事の如く、遺る罪はあらじと祓へたまひ清めたまふ事を〈諸聞シメセト宣ル〉

⑤高山・短山《ひきやま》の末《すえ》より、さくなだりに落ちたぎつ速川《はやかわ》の瀬に坐《ま》す瀬織《せお》りつひめとい

**大嘗祭**（『公事録《くじろく》附図』より）辰《たつ》の日の行事を描いたもの。

**※49　延喜**（えんぎ）　延喜年間は西暦九〇一～九二三年におよぶ。

ふ神、大海の原に持ち出でなむ。かく持ち出で往《い》なば、荒潮《あらしお》の潮の八百道《やおち》の、八潮《やしお》道《ぢ》の潮の八百会《やおあい》に坐《ま》す速開《はやあき》つひめといふ神、持ちかか呑《の》みてむ。かくかか呑みては、気吹戸《いぶきど》に坐す気吹戸主《いぶきどぬし》といふ神、根の国・底の国に気吹き放ちてむ。かく気吹き放ちては、根の国・底の国に坐す速《はや》さすらひめといふ神、持ちさすらひ失ひてむ。かく失ひては、天皇《すめら》が朝廷《みかど》に仕へまつる官官《つかさづかさ》の人等《ひとども》を始めて、天の下四方には、今日より始めて罪といふ罪はあらじと高天の原に耳振り立てて聞く物と馬牽《ひ》き立てて、今年の六月《みなづき》（十二月）の晦《つごもり》の日の、夕日の降《くだ》ちの大祓に祓へたまひ清めたまふ事を諸《もろもろ》聞こしめせ」と宣《の》る。

「四国《よくに》の卜部等《うらべども》、大川道《ぢ》に持ち退《まか》り出でて、祓《はら》へ却《や》れ」と宣る。

①・③・④は天武朝の大祓祝詞の部分であり、②・⑤の部分は、「平安時代、延喜《えんぎ》※49に近い頃」に補完された追加の部分であったことが明らかとなった。すなわち『延喜式』所収の大祓の祝詞は、第一次は天武朝、第二次は平安時代（延喜に近い頃）の二つの時期を中心に成り立っていた。「平安時代」とみなされる主たる理由は、瀬織津《せおりつ》比咩《ひめ》以下の神々が『古事記』や『日本書紀』などにはみられない新しい神格で、大祓の執行された時刻を「夕日の降《くだ》ち」も宮中の諸人参入の時刻を「申時《さるどき》以前」とする『延喜式』の四時祭式の規定と合致するからである。

そればかりではない。⑤の「四国卜部《よくにうらべ》」という表現は、『延喜式』の宮内省の定めや十二世紀中頃の近衛《このえ》天皇の大嘗祭《おおなめさい》のおりに大中臣清親《おおなかとみのきよちか》が唱えた『中臣寿詞《なかとみのよごと》』など、平安時代になってからの用例であって、「養老令」などでは、「三国卜部」の定員が決められていた。

## ■「天つ罪」と「国つ罪」

しばしば、日本人の罪の意識や責任の自覚であったとしてあげられる大祓祝詞の、罪が山から川へ、川から海へと流され、さらに根の国・底の国へ息吹放たれて、速さすらひめという神がその罪を行方知れずに雲散霧消するという祝詞の部分⑤は、実は平安時代しかも延喜に近い頃に追加された部分であった。

問題は天武朝の大祓の祝詞に、「天つ罪」・「国つ罪」という罪の分類と罪の意識が具体化している点である（「天つ罪」・「国つ罪」の内容についての私見は、『日本人のこころ』学生社、二〇〇八年を参照されたい）。

現在、「天つ罪」「国つ罪」に関する見解として、「天つ罪」は、氏族共同体相互の間に生ずる復讐や贖罪《しょくざい》を、共同体単位で行う外部的刑罰に相当し、「国つ罪」は共同体内部の成員に対して行われる内部的刑罰であるとみなす説と、これに対して「天つ罪」と「国つ罪」には質的な違いはなく、ともに内部的刑罰であるとする説が提出されている。

ここで改めて問題となるのは、天つ社・国つ社という社格が制定されたのが天武朝であって、これに対応する形での「天つ罪」・「国つ罪」であったことである。『古事記』では、高天原におけるアマテラス大神へのスサノヲノミコトの荒ぶるしわざを畔放《あはなち》・溝埋《みぞうめ》・逆剥《さかはぎ》・屎戸《くそへ》※50と記し、『日本書紀』の本文と「一書」ではこれに樋放《ひはなち》・頻撒《しきまき》（重播種子）・串刺《くしさし》※50を加えている。

すなわち大祓の祝詞における天つ罪とは、スサノヲの高天原における荒ぶるしわざを内容としていることがわかる。このことは、いったい何を物語るのか。日本人の「原罪」の由来を高天原における「天つ罪」・葦原の中つ国における「国つ罪」として対比的に位置づけたのが天武朝であり、すなわち天武朝においては『記』・『紀』におけるアマテラスに対するスサノヲの荒ぶるしわざ、そしてアマテラスの天の岩戸隠れの神話が、すでに宮廷の神話として定着していたことを示す。

## ■『記』・『紀』におけるアマテラスの神格

飛鳥浄御原宮には宮中に「御窟殿《みむろのとの》」があり（『日本書紀』天武天皇朱鳥元年正月・七月の条）、前述したとおり、天武・持統朝には「天照らす日女《ひるめ》の尊《みこと》」（アマテラス大神）につながる天皇の神統意識が明確に形づくられていた。

**※50　畔放**（あはなち）**・溝埋**（みぞうめ）**・逆剥**（さかはぎ）**・屎戸**（くそへ）**・樋放**（ひはなち）**・頻撒**（しきまき）**・串刺**（くしさし）
天つ罪の種類。「畔放《あはなち》」田の畔を壊すこと。「溝埋《みぞうめ》」田の水路を埋めて水を止めること。「樋放《ひはなち》」田に水を引く樋を壊すこと。「頻撒《しきまき》」人が種を蒔《ま》いた土地に重ねて種を蒔いて作物の生長を妨げること。「串刺《くしさし》」他人の田畑に杭を立て、自分の土地であることを主張し横領すること。「逆剥《さかはぎ》」馬などの皮を足や尾の方から剥ぐこと。なお、これに似た言葉に「生剥《いきはぎ》」があり、生きた馬などの皮を剥ぐこと。「屎戸《くそへ》」祭場を糞《くそ》などの汚物で汚すこと。

天照大神に関連して、筆者はかねがね『記』・『紀』の神話におけるアマテラスの神格のありようについての通説に疑問を抱いてきた。

有名な天石屋戸《あまのいわやと》（天石窟戸）に、天照大神が石屋戸隠れする神話は、天照大神の忌《いみ》服屋《はたや》（斎殿）に、速須佐之男命《はやすさのおのみこと》（素戔鳴尊《すさのおのみこと》）が天斑馬《あめのふちのこま》（天斑駒）を逆剥《さかはぎ》にして投げ込む神話から始まる。すなわち『古事記』の上巻に「天照大神、忌服屋《いみはたや》に坐《ま》して、神《かん》御衣《みそ》を織らしめし時、その服屋の頂《むね》を穿《うが》ち、天の斑馬を逆剥に剥ぎて堕《おと》し入るる時に、天の服織女《はたおりめ》見驚きて、梭《ひ》に陰上《ほと》を衝きて死にき」とあり、『日本書紀』巻第一の本文に、「是の後に、素戔鳴尊のしわざ、はなはだあづきなし、いかにとならば、天照大神、天狭田《あめのさなだ》・長田《ながた》を以て御田《みた》となす。時に素戔鳴尊、春はしきまきし、また畔毀《あはなち》す。秋は天斑駒を放ちて、田の中に伏す。また天照大神の新嘗《にいなえ》きこしめす時を見て、すなはちひそかに新宮にくそまる。また天照大神、みざかりに神衣を織りつつ、斎服殿《いみはたどの》にましますを見て、すなはち天斑駒を剥《さかはぎには》ぎて、殿の甍《いらか》を穿《うが》ちて投げいる」と記述するのがそれである。そして『日本書紀』の第一の「一書」には、「稚日女尊《わかひるめのみこと》、斎服殿にましまして、神の御服を織る」と書き、第二の「一書」に、「日神、織殿にまします時に、すなはち斑駒を生剥《いけはぎ》にして、その殿の内にいる」と記す。

天石屋戸隠れの神話をどのような祭儀の反映とみなすかについては諸説がある。太陽が洞窟や箱のなかに隠れたり、また隠れた太陽をさまざまな手段で呼びもどすという神話伝承は、東アジアや東南アジアにあって、日食に関連する神話とする説もあれば、冬至《とうじ》に行われる宮廷の鎮魂祭との結びつきを指摘する説もある。

しかしこの神話の前提には、神（御）衣を織る天照大神の忌服屋に天斑馬《あめのふちのこま》（駒）を投げ入れるという神話があり、そこには独自の要素が内包されている。そこで「大嘗《おおにえ》をきこしめす殿に屎《くそ》まり散らしき」（『記』）、「新嘗《にいなえ》きこしめす時を見て、すなはちひそかに新宮にくそまる」（『紀』）とあるのに注目する説は、宮廷の新嘗祭とのつながりを見出そうとし、「服織女《はたおりめ》」（『記』）などを重視する説は、伊勢神宮の神御衣祭《かんみそ》※51とのつながりを指摘する。

ここでいうところの「大嘗」（『記』）は、「新嘗」（『紀』）のことだが、忌服屋で天照大神が神衣を織る神話と神御衣祭の内容とでは、その趣きを異にする。伊勢神宮の神御衣祭は、『皇大神宮儀式帳』や『延喜式』などにも明記されているように、天照大神や荒祭宮《あらまつりのみや》の大神に、服部《はとり》・麻績《おみ》の織女（各八人）が神衣を織って献《たてまつ》る祭である。ところが『日本書紀』の神話は、前述のように（本文・別伝も）天照大神みずからが神衣を織るのであり、『古事記』の神話でも、天照大神みずからが「忌服屋に坐して」服織女と共に神御衣を織るのである。

天照大神の神格に織女神の信仰が重層していたことは、従来あまり注意されていないが、次の『日本書紀』巻第一の第十一の「一書」の神話にも明らかである。この神

※51　**神御衣祭**（かんみそまつり）　神の衣服を神御衣《かんみそ》といい、伊勢神宮の皇大神宮（天照大神）と荒祭宮《あらまつりのみや》にこれを奉献する祭事。毎年五月十四日と十月十四日に行われる。

※52　**西王母**（せいおうぼ）　中国の女仙最高の神。『山海経』によると西方の玉山に住み、人の姿に豹の尾、虎の歯を持ち、動物のように吼《ほ》えるという。疫病や刑罰をつかさどる。

話は月夜見尊《つきよみのみこと》と保食神《うけもちのかみ》に関する貴重な伝承だが、そこには天照大神が「口の裏《うち》に蚕《かいこ》を含《ふく》みて、便《すなわ》ち糸抽《ひ》くこと得たり」と述べられている。天照大神の信仰に織女神の信仰がオーバーラップしていたことは、この神話にもはっきりと見出すことができる。

西王母（左）と東王父（右）中国・山西省沂南画像石

## ■七夕信仰の伝来

わが国の織女神の信仰のルーツが、中国の西王母《せいおうぼ》※52信仰に由来することは、別に詳述したが（『日本の神話を考える』、小学館、一九九一年）、後漢の時代には西王母が織女神となって、牽牛《けんぎゅう》・織女の星合いがしだいに具体化してくる。西晋の張華が著した『博物志』には、西王母が七月七日に東王公《とうおうこう》※53（東王父・牽牛）のもとを訪れる七夕《たなばた》伝承が記されている。

『記』・『紀』神話が宮廷でまとまるころには、最高の女仙である西王母・織女の信仰が受容されていたに違いないとするのが私見であった。そして、その時期は『日本書紀』の持統天皇五年・同六年の七月七日の宴に着目して、天武・持統朝のころではないかと推定した。さらに柿本人《かきのもとのひと》麻呂《まろ》が庚辰《こうしん》（六八〇年）に詠んだ「天の川安《やす》の川原《ら》に定まりて神し競へば麻呂待たなくに」の七夕の歌によって、より確実となった（『万葉集』巻第十・二〇三三）。

**※53　東王公**（とうおうこう）
中国の男仙最高の神。東華帝君・東王父ともいう。天地がまだ混沌としていた時代に天地の精気が固まって生まれ、蓬莱山《ほうらいさん》に住んだという。

※54　气功奠（きっこうてん）
乞巧奠のこと。古代中国の行事に由来し、日本では奈良時代から、宮中で技芸の上達を祈る七夕行事として行われた。写真は『公事十二ヶ月絵巻』にみられる气功奠の様子。

七夕の信仰と行事が明確に奈良時代に存在したことは、『続日本紀』の天平六年（七三四）七月七日の条に「天皇、相模の戯を観たまふ、是の夕、南苑に従御し、文人に命じて七夕の詩を賦せしむ、禄を賜ふこと差あり」と述べる記事や天平勝宝三年（七五一）七月七日の宴の条などにも見出すことができる。

『懐風藻《かいふうそう》』には藤原不比等《ふじわらのふひと》の「七夕」の詩が収録されており、その漢詩は『文選《もんぜん》』や『芸文類聚《げいもんるいじゅう》』の七夕の詩を参考にしている要素がある。『万葉集』には、山上憶良《やまのうえのおくら》の七夕の歌十二首（『万』一五一八―一五二九）をはじめとして七夕に関する歌が予想以上に多い。なかには「予《あらかじ》め作る七夕の歌」（『万』四一六一）のように、三月のうちから、あらかじめ七月七日の七夕の宴のために作って用意したものもあった。大《おお》伴家持《とものやかもち》の歌には「予（豫）作」と記す例があるが、この「予作」は『万葉集』における初出といってよい。

七夕の歌は『万葉集』の巻八・九・十・十五・十八・十九・二十などに、百三十二首が収められているが、宮廷の宴のほか、『万葉集』の左注によって、皇太子（のちの聖武天皇）・左大臣（長屋王《ながやおう》）・大宰帥《だざいのそち》（大伴旅人《おおとものたびと》）などの邸宅でも、七夕の宴が催されたことがわかる。

平安時代には宮中で气功奠《きっこうてん》※54が行われ、星合・御覧・詩歌管弦の宴のほか、相撲《すまい》の節会《せちえ》※55があった（『類聚国史《るいじゅうこくし》』歳時）。他方では織部司《おりべのつかさ》での織女祭も執行されるようになる。民間では禊《みそぎ》の信仰と習合して、水辺の機屋を祭場とし、棚機《たなばた》つ女《め》（乙棚機《おとたなばた》）が籠り、神を迎えて一夜を過ごし、翌日禊をして神送りをする民俗が形づくられてくる。『万葉集』の七夕の歌（「万」三六一一）の「大舟にま梶《かぢ》しじ貫《ぬ》き海原を漕ぎ出て渡る月人《つきひと》をとこ」の左注に「右、柿本朝臣人麻呂の歌」とあるのも興味深い。

私は、昭和五十五年（一九八〇）の八月、第一回訪朝のおり、朝鮮民主主義人民共和国の南浦《ナムポ》市江西《カンソ》区徳興里《トクンリ》壁画古墳を、日本人研究者として初めて実見することができた。そのおりの感動は「高句麗文化の内実」（『日本のなかの朝鮮文化』四十八号）に書き記したが、墨書によってその築造年が永楽十八年（四〇八、『三国史記』の広開土《こうかいど》王《おう》十八年では四〇九）であることが確かなその前室南側天井には、天の川をはさんでの「牽牛《けんぎゅう》之象（像）」と「織女之象」が鮮やかに描かれていた。そしてその天井壁画には墨書した「玉女《ぎょくじょ》持幡《じばん》」、「玉女《ぎょくじょ》持槃《じばん》」、「仙人持幡」、「仙人持[囗+華]」の姿があった。高句麗壁画には神仙あるいは飛天を描いている例があるが、このようにそれぞれに「玉女」・「仙人」と墨書したものはない。大抵は、研究者がいわば恣意的に神仙とか飛天とかと類推しているにすぎない。ところが徳興里壁画古墳は、その一つ一つに墨書している。これは、五世紀のはじめに道教の信仰が高句麗に伝わっていたことを実証する。玉女（仙人）を描く徳興里壁画古墳のそばの山が今も玉女峰と称されているのもいわれあってのことであった。

**※55　相撲の節会**（すまいのせちえ）　朝廷の年中行事として催された相撲会。各地から相撲人《すまいびと》を集め、左右対抗戦の形で行われた。豊凶を占い豊作を祈る年占神事であり、また強者を天皇に奉仕させる服属儀礼としての意義があった。

五世紀のはじめのころには、七夕の信仰が高句麗に伝来していたことが確実となったが、織女のそばに「黒犬」の描かれているのが不思議であった。以来、織女神と犬とのつながりを模索してきたが、犬をあの世とこの世を結ぶ霊犬とする信仰が投影されているのかもしれない（「犬のフォークロア」、『歴史家の眼』、小学館、一九九五年）。

平成十年（一九九八）の三月六日、明日香村キトラ古墳の超小型カメラによる調査が実施された。その結果、玄武《げんぶ》・青龍《せいりゅう》・白虎《びゃっこ》などの注目すべき壁画ばかりでなく、きわめて精緻な星宿図《せいしゅくず》が天井に描かれていることが判明した。現存最古の星宿図であって、中国南宋十三世紀の淳祐《じゅんゆう》「天文図」[※56]や一三九五年の李朝「天象列次分野之図《てんしょうれつじぶんやのず》」[※57]との関係が論議された。天文学史の研究者の見解によれば、「天象列次分野之図」の方が類似するという。しかしキトラ星宿図には独自の要素があり、「分野之図」の銘文には七世紀前半のころの高句麗の石刻星図をもとにしたことだけではなく、『晋書』天文志の記述を引用している。橋本敬造関西大学教授が指摘しているように（「京都新聞」一九九八年七月二十二日朝刊）、西晋の陳卓がま

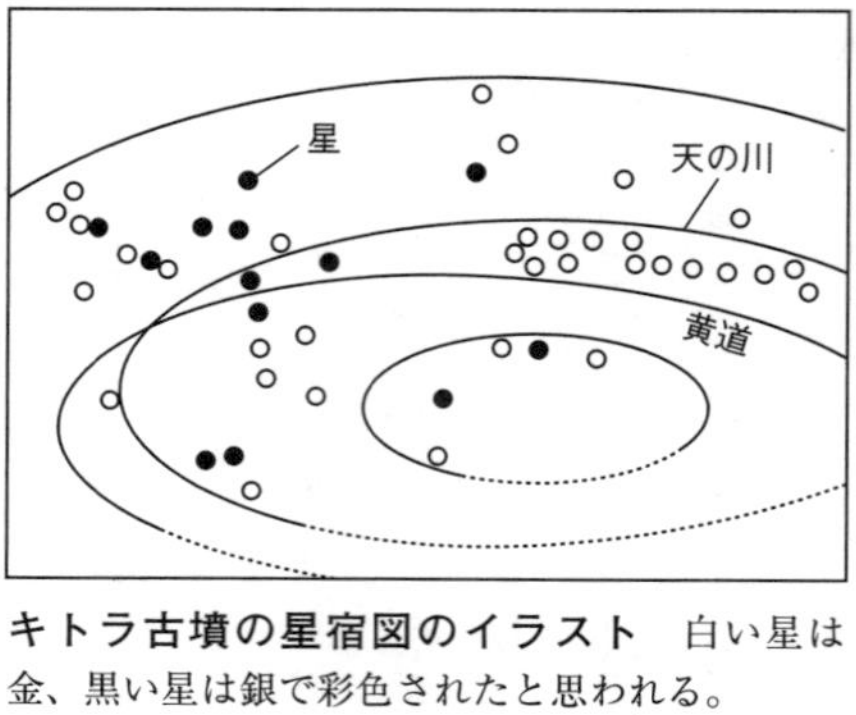


**キトラ古墳の星宿図のイラスト**　白い星は金、黒い星は銀で彩色されたと思われる。

**※56　淳祐天文図**（じゅんゆうてんもんず）　淳祐七年（一二四七）に蘇州《そしゅう》の黄裳が作った北極星を中心とした天文の図。

**※57　天象列次分野之図**（てんしょうれつじぶんやのず）　およそ一五〇〇の星と二八〇の星座を碑石に彫った精密天文図。製作者不明、一三九五年制作。

とめた星図がその古天象図であったかもしれない（226頁参照）。

そこにはなお検討すべき課題が残されているが、こうした星宿図を描きうる暦学の知識の受容をかえりみておく必要がある。『日本書紀』の欽明《きんめい》天皇十五年二月の条には、百済からの暦博士の渡来を記し、推古天皇十年十月の条には百済僧の観勒《かんろく》が「暦本及び天文地理書、并《あわ》せて遁甲《とんこう》方術書」をもたらしたと述べる。そして陽胡史《やこのふひと》の祖・玉陳《たまふる》が暦法を、大友村主高聡《おおとものすぐりこうそう》が天文遁甲※58を、山背臣日立《やましろのおみひたて》が方術※58を学んだ。

前述のとおり、天武天皇は「天文遁甲を能《よ》」くし、壬申の乱で挙兵したおりには、みずから「式《ちく》を乗《と》りて占《うらない》」を行っている。さらに天武天皇四年正月には占星台《せんせいだい》を造り、持統天皇四年十一月には「元嘉暦《げんかれき》と儀鳳暦《ぎほうれき》※59」を採用した（以上『日本書紀』）。天武・持統朝のころの暦法の知識は進んでいたといえよう。

これに関連して、大阪府茨木《いばらき》市柴金山《しきんざん》古墳から大型の勾玉文鏡《まがたまもんきょう》（仿製《ぼうせい》鏡※60）が出土しているが、このなかに描かれている女神坐像はまぎれもなく玉勝《ぎょくしょう》をつけた西王母であった。その流れのなかに七夕信仰が具体化してくるのである。

## 日本化の史脈

ところでキトラ古墳については、四神・十二支像などの壁画が明らかになったが、

**※58　天文遁甲**（てんもんとんこう）**・方術**（ほうじゅつ）　天体で起こるさまざまな現象（天文）や人目をまぎらわして身体を隠す妖術（遁甲）。方術とは神仙の術。

**※59　儀鳳暦**（ぎほうれき）　唐の麟徳二年（六六五）、李淳風が編纂した暦（92頁参照）。

**※60　仿製鏡**（ぼうせいきょう）　中国で造られた舶来《はくらい》漢式鏡を模倣して日本で鋳造された鏡。

平成十三年（二〇〇一）の三月、デジタルカメラによって鮮やかに躍動する朱雀《すざく》が明確になったおりには感動をおぼえた。

キトラ古墳の築造年代は古墳の内部構造からみても、高松塚壁画古墳よりは古く、七世紀後半（とりわけ末期）のころと考えられている。高松塚壁画古墳からは副葬品に、唐の海獣葡萄鏡《かいじゅうぶどうきょう》※61があって、この鏡と同范《どうはん》の鏡※62が中国長安（西安市）の独孤思貞《どっこしてい》墓で見つかっている。独孤思貞墓の築造年代が、墓誌によって神功二年（六九八）であったことは確かでありこの海獣葡萄鏡がわが国に伝わったのは、大宝二年（七〇二）に入

**※61　海獣葡萄鏡**（かいじゅうぶどうきょう）　鏡背の中心に獅子形の鈕をすえ、周囲に葡萄唐草文や鳥獣文などを配した鏡。唐代に中国で盛行し、日本にも伝わった。奈良県斑鳩の法隆寺五重塔心礎や奈良県明日香村の高松塚古墳出土のものが有名。

**※62　同范の鏡**（どうはんのかがみ）　同じ鋳型から造られた鏡。

**高松塚古墳の人物像**（奈良文化財研究所提供）

**古方位**　方位を12等分して、十二支《し》（子《ね》・丑《うし》・寅《とら》・卯《う》・辰《たつ》・巳《み》・午《うま》・未《ひつじ》・申《さる》・酉《とり》・戌《いぬ》・亥《い》）をあてる。北を「子」とし、右回りに順に名づける。四神の青龍は東の星座、白虎は西の星座、朱雀が南の星座、玄武が北の星座を由来とする。

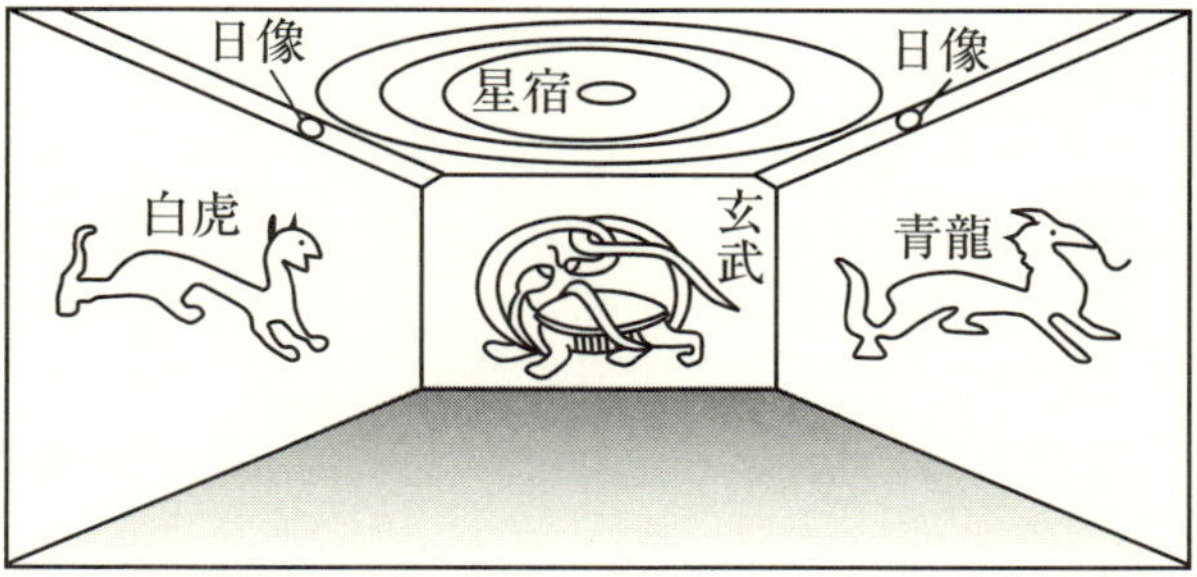


キトラ古墳の壁画のイラスト

唐した遣唐使が帰国した七〇四年・七〇七年・七一八年のいずれかであると考えられる。可能性としては七〇四年か七〇七年が高い（252頁参照）。

高松塚壁画古墳の人物像（文官八人・女官八人）はきわめてリアルであり、とくに女人の一人ひとりの髪の形までをいきいきと精緻に描いているのは、あたかも大和絵のさきがけともいうべき要素がある。唐や高句麗の壁画をルーツとしながらも、その日本化を見出すことができる。とりわけキトラ古墳の朱雀は、高句麗の江西《カンソ》大墓・江西中墓の朱雀や、奈良・西ノ京の薬師寺薬師如来台座あるいは正倉院の鏡の朱雀などよりもはるかに動的な美を示して、当時の文化のありようを象徴するかのようである。

そのような特色は、仏像彫刻にも見出すことができる。白鳳《はくほう》文化の天武天皇十三年（六八五）開眼と考えられている奈良県桜井市の山田寺の仏頭《ぶっとう》あるいは天武天皇の発願により、持統朝に整備された薬師寺の薬師如来、日光・月光菩薩、そして聖観音立像などにも、飛鳥時代の仏像よりもより日本化の趣きがただよう。

## ■天武・持統朝で確立された国家体制

天武天皇の皇后（鸕野皇女《うののひめみこ》）でもあった持統天皇は、天武天皇をみごとに補佐して、『日本書紀』に「帝王の女《みこ》なりと雖《いえど》も、礼を好みて節倹、母儀の徳有《ま》します」と批評されたように、天武天皇の意志を継承し発展させた。たとえば飛鳥浄御原令の施行がそうであり、伊勢神宮の式年遷宮《しきねんせんぐう》※63や大嘗祭、さらに藤原京の造営がそうであった。

　天智天皇の大津宮（滋賀県大津市）における近江令の存在については賛否両論があるが、近江令の施行については、これを確証する同時代史料がなく、その編纂着手はともかく、近江令の完成・施行は疑わしい。これに対して飛鳥浄御原令の存在は確かであり、天武天皇十三年（六八二）の二月にその編纂が始められて、持統天皇三年（六八九）の六月には「諸司に令を班《わか》ち賜ふ」たのである。

　また、流罪についての「近流・中流・遠流」の「三流《みつのながすつみ》」の初見が『日本書紀』の天武五年八月十七日条の詔であり、同時に「徒罪《ずざい》・杖罪《じょうざい》・笞罪《ちざい》」は「巳発覚《きはっかく》・未発覚、悉《ことごとく》に赦《ゆる》せ、唯《ただ》し既に配流《なが》されたるは赦す例《かぎり》に在《あ》らず」と述べられている。刑罪法の制定においても天武朝は軽視できない。

　わが国の古代法を代表する大宝律令は大宝元年（七〇一）にできあがって、翌年から施行されたが、その大宝令の前提となったのが飛鳥浄御原令であって、天武朝に編纂が始まり、持統朝に完成して施行された。

　なお、わが国の古代法では、中国の「唐令」にはみえない「禁処《きんしょ》」の既定がある。この「禁処」とは、「山野河海」の王権による固定的・永続的占有空間であって、その具体化がやはり天武・持統朝から始まることも見逃せない（森田喜久男『日本古代の王権と山野河海』吉川弘文館、二〇〇九年）。

※63 **式年遷宮**（しきねんせんぐう）　定期的に神社の社殿を造り替え、御神体を奉還する祭儀。伊勢神宮では、原則として二十年ごとに行われ、正殿や神宝、調度品が塗り替えられる。平成二十五年には第六十二回を迎える。

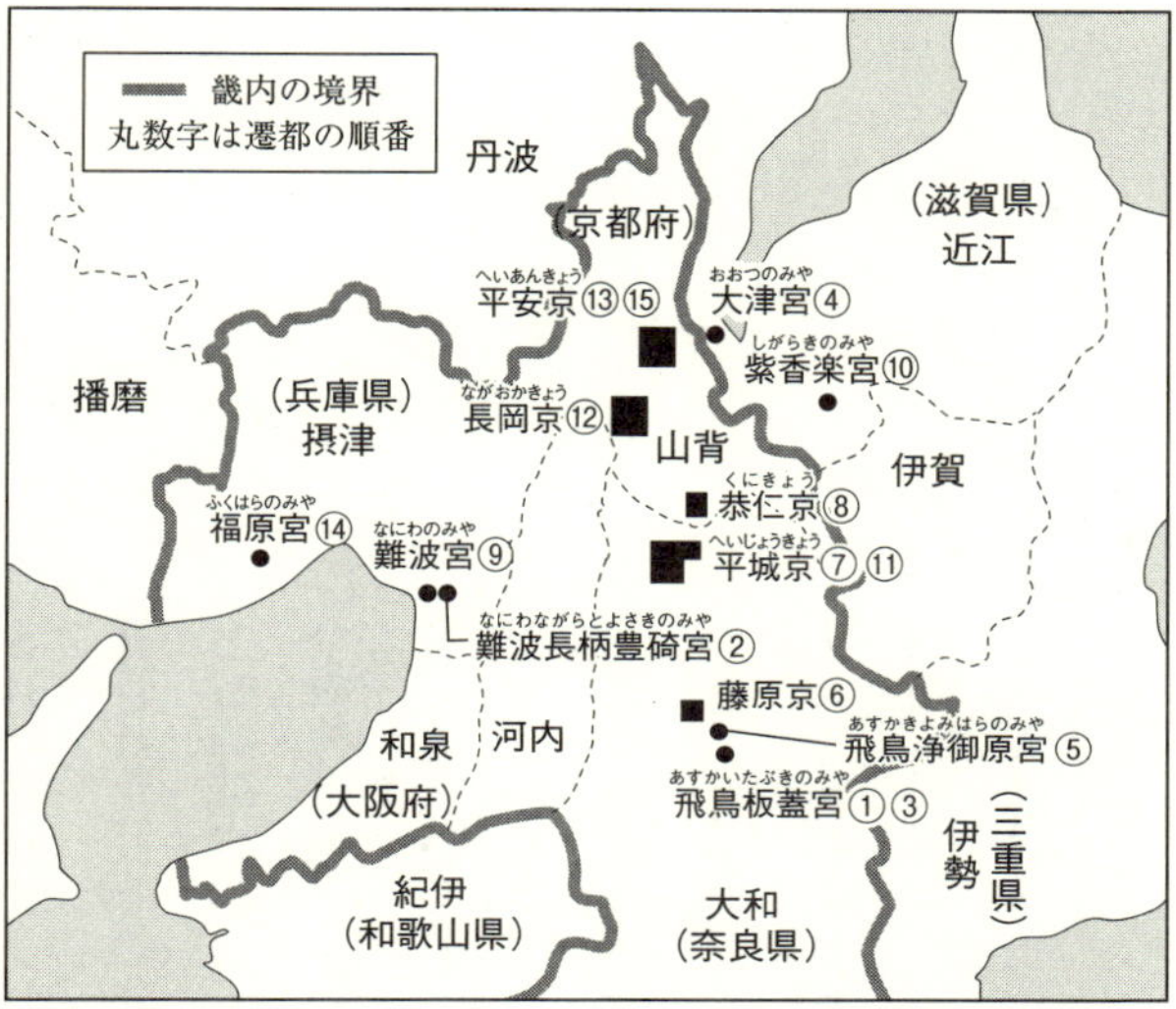


**古代の畿内**　大和・河内（のち和泉がわかれる）・山背・摂津の４か国。

現伝の「出雲国造神賀詞」には、「百八十六社に坐《ま》す皇神等《すめがみたち》」とあって、天平五年（七三三）以降天安元年（八五七）までの時期のものであることを物語るが、この朝廷への服属の誓詞ともいうべき「神賀詞」の奏上は、「大倭国」の表記や「近き守り神」の表現などから天武・持統朝にその奏上が始まったと考えられる。

いわゆる「大化の改新詔《みことのり》」の第二条（孝徳《こうとく》天皇大化二年正月）には、畿内を「東は名墾《なばり》の横河《よこかわ》より以来、南は紀伊の兄山《せのやま》より以来。西は赤石《あかし》の櫛淵《くしふち》より以来、北は近江の狭狭波《ささなみ》の合坂山《おうさかやま》より以来」と四県で限る、中国・北魏の平城型であるのに対して、大宝令・養老令では大倭（大和）・河内・山背・摂津の四カ国で畿内を構成する東魏・北斉の都である鄴《ぎょう》型となっている。四県の畿内制は明らかに浄御原令であって、畿内制もまた天武・持統朝に成立した。

古代の王権の即位に関する祭儀で注目されるのは、世界各地の王者と同じように即位式があったほかに、持統天皇即位の翌年（六九一）からは、即位後の最初の新嘗祭を拡充した大嘗祭が執行されたことである。天武・持統朝のころには即位の祭儀も唐風となり、日本の皇室の伝統にふさわしい大嘗祭が持統天皇の代から実施された。その背後には、当時神祇官の長上（大宝令の神祇伯）であった中《なか》臣《とみのおおしま》大嶋らの画策があったと思われる。

壬申の乱のおりに大海人皇子みずからが天照大神を伊勢の迹太川《とおがわ》（朝明川《あさけ》）のほとりで遥拝し、柿本人麻呂が壬申の乱の軍司令官であった高市《たけち》皇子の挽歌《ばんか》で〝渡会《わたらい》の斎宮《いつきのみや》ゆ神風のいぶき惑はし〟（『万葉集』巻第二・一九九）と歌い上げたように、天武朝には天照大神はより明確に皇祖神（皇祖神化の前提は雄略朝のころから具体化する）としての神格を強化したが、そのあとを受けた持統天皇はその四年（七九〇）に、伊勢神宮の第一回の式年遷宮を行った。それは『太神宮諸雑事記《だいじんぐうしょぞうじき》』や『二所大神宮例文《にしょだいじんぐうれいぶん》』などに明記されている。とくに『二所大神宮例文』では「大神宮御遷宮」に注記して、「持統天皇四年なり。この御宇より造替造営を二十年に定めおかる。ただし大友皇子謀反のと

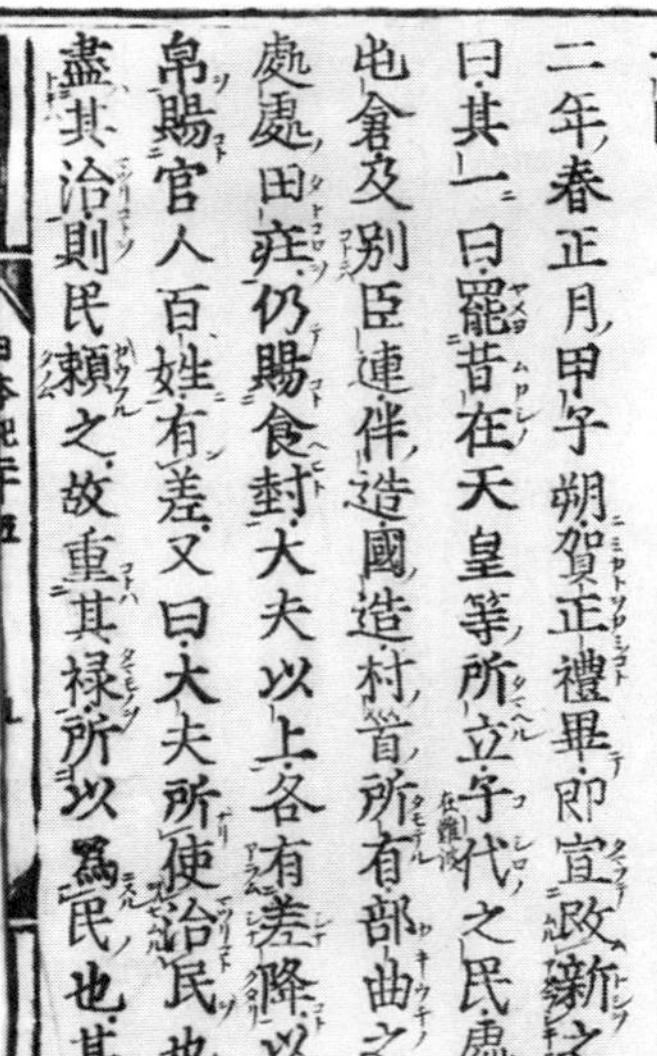
賷向東移去沙上有跡如耕田状是年也大歲
乙巳
二年春正月甲子朔賀正禮畢即宣改新之詔
曰其一曰罷昔在天皇等所立子代之民處々
屯倉及別臣連伴造國造村首所有部曲之民
處處田莊仍賜食封大夫以上各有差降以布
帛賜官人百姓有差又曰大夫所使治民也能
盡其治則民頼之故重其禄所以爲民也其二

『日本書紀』に記された「大化の改新詔」
孝徳天皇の大化２年正月条（３行目以降）

※64　**条坊制**（じょうぼうせい）東西・南北に走る道路で、碁盤の目のように区画する都市計画。唐の長安の制を模倣したと考えられている。

き、天武天皇のご宿願に依れるなり」と特筆している。

二十年を節目として、「カミがよみがえる」とする日本的な式年遷宮が、「天武天皇の宿願」であって、それが持統天皇によって執行されたことは見逃せない。

## ■藤原京への遷都

新しい条坊制《じょうぼうせい》※64にもとづく藤原京の造営は、持統朝に具体化するが、その始まりも天武朝にあった。

平成十八年（二〇〇六）の三月奈良県明日香村の飛鳥京跡で、飛鳥浄御原宮の正殿とみなされている飛鳥時代の最大級の建物跡の北隣から同じような規模の建物跡が検出された。『日本書紀』の天武天皇十年正月の条に、「親王・諸王を内安殿に引入れ、諸臣皆外安殿に侍る」と述べる内安殿が今回見つかった建物と推考される。その南が内裏《だいり》の正殿に相当する大安殿（後の紫宸殿《ししんでん》）であり（天武天皇十四年九月・朱鳥元年正月・同元年二月の各条）、大安殿の前殿が外安殿であったと思われる。

こうした飛鳥浄御原宮よりもはるかに充実したわが国最初の条坊制を保有した首都が藤原京であった。「藤原宮」という宮都名が史料に登場するのは持統天皇四年（六九〇）の十月二十日の条で、太政大臣高市《たけち》皇子が藤原の宮地（奈良県橿原《かしはら》市）を視察している。そして翌年十月二十七日「使者を遣はして新益京を鎮祭」させ、宅地班結・

巡幸・持統天皇六年正月二十三日には「藤原の宮地を鎮祭」して伊勢・大倭・住吉・紀伊（日前・国懸社か）の大神に奉じた。その後も再三藤原京の宮地行幸があり（持統天皇六年六月、持統天皇七年八月の各条）、持統天皇八年（六九四）の十二月六日には飛鳥浄御原宮から藤原宮へ遷都した。

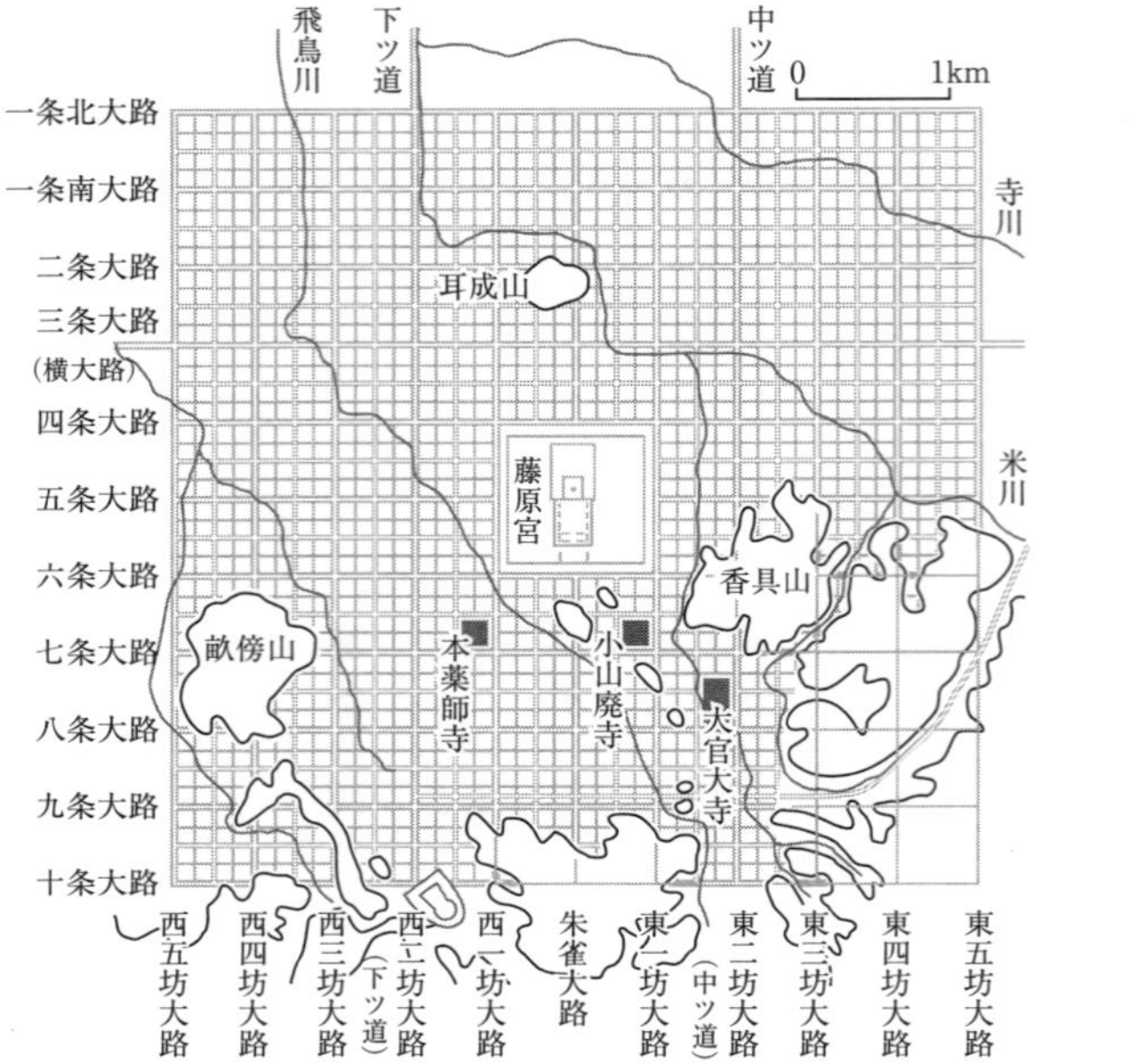


**藤原京**　（小澤毅『日本古代宮都構造の研究』青木書店、2003年より作成）

新都の造営計画は天武天皇五年（六七六）から試みられており、天武天皇十一年から十三年にかけては新都をどこにするかの調査が行われた。天武天皇十三年の二月二十八日には、広瀬王・大伴連《おおとものむらじ》安麻呂《やすまろ》・判官・録事・陰陽師《おんみょうじ》・工匠らが畿内に派遣され、三月九日には、天皇みずからが「京師巡行」し、「宮室の地を定め」ている。その宮室の地とは藤原宮であったと思われる。

藤原宮造営計画も天武天皇によって開始され、持統女帝がその遺志を発展させて実現したといっても過言ではない。

藤原京は東西十坊・南北十坊の十里四方、五十三キロメートル四方の条坊制を整えたわが国最初の宮

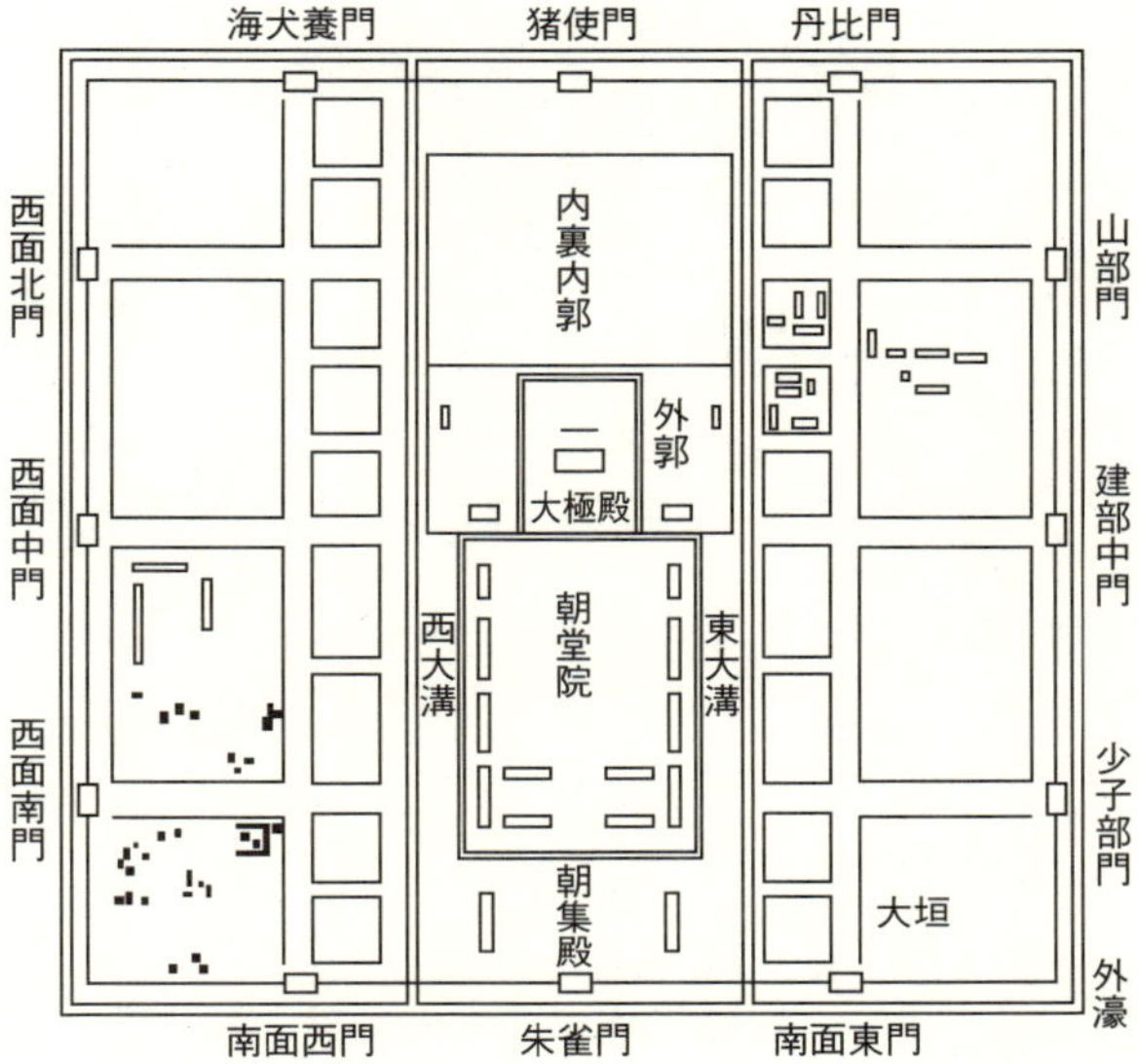


**藤原宮**　約1キロ四方。面積約100ヘクタール。甲子園球場の約25倍の広さをもつ。

都であり、持統・文武・元明三代の天皇の都となった。朝堂院《ちょうどういん》の正殿としての大極殿《だいごくでん》・内裏《だいり》・朝堂院を大垣で囲む本格的な宮都が具体化したのである。その内裏からは石敷きの祭祀用の大型建物が見つかり、また「宮地の鎮祭」に対応する富本銭《ふほんせん》と水晶の入った鎮めものの壺も見つかっている。

## ■画期としての天武・持統朝——古代精神の成熟

さらに天武・持統朝を特色づけるのは、柿本人麻呂・高市黒人をはじめとする万葉歌人の登場と活躍である。『万葉集』における時期区分の第二期は天武・持統朝を中心とする時代に相当する。前述したが、平成十八年（二〇〇六）の十月十二日、大阪市の難波宮《なにわのみや》跡から「皮留久佐乃皮斯米之刀斯《はるくさのはじめのとし》」のウタ木簡《もっかん》が出土した（27頁参照）。全長一八・五センチ、幅二・六五センチで十一文字であったが、一首分（三十一文字）が書かれていたとすれば、下の欠損部分を加えると全長四十九センチ以上となる。歌会などで使われた木簡の可能性もあるが、倭歌がこうした万葉仮名の使用によって全盛期を迎える第一歩

**南から見た藤原宮大極殿院南門**（奈良文化財研究所提供）

はやはり天武・持統朝の時代であった。

いわゆる乙巳《いっし》の変《へん》（六四五年）のクーデターで蘇我《そが》本宗家を倒した大化の新政府の誕生、あるいは斉明朝における大土木工事や六五九年の遣唐使が、蝦夷《えみし》をともなって朝貢し、蝦夷が「歳毎に本国の朝（倭国の朝廷）に入貢」と奏進したような日本版中華思想の誇示。さらには、六六三年の白村江《はくすきのえ》の戦いにおける大敗北をうけての六六七年の近江（滋賀県）大津遷都（この遷都の背景には、大津が東海・東山・北陸への要地であったばかりでなく、北陸の越《こし》からの高句麗使節渡来のコースにあたっており、高句麗を意識した要素があったと考えられる）と近江朝廷における漢語・漢文学の「詞人間出」（『懐風藻』序）など、孝徳・斉明・天智朝の文化にも注目すべき状況がある。けれども、壬申の乱（六七二年）に勝利して、実力で即位した天武天皇の治世およびその意志を発展的に継承した持統朝との間には、そのおもむきを大きく異にする様相が色濃い。

乙巳の変によって蘇我蝦夷《そがのえみし》・入鹿《いるか》の本宗家は滅びたが、稲目《いなめ》→倉山田石《くらやまだのいし》川麻呂《かわまろ》の系統は本宗家滅亡後も重きをなし、たとえば石川麻呂の弟の蘇我赤兄《あかえ》は、天智朝の右大臣となっていた。飛鳥文化における蘇我氏の役割は大きいが、天武・持統朝以降においては蘇我氏は全く無力となったのはいかにも象徴的である。

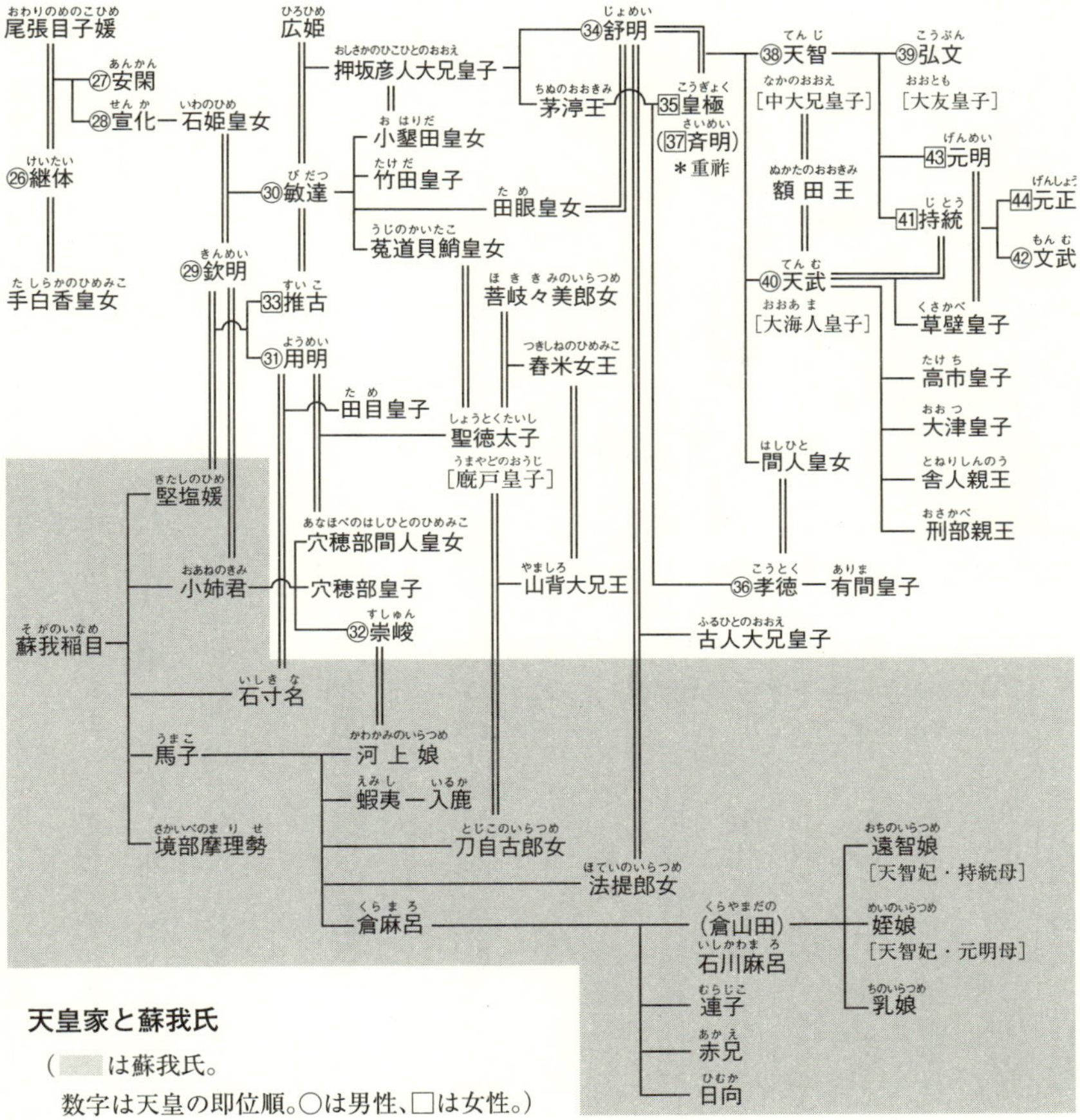


**天皇家と蘇我氏**

（　　は蘇我氏。
数字は天皇の即位順。○は男性、□は女性。）

持統称制二年（六八八）の天武天皇の殯宮《もがりのみや》で楯節舞《たてふしのまい》が奏されているが、この楯節舞は『東大寺要録』が明記するように楯伏舞である。楯を伏せて服属するいくさ舞が、天武天皇の殯宮で奏されたのもいわれあってのことであった。

天武・持統朝は古代国家が律令国家としてスタートする時代であり、古代的精神が成熟した時代であった。その古代的精神がその後の歴史と文化のなかに受け継がれて、展開してゆくのである。

慶応四年（一八六八）の九月八日、年号が明治に改められ、

※65 **廃藩置県**（はいはんちけん） 明治新政府が、全国にあった江戸時代の大名の藩を廃して府県に統一したこと。

明治四年（一八七一）の七月十日に廃藩置県《はいはんちけん》※65が断行されて、日本の近代は中央集権体制として出発したが、その後の百三十年あまりの歴史と文化の歩みのみで、日本国の文化の全体を論じる見解もあるが、そのような考えはあまりにも近視眼的である。少なくとも千年紀を基準として、日本文化における古代的精神を見きわめたい。

## 日本文化成立にみる白鳳時代名への疑問

なお、私は白鳳《はくほう》という時代名への疑問を日頃から抱いているので、その点を最後に述べてこの章を終えたい。

天武・持統朝を中心とする時代は白鳳時代とよばれ、その文化は白鳳文化と称される場合が多い。そもそも白鳳時代とか白鳳文化という名称は、主として美術史の分野で使われてきた。そしていわゆる飛鳥文化と天平文化との中間の時代とみなされてきた。具体的には六七二年の壬申の乱から七一〇年の平城遷都までの時代をさすのが通例である。したがって、前述してきた天武・持統朝を中心とする時代は白鳳時代・白鳳文化に属することになる。

**天武天皇像**（奈良市・薬師寺蔵） 薬師寺は天武９年（680）、天武天皇の勅願によって、皇后（のちの持統天皇）の病気平癒《へいゆ》を祈って建立が始まった。本像は、鎌倉時代につくられた木造彫刻である。

## ■白鳳時代の提唱はいつごろからか

ところで白鳳時代・白鳳文化という名称は、いったいいつごろ・だれが提唱するようになったのであろうか。明治のなかごろ伊東忠太《いとうちゅうた》※66や高山樗牛《たかやまちょぎゅう》※67などは、推古・天智・天平という時代区分を用いていたが、明治末年になると関野貞《せきのただす》※68は推古・寧楽《なら》前期・寧楽後期という時代区分を使った。

このような時代区分を大きく変えたのは、明治四十三年（一九一〇）の日英博覧会であった。そのおりに日本の美術品も出展されることになり、東洋美術史の研究者であった中川忠順《ただより》が中心となって日本の美術を紹介する『国宝帖』をまとめた。そこで使われたのが、飛鳥・白鳳・奈良・貞観《じょうがん》という時代区分であった。大正に入ってからは白鳳という時代名を用いる美術史の研究者が多くなり、昭和になると飛鳥・白鳳・天平の時代名が一般化した。

## ■時代内容のあいまいさ

しかし現在においても、白鳳時代とか白鳳文化の内容は必ずしも一致しているわけではない。たとえば『図説日本文化史大系　2　飛鳥時代』（小学館）では、「美術史でいう白鳳時代とは大化改新（六四五年）から、元明天皇の七一〇年（和銅三）の平城

※66　**伊東忠太**（いとうちゅうた）［一八六七～一九五四］建築家。山形県生まれ。はじめて法隆寺の建築学的研究を発表し、建築史の研究に寄与した。

※67　**高山樗牛**（たかやまちょぎゅう）［一八七一～一九〇二］小説家・評論家。山形県生まれ。歴史小説『滝口入道』を発表。日本主義を掲げてキリスト教や仏教と対立したが、のちニーチェの哲学思想を讃美した。

※68　**関野貞**（せきのただす）［一八六七～一九三五］建築史家・美術史家。新潟県生まれ。法隆寺非再建論を発表し、喜田貞吉《きたさだきち》（59頁注参照）との間に法隆寺論争を展開したことで有名。

**天武・持統天皇陵**（明日香村） 夫婦の合葬陵として名高い。天武は686年9月に没し、持統2年（688）11月、現陵の檜隈《ひのくま》大内陵に葬られた。天武の皇后である持統は大宝2年（702）12月に没し、飛鳥岡に火葬し、天武の大内陵に合葬された（→199頁）。

遷都までをいうのが普通であるが、さらにこの期間は、壬申の乱をさかいにして、前期と後期に分けられるようである」として、前期は「ほとんど、普通の概説書では、飛鳥時代のなかに含んで考えられている」とする。

ところが『国史大辞典』（吉川弘文館）では、白鳳文化を「飛鳥文化と天平文化との中間に位置する時期の文化」としながらも、「白鳳文化は天平文化成熟への過渡的性格が強く、白鳳様式の代表とされてきた薬師寺美術などの所属時期をめぐる難問を避ける上で、白鳳と天平とを一括して奈良文化とする区分法のあるのも、それなりの意味がある」と述べる。

実際に『大百科辞典』（平凡社）のように「奈良時代美術」のなかに「白鳳美術」を入れて記述しているような例もある。

## ■「白鳳」時代名への疑問

そもそも、「白鳳」という年号の存在を史実として認めうるのであろうか。その初見は神亀元年（七二四）十月一日の聖武天皇の詔に、「白鳳より以来、朱雀より以前、年代玄遠にして、尋問明《あきら》め難《がた》し」とみえるのがそれである（『続日本紀』）。そして天平宝字六年（七六二）のころに成書化した。先述（76頁参照）の藤原仲麻呂がまとめた『家伝』（上）（『藤原鎌足伝』）に「白

※69　**白雉**（はくち）　長門《ながと》国（山口県）から白雉を献じたのにちなんで、六五〇年の二月十五日、大化を白雉に改元した。

鳳五年」とか「同十六年」とかとみえている。

この詔にいう「白鳳」が孝徳朝の白雉《はくち》※69であり、「朱雀」が天武朝の朱雀であって、神亀元年の十月の詔で、白雉を白鳳としたのは、白雉が中瑞、白鳳が大瑞であることにもとづく。坂本太郎博士の考察のとおり（「白鳳朱雀年代考」、『日本古代史の基礎的研究』下所収、東京大学出版会、一九六四年）、実際に得た亀は白亀であったが、白亀を祥瑞《しょうずい》とする例はなく、大瑞の神亀に改元したのと対応する。朱鳥を朱雀に転換しているのも同様であり、中国では朱鳥は星宿南宮の名称であり、朱鳥が朱雀ともよばれていたので、朱鳥の朱雀への転換は容易であった。その後、平安時代に入って村上・円融《えんゆう》朝から使用され、堀河・鳥羽《とば》朝のころから流布するようになった。

坂本太郎博士の指摘のとおり、「白鳳」・「朱雀」は確かな年号として使われた形跡は全くない。それなのに、白鳳時代という時代名あるいは白鳳文化という美術史ないし文化史の時代の文化名として使用するのは説得力に乏しい。

ましてや推古朝を中心とする前後の百年を飛鳥時代、その文化を飛鳥文化と位置づけながら、他方では六四五年から六七二年の時期を飛鳥時代のなかに含んで叙述するという曖昧さや、六六三年から七一〇年までを白鳳文化あるいは白鳳時代としながら、奈良時代あるいは天平文化に含めて概説するという矛盾も見逃すわけにはいかない。

## ■天武・持統朝にふさわしい時代名

天武・持統朝を主軸とする律令体制の仕組みは、大宝元年（七〇一）の「大宝律令」の完成に結実したが、飛鳥浄御原宮から藤原京の時代は、「日本国」と「天皇」が明確に具体化した時代であり、大和飛鳥の渡来文化を前提としながらも、倭風の文化が具象した、いうならば「和魂漢才」の日本文化が成立した時代であった。白鳳時代とか白鳳文化という非歴史的な名称よりも、より適切な時代名や文化名が必要ではないか。新たな時代名の設定が望まれる。

こうした観点からも、日本文化の成立をうながした天武・持統朝をいま以上に再評価すべきであろう。

鼎談

# 日本文化は天武・持統朝に成立したのか

話者◉上田正昭（京都大学名誉教授）

山折哲雄（国際日本文化研究センター名誉教授）

王　維坤（西北大学教授）

司会◉小橋弘之（日本経済新聞編集委員）

**小橋**　それでは、始めさせていただきます。今回「新・古代史検証　日本国の誕生」シリーズの出版にあたりまして、企画と全体のご監修、そして実際に第5巻『倭国から日本国へ―画期の天武・持統朝』を執筆いただきました上田正昭先生から、ご発言をお願いします。まず、今回のご著書につきましての論点及び問題意識等、お話しいただければと思います。

**上田**　私がなぜ歴史学を志したかという話から入ったほうが、読者の皆様にも、わかりやすいのではないかと思いますので、そこから簡潔にお話しさせていただきます。

## ●なぜ歴史学を志したか

**上田**　私は昭和二年（一九二七）生まれなのですが、中学校二年生の時に担任の先生のお宅へ遊びに参りましたら、書斎に津田左右吉《つだそうきち》博士の発禁の『古事記及び日本書紀の新研究』があったんですね。「あれ、これが発禁本か」と思って、先生に「貸して下さい」と頼むと、先生は大変慌てられたのですが、それを無理に貸していただいて、家に帰って読みました。詳しくはあとでわかったのですが、昭和十五年（一九四〇）の二月に、津田博士の著作である『古事記及び日本書紀の新研究』・『神代史の研究』・『古事記及び日本書紀の研究』・『日

**鼎談の様子**（京都市にて）

本上代史研究』・『上代日本の社会及び思想』は発売禁止になっており、三月には出版法違反で起訴されていました。わけもわからずに読んだのですが、学校で習っている歴史と違いますので「学問とはこういうものか」ということを実感したのが、歴史研究に入るスタートだったのではないかと思っております。

その後、京都府亀岡《かめおか》市の曽我部町（当時は南桑田郡曽我部村）穴太《あなお》の宮垣内に鎮座する延喜式内社《えんぎしきないしゃ》の、小《お》幡《ばた》神社の社家を継ぐことになりました。上田家の系図によると、私で三十三代目ということになっています。そのため、神職の資格を早く取る必要が出てきまして、京都國學院を経て、國學院大学の専門部へ入りました。昭和十九年（一九四四）の春です。当時國學院大学には、折口信夫《おりくちしのぶ》先生、武田祐吉《たけだゆうきち》先生、金田一京助《きんだいちきょうすけ》先生をはじめ、錚々《そうそう》たる先生方がおいでになりました。特に昭和十九年から昭和二十二年（一九四七）まで、折口先生の講義を受けたのが、その後の私の学問に大きな影響を与えたのではないかとふり返っています。

上田正昭

その後、昭和二十二年の四月から、当時は旧制の京都帝国大学ですが、京大に入学しまして、本格的に古代史の勉強をするようになったわけです。

私の第一論文集は、『日本古代国家成立史の研究』ですが、その第一論文集の「あとがき」に「第二次世界大戦の最中に大学に入り、戦後の混乱期に学窓を出た自分としては、日本歴史の研究にたち向かう場合に、どうしても天皇制の問題をさけて論文を書くことはできなかった。戦火に傷つきまた斃れてゆく悲惨な学友の姿を身近に体験したわたくしは、日本の破局を血のにじむような思いでみつめていたが、青年学徒は唱導される国体の本義に殉ずべきであると考えてみたり、果たしてそれが『青年学徒』の生くべき道であるのかと疑ってみたりして、いつも焦慮と不安にかられていた。それは戦争中のいつわらぬみずからの姿である」と書いています。

戦争中の青年学徒として「いかに日本の国体を護持すべきか」という当時のスローガンに疑問を抱きながら、友人が次々に招集され、亡くなっていく状況の中で敗戦を迎え、天皇制とは一体どうしてできたのかということを私なりに考究して、卒業論文のテーマにしました。

これが「古代氏族系譜の形成過程」という論文になります。六七二年の壬申《じんしん》の乱によって大海人皇子《おおあまのみこ》（天《てん》武《む》天皇）が皇位を簒奪して即位し、「大王《おおきみ》は神にしませば」と『万葉集』にも謳われるようになるわけですが、この壬申の乱と『古事記』・『日本書紀』の氏族の系譜が、非常に深い関係をもっていることを考察したのが、この卒業論文です。

小橋弘之

当時の京都大学の読史会では卒業論文の発表会を行っておりまして、卒論を提出したあと、どういう卒論を出したのか、発表をする集いがあったんですね。これは研究室だけではなく、広く公開しており、当時立命館大学の教授であった北山茂夫先生が傍聴に来ておられまして、私の発表を聞いて、「大変いい研究だから、岩波書店の『文学』に書いてはどうか」と言っていただきました。私の卒論がかなり早く活字になったのは岩波の『文学』です。それが「天武朝の政治と文学」でした。それ以来、日本の歴史と文化を東アジアの関わりの中で考えてまいりましたけれども、中心の研究分野は古代の日本と東アジア史の研究です。

このたび文英堂の『新・古代史検証　日本国の誕生』の企画がありまして、奇《く》しくも壬申の乱を契機に成立した天武・持統《じとう》朝を中心とする考えをまとめましたので、山折・王両先生から多様なご意見を頂いて、今後の研究に生かすことができればと思っています。

**小橋**　上田先生から『日本国の誕生—画期の天武・持統朝』をまとめられる前提となる歴史学へのプロセスを簡略にお話しいただき、ありがとうございました。

引き続きまして、このご著書で先生がいくつかの論点を提示されていますが、そのことをご説明いただいたうえで、両先生の見解をお伺いできればと思います。

## ●「帰化人」と「渡来人」

**上田**　私は一九六〇年代から、日本の歴史を考える際には、東アジアあるいは東南アジアとのつながりを抜きに考えることはできないと考えておりまして、昭和四十年（一九六五）の六月に中央公論社の新書で『帰化《きか》人《じん》』という本を公にしました。この「帰化」とは一体どういう意味か。「帰化」は中国の中華思想から具体化してくる用語ですが、中華の国に夷狄《いてき》とされた人々が「欽化内帰」するという言葉の略語ですね。したがって、中国の古典には『漢書《かんじょ》』・『後漢書《ごかんじょ》』をはじめとして、中華という言葉がさかんに出てきます。これを日本の七世紀後半から八世紀の律令国家体制を造り上げた当時の有力者たちが日本に適用しました。私は「日本版中華思想」と呼んでいるのですが、古代日本の法令である『大宝令』・『養老令』にも「帰化」という用語が出てまいりますし、『日本書紀』には「帰化」という用語が十二ヵ所、一ヵ所は「化帰」――ですが、合わせますと十三ヵ所。その十例は全て朝鮮半島から渡ってきた人々で、中国から渡ってきた人には使っていないんですね。それから、屋久島《やくしま》――世界自然遺産で有名になりました、縄文杉の屋久島――この「掖玖《やく》人」にも、二例使っています。その他の一般的用語が一例です。そして日本国内に対しては、東北の蝦夷《えみし》、九州南部の隼人《はやと》たちを夷狄《いてき》としています。いわゆる「日本版中華思想」ですね。したがって、『日本書紀』や『続日本紀』のなかにみえる「中国」の用例のなかには、明らかに中華の国日本を意味しての用例があります。例えば『日本書紀』の雄略天皇七年是歳の条の「中国」や、『続日本紀』の文武天皇三年（六六九）七月の条の「度感島中国に通ふこと、是に始まる」の「中国」がそうです。また日本を「華夏」、その地を「華土」と表記した例もあります。

ところが『古事記』や『風土記』には「渡来」という言葉はありますけれども、「帰化」という用語は一つもないんですね。そこで私は「帰化」と「渡来」とでは意味する内容が違うという点を指摘しました。この『帰化人』を書くまでの先輩の歴史学者や考古学者が、例えば朝鮮半島系の遺跡が見つかりますと、「帰化人の遺跡」などと無限定に呼んでいるのはおかしいじゃないかと思いまして、「渡来」という用語を使ったわけです。つまり、『大宝令』や『養老令』の「帰化」でも「戸貫に附す」、「籍貫に附す」をメルクマールにしていますが、戸籍ができて、戸籍に登録されて、本拠を定めた人は、正に「帰化人」ですけれども、統一国家ができない時代、戸籍のない時代に「帰化人」はありえないのでは？　ということで、「渡来」という用語を使ったわけです。

今では「渡来人」とか「渡来文化」の用語がマスコミはじめ広く使われておりますが、最初にそのことを指摘したおりは、かなりの反対がありました。日本の古代文化には、朝鮮半島や中国大陸などから渡ってきた皆さん、並びにその子孫の人々が、単なる影響というよりも、古代の歴史や文化を担って活躍していることは、この著書をはじめとして多くの論著に書きまとめてきたとおりです。

## ●紫式部と「大和魂」

**上田**　平成二〇年（二〇〇八）は、源氏物語千年紀でした。『紫式部《むらさきしきぶ》日記』の寛弘《かんこう》五年（一〇〇八）十一月一日の条に『源氏物語』のことが書かれております。世間では誤解して「源氏物語ができ上がってから千年」と思っている方もあるようですが、そうではなくて、『源氏物語』がいつできたのかはまだはっきりわかりませんが、『源氏物語』が存在したことがわかる年……一〇〇八年から数えて千年ということですね。その『源氏物語』の「乙女《おとめ》の巻」に、光源氏《ひかるげんじ》と葵《あおい》の上《うえ》の間にできた夕霧《ゆうぎり》の学問のありようを巡って、紫式部が「才《ざえ》を本《もと》としてこそ、大和魂《やまとだましい》の世に用ひらるる方《かた》も強ふはべらめ」と書いています。私は学生時代にその箇所を読んで大変感動しました。紫式部が「才」といっているのは「漢才」……具体的には漢詩・漢文ですね。漢詩・漢文学をベースにしてこそ「大和魂」が世の中に強く作用してゆくというわけです。「大和魂」という漢字の熟語を確実に使っている最初の人は紫式部だと思います。鎌倉時代の初めにまとめられた、菅原道真《すがわらのみちざね》の『菅家遺誡《かんけいかい》』には、菅原道真が言い残した戒《いまし》めとして「和魂漢才《わこんかんさい》」ということばがありますけれども、確実に大和魂の用字を使っている最初の人は、私の知る限りでは紫式部だと考えています。この場合の「大和魂」は日本人としての教養や判断力を意味しているのですけれども。漢才を本としてこそ、日本人の素養や判断力はますます世の中に強く働くと、日本文化のありようを明言しています。したがって京都大学に在職しておりますときに、よく外国の研究者が研究室へお見えになって「先生、日本文化を簡単に言うとどういうものでしょう?」なんて質問があると、すぐに『源氏物語』の「乙女の巻」を引用して、これです、と答えるようにしておりました。

幕末・維新《いしん》期には佐久間象山《さくましょうざん》をはじめとして、「和魂洋才」ということがいわれるようになります。和魂がどっかへいっちゃって、洋魂洋才の世の中になっているわけですね。漢才や洋才はもちろん大事です。今はまた、和魂だけを強調すると、悪しきナショナリズムになりますけれども、和魂がすっかりどこかへ消え去って、洋魂洋才になっているのは、嘆かわしいことだと思っています。

そこで、「和魂漢才」に象徴される日本文化のありようについてまず書きまして、そして日本文化は一体いつ成立したのか? ということを私なりに論究したのが、今度の本の中心テーマになっています。

## ●内藤史学と京都学派

**上田**　京都大学の学問はよく「京都学派」といわれるわけですが、この京都学派という言葉を最初に使ったのは、中国の郭沫若《かくまつじゃく》先生ですね。朝日新聞の記者で、非常に優れた研究をしておられた内藤虎次郎《ないとうとらじろう》（湖南《こなん》）先生を京都大学が迎え、明治四十二年（一九〇九）には教授になられますが、内藤東洋史学が東大の東洋史学と違う異色な学問なので、内藤史学を京都学派と呼ばれたわけです。その内藤先生が「日本文化は室町の応仁《おうにん》の乱の後に成立する、日本の歴史や文化は応仁の乱以降さえ学べばわかる」ということをおっしゃった……これは有名な言葉ですね。この説は内藤先生の『日本文化史研究』にまとめられています。

特に京都の歴史を考えるときに室町時代を抜かすわけにはいかない。平成元年（一九八九）に平安神宮の三《さん》條實春《じょうさねはる》宮司さんから時代祭の考証委員の委嘱を受けました。私の前は京都大学法学部日本法制史の猪熊兼繁《いのくまかねしげ》先生がやっておられて、兼繁先生が亡くなってから十年ばかり考証委員がなかったところへ私に白羽の矢が立って、お受けすることになったんです。時代祭というけれども室町時代がないんですね。時代祭といえば、維新勤王隊から平安時代まで倒叙風《とうじょふう》の行列をするわけですが、室町時代が欠落している。これでは時代祭といえないわけです。装束・甲冑・輿など、すべて本物ですから、室町幕府の将軍の甲冑を作ると一着が二千万円くらいかかるということでですね。お金の問題もありまして、いつの日かに作っていただくということで考証委員を引き受けました。それから十九年、平成十九年（二〇〇七）の十月二十二日に、やっと約八十人の室町時代行列が時代祭に加わることになりました。現在は時代祭の考証委員長をつとめています。

室町時代は京都の歴史と文化にとって重要ですが、応仁・文明《ぶんめい》の大乱以後だけで日本文化を論ずるわけにはいかない。それ以前の、文永《ぶんえい》・弘安《こうあん》の役《えき》——いわゆる元寇《げんこう》で国家意識が非常に高まります。日本宗教史によれば、反本地垂迹《ほんちすいじゃく》説、つまり神本仏迹という思想が高まるのも元寇の役《えき》以降です。また、鎌倉新仏教の影響もありました。それから、国風文化とも申しますが、十・十一世紀の文化を重視する説もあります。「国風文化」というけれども、その内実は決して日本独自の文化だけで十世紀、十一世紀の文化ができてきたというわけではなくて、「国風文化」という言い方がよいのかどうか、私は大変疑問を抱いています。清少納言《せいしょうなごん》の『枕草子《まくらのそうし》』や、紫式部の『源氏物語』に象徴されるようないわゆる王朝文化を中心とする文化ですね、それも大事ですけれども。やはり日本文化の成立を考える上での出発点として重要なのは天武・持統朝ではないかと強く実感しています。

## ●天武・持統朝と白鳳文化

**上田**　美術史の方では、飛鳥《あすか》文化に次ぐ白鳳《はくほう》文化――六七二年の壬申《じんしん》の乱から七一〇年の平城遷都《へいじょう》までの時代を白鳳文化と呼んでおりますが、このいわゆる白鳳文化の時代を改めて注目する必要がある。もっとも「白鳳」という年号は、孝徳《こうとく》朝の年号の白雉《はくち》を大瑞の「白鳳」に改めた神亀《じんき》元年（七二四）十月の聖武《しょうむ》天皇の詔にもとづく、実在の年号ではないので、この時代名には疑問がありますけれども……。

①日本という国号が確実に使われるようになるのは天武・持統朝なんですね。ですから「日本国」の文化は、天武・持統朝の段階に成立するわけで、古墳《こふん》文化やいわゆる飛鳥文化の時代の文化は倭国《わこく》の文化の段階です。天皇という称号が明確に使われるのも天武朝の頃からです。奈良県明日香村の飛鳥池遺跡出土の木簡《もっかん》に書かれた「天皇」によって認めざるを得ない。

②それから『古事記』成立の出発点は、やはり天武朝。『古事記』は天武天皇の稗田阿礼《ひえだのあれ》への「勅語」か

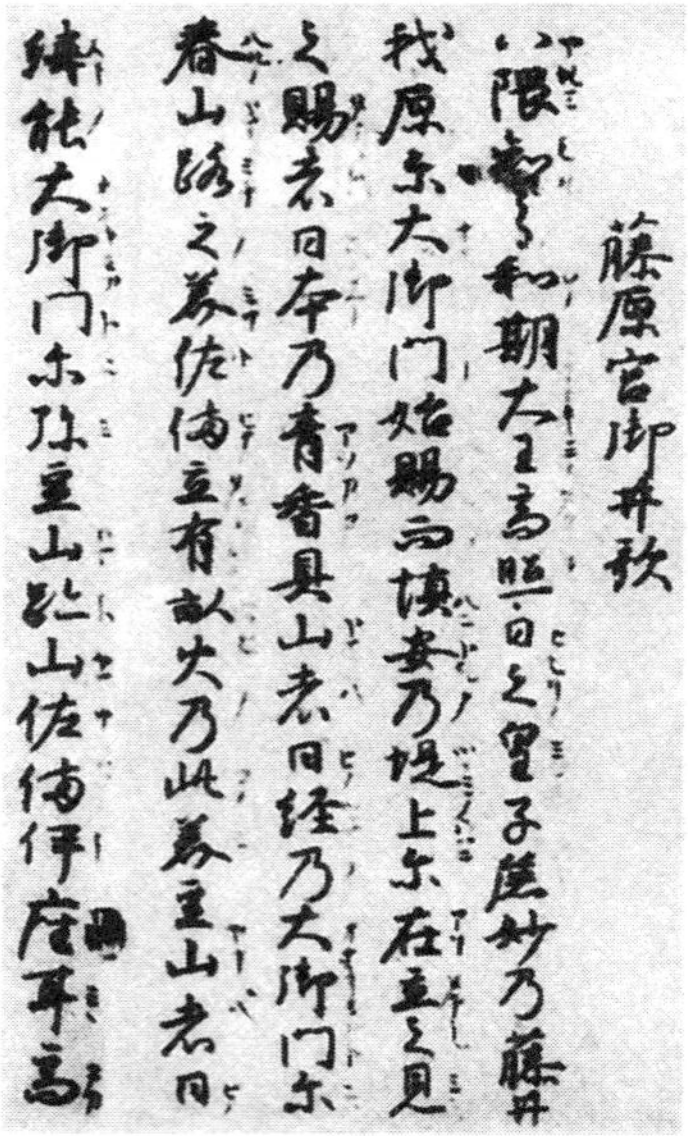

**『万葉集』にみられる「藤原宮」の表記**
（巻1-52の「藤原宮の御井《みい》の歌」より）

ら始まります。天武天皇十年（六八一）の三月には「帝紀《ていき》及び上古《じょうこ》諸事」の記定がなされます。

③そして、天武朝の富本銭《ふほんせん》がわが国最初の貨幣だという報道がよくされますが、これは間違いで、日本の貨幣で一番古いのは無文銀銭《むもんぎんせん》です。これが天智朝に使われていたことは、大津（滋賀県）の崇福寺《そうふくじ》の塔の心礎から無文銀銭が出ているのをみてもわかります。天武天皇が銅銭を造れという詔を天武十二年（六八三）四月に出しますけれども、その詔には今まで使っている銀銭は使うな、銅銭《あかがね》を使えと述べられています。富本銭は、そのおりのわが国最初の〝銅貨〟なんですね。

「富本」という言葉は、中国の古典、例えば『漢書』の「食貨志《しょくかし》」に「食足り貨通じて、国富み民富む」とあり、唐の『芸文類聚《げいもんるいじゅう》』に後漢の名将馬援《ばえん》が光武帝《こうぶてい》に、「富民の本は食貨にあり」と進言したことがみえています。私はこれを富本思想と呼んでおりますが、この富本思想は、霊亀《れいき》元年（七一五）十月の元明天皇の詔にも「国家の隆泰の要は民を富ますにあり、富民の本は務めも貨食による」と述べられています。

④天武天皇は宗教の面においても天《あま》つ社《やしろ》、国《くに》つ社《やしろ》という社格を初めて定めた天皇ですし、国家が行う大《おお》祓《はらえ》も天武朝に始まりました。それから飛鳥浄御原令《あすかきよみはらりょう》ができるのは天武朝で、施行されたのが持統朝です。そして、伊勢神宮の二十年ごとの式年遷宮《しきねんせんぐう》も持統天皇四年、六九〇年からです。平成二十五年で六十二回を迎えます。大嘗祭《だいじょうさい》が始まるのも持統天皇五年ですね。これらは天武天皇の「宿願」にもとづいています。

⑤それから仏教で申しますと例えば、奈良県明日香村の飛鳥寺が、政府の経営する官寺になる。あるいは百済大寺が大官大寺になるのも天武朝というように、宗教史からみても、天武朝は大いに注目されます。天武朝には日本的美意識のいわゆる、「浄」の美意識が非常に強くなり、次の時代まで影響を及ぼします。飛鳥《あすか》

浄御原宮《きよみはらのみや》という、宮居《みやい》の名称に浄を付けているのも天武天皇の宮居だけですね。

⑥ さらに位階制。天武天皇十四年正月には四十八階位を設定しますが、その上位は明く浄く、正しく直くという「明・浄・正・直」です。後の日本のモラルの基礎になるような徳目が、親王や官人の位に付けられています。

⑦ そして高天原《たかまがはら》を中心にする神統意識。「大王は神にしませば」・「皇は神にしませば」と歌われる天皇神観が具体化するのも天武・持統朝です。明日香村のキトラ古墳や高松塚も広い意味では、白鳳文化の時期です。キトラ古墳の朱雀《すざく》は、朝鮮や中国の壁画古墳の朱雀とはかなり異なって躍動的です。キトラ古墳の十二支像は獣面人身——顔は獣、体は人間で、手に武器を持っている。中国の例を調べてみますと、北斉《ほくせい》の婁睿《ろうえい》墓は六世紀ですが、十二支像が描かれていますけれども、これは獣の姿で人身ではなく、手に武器なども持っていない。隋の時代、十二支の俑《よう》はありますけれども、武器は持っていません。あのような十二支像を描いているのは今のところキトラ古墳が古い。その天文図も詳細で世界最古ですね。高松塚の人物像——特に女性像などの髪型とその描き方は、大和絵のさきがけと言ってよいような要素もあります。つまりキトラ古墳や高松塚には、中国・朝鮮の影響が非常に強いですけれども、同時に独自文化のきざしが見出されることにも注目したいと思います。またこれは王さんの専門分野ですが、わが国最初の条坊《じょうぼう》制に基づく都の藤原京が造営されるのは持統朝です。しかし、その前提は天武朝にあります。

⑧ また美術史の方でも、飛鳥文化の仏像と白鳳文化の仏像を比較すると、飛鳥はどちらかというと中国風ですが、いわゆる白鳳の時期になると、例えば桜井市の山田寺の仏頭《ぶっとう》とか、奈良市西ノ京の薬師寺の薬師如来、

日光・月光菩薩・聖観音像とか、極めてリアルで日本風の美意識が反映されている。

このように、日本文化のスタートとして、天武・持統朝を改めて評価する必要があります。飛鳥浄御原令から大宝律令へという律令国家の成立期もこの時代です。いろんな意味で天武・持統朝の文化を再発見する必要があるということを中心にまとめました。

**小橋**　ありがとうございました。上田先生は、「日本」の国号、「天皇」という称号、それから「富本銭」という最初の銅貨。さらに日本人の美意識、条坊制の出発点、及び律令体制のスタート地点——という多くの点から、天武・持統朝の時代を重視され、その時代を再評価する必要があるのではないか、というお話しでございました。その点につきまして、同調される部分、ご確認されたい部分などがおありでしたら、両先生にお願いしたいと思っております。

**北斉墓の人物像**（6世紀、中国・山西省太原市郊外）　高松塚の人物像とよく似て、面長に描く。

まず、山折先生からお願いしてよろしいでしょうか？

**山折**　ただいま上田先生から、日本国家の成立、日本文化のスタートラインをどのあたりに置いたらいいかという問題が出されました。それに対する政治経済、芸術文化……さまざまな分野からですね、いろんな動きの証拠をお出しになって、結局天武・持統朝のあたり、その両朝を含む白鳳文化全体の中で、そういう動きが出はじめたのではないかと、大変興味のあるご指摘がありました。私も全体としてはそのお考えに共感も致しますし、そういう観点からの組織立った議論をこれからやっていかなければならないんだろうと思いました。

そういう考え方がこれまで歴史学界の中でどの程度主張されていたのか、あるいは主張されていなかったのか、そういうことは私にはよくわからないんですけれども、その辺のことについてはまた後ほど先生から伺いたいと思っております。ただそういうことを前提にいたしまして、私が率直に感じましたこと、私が今考えている問題意識、それらからどういうふうにそれを受け止めたらいいのかということを反省しながらですね、ちょっとコメントをさせていただきたいと思います。

## ●明治維新と無血革命

**山折**　実は、日本文化の性格とか、日本の国家のあり方について、それが独自な個性を発揮しはじめるのはいつかという問題を考える場合、いつも私が原点に戻って考えておりますのが、明治維新《いしん》の問題なんですね。

山折哲雄

明治維新はよく近代革命の一つといわれている。言ってみれば、非常に人間の犠牲が少ない、無血革命に近い革命だったと思う。その点では世界の歴史の中でも奇跡に近い革命だったのではないかと思っておりました し、またそういうことをおっしゃる人が内外の歴史家の中においでになるんですね。あまり日本国内の歴史学者でそういうことを強調して言う人は少ないんですけれども。

例えば、イギリスの歴史家トインビーが、戦後日本にやって参りまして、京都においでになって、京都大学人文科学研究所の先生方と共同研究をしたり、対話を重ねたりしている。その時の記録を、私はまだ学生時代だったのですが読んで、非常に強い印象を受けたことがあります。そのときトインビーは中国史の専門家である貝塚茂樹《かいづかしげき》さんと対話をしたのですが、その時にトインビーが、明治維新は無血革命といってもいいものだったが、どうしてそんなことが可能だったのか？　原因はなんだろう？　と疑問を出した。もちろん戊辰《ぼしん》戦役（一八六八〜六九）から西南《せいなん》戦役（一八七七）までかなりの人間が死んでおるわけですから、完全に無血というわけではありません。しかしフランス革命（一七八九〜九九）やロシア革命（一九一七）に比べたら、流血の惨事が量質ともに、非常に少なかった。そこから、無血革命ということを言っていたと思います。

なぜそんな革命が実現可能だったのか？　ということで、トインビーの意見では「それは仏教の影響だろう」と言っていた。ところがこれに対して貝塚さんは「いやそれは儒教だよ」と。トインビーの場合には非暴力――アヒンサーの思想（生き物に対する不殺生・非暴力・同情。特にインドのジャイナ教の重んじる徳目）背景を考えていたのでしょう。貝塚さんはそれに対して、具体的にはあまりおっしゃらなかったんですけれども、禅譲《ぜんじょう》の精神とか、武士道の問題を念頭に置いていたのではないかと思います。それで仏教だ、儒教だ、ということで論争になったのですが、そのまま平行線をたどってその対談は終わってしまったんですけれどもね。私はそれを言うならば、神道のことも考えなければならないし、神道と仏教、儒教との相関の関係、習合の関係なども、前提にしなければいけないのではないのか？　と思いました。

それから半世紀たちまして、アメリカで二〇〇一年の9・11のテロ事件が発生しました。その直前、アメリカ・ハーバード大学のハンチントン教授が「文明の衝突」という論文を書いて、それが世界的に大きな衝撃を与えた。二十一世紀は文明の衝突の世紀であると。今日の世界には七つないしは八つの文明圏があると言って、その中で高度に発達した文明のひとつとして「日本文明」がある、といっているんですね。他の六つないし七つの文明は複数の言語や民族を含む集合的な性格の文明です。地域も複合的に重なっている。けれども日本だけが、単一の民族と国家にもとづく独自の文明を作り出していると、高い評価を与えている。

そのハンチントンが9・11テロ事件の直後に日本にやってきて、東京で講演をしているのですが、その講演会の中で、明治無血革命の問題を提出したのです。その無血性という点で不思議な革命であると。それが果たして革命であったのかどうかという問題は、明治以降、歴史学の分野でいろいろと議論はあったわけですけれども、ともかく血を流さずにこれだけの近代的な改革を成し遂げたということは、世界の歴史の中でも珍しいのではないかという。

しかしそのハンチントン教授は、日本がなぜそのような「革命」を実現することができたのか、それを歴史的に論証する議論をほとんどしていなかったと思いますね。それについてはトインビーも取り上げてはいなかった。それではわが国では一体どうだったのか。わが国の歴史学の研究は、それをどのように考え、論じてきたのか。調べてみると、どうもそうした無血革命の「意味」というものを議論している歴史学者はほとんどいなかった、皆無といってもいいかもしれません。

トインビーが問題提起をして約半世紀の後、同じ問題提起をハンチントンがやった。しかしその半世紀の間、日本の歴史学というのはこの問題をほとんど取り上げていなかった。私が調べた限りでは、ほとんどなかったといっていい。それで今、やはりこの問題をやらないといけないのではないかと思っているんです。それでこの問題を考えていくためには、やはり明治無血革命が実現される、その以前の日本の歴史を、そういう観点から少し振り返ってみることが必要だろうとね。そこから問題も見えてくるかもしれない。

## ●平安・江戸時代の平和の時期

**山折**　真っ先に現れてきたのが平安時代三五〇年の平和です。非常に長い平和の時代が続いた。ついで江戸二五〇年の長い平和の時期が続く。とにかくこの三五〇年と二五〇年という、長期に渡る平和の時代がわが国の歴史の中で二度も実現され

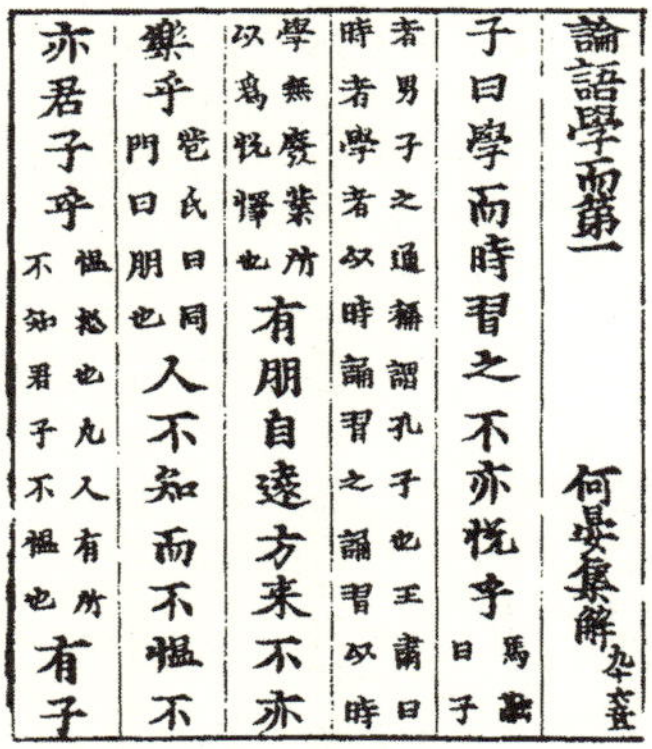
論語學而第一　何晏集解
子曰學而時習之不亦悦乎 馬融曰子者男子之通稱謂孔子也王肅曰時者學者以時誦習之誦習以時學無廢業所以為悦懌也 有朋自遠方來不亦樂乎 包氏曰同門曰朋也 人不知而不慍不亦君子乎 慍怒也凡人有所不知君子不慍也 有子

**南北朝時代の正平19年（1364）、日本で最初に刊行された『論語』**　日本人は古くから中国の古典を受け入れてきた（→89頁）。

ているということに、私は立ち止まってみたわけです。

そういうケースは他の世界史を見渡して存在するだろうかと思うと、ヨーロッパには全くありません。中国にもない、インドにもない。そうすると、そういう長期にわたる平和を実現した日本国家、日本文明を考えることは、つまり日本の文明の特色を考える、あるいは日本国家の成り立ちを考えるために非常に重要なことではないのかというふうに、漠然と思うようになりました。

平安時代の三五〇年というと、平安遷都から保元《ほうげん》、平治《へいじ》の合戦（一一五六、一一五九年）の時代の辺りまでですか、あの時代までほぼ三五〇年のあいだ、王朝政権が続いているわけです。そしてその間に今日の象徴天皇制の原型のようなもの、その基礎が固まっています。つぎに、江戸時代の二五〇年は、いわば完璧な平和の時代だったといっていい。もちろん歴史学者の中には、「平安時代は平和な時代といっても、近畿一円だけの話だ」という人がいる。「地方においては戦乱・反乱がしばしば発生しているではないか」とおっしゃる。その通りではあるけれども、律令体制を維持した王朝政権そのもの、その屋台骨そのものは微動だにしていない。ここはやはり凄いところではないかと思っているんですね。

ではなぜ、そんなことが可能だったのかと考えると、おそらく、いろんな原因があったわけです。私一人の力ではとてもとても解明できない政治上の問題もありますし、軍事上の問題もあります。周囲を海に囲まれているという地政学上の問題もある。しかしそういう重層的な要因を考慮した上で、私が最終的に仮説としたいと思うのは、根本のところで国家と宗教の相性―調和が非常によく取れていたということではないか。これが、非常に重要な要因ではないかと思う。その基盤の上に政治経済や軍事上のさまざまな問題が積み重なって、あの平和な時代を実現することができたのではないか、こう考えてみたわけです。

では、その国家と宗教の調和の関係とは何か、それを具体的にいうと、どういう問題があるのか、ということになりますが、その一つが神仏共存の関係ができ上がっていたということです。この神仏共存の関係というのが、朝廷のレベルから一般庶民のレベルまで浸透しはじめるのが十世紀前後ではないかと思うのです。この十世紀というのは律令体制がその時期にクライマックスに達するとか、いや崩壊過程にはいるのだと、歴史学では色々議論があるようですが、ともかくその時期に国家と宗教が非常に調和の取れた体制ができ上がりはじめていた。

## ●日本文化のスタートラインは平安初期か

**山折** そして二番目がやはり、象徴天皇制といいますか、その原型になる基礎が固まっていたということですね。私は戦後の昭和二十年以降の象徴天皇制の原型のようなものが大体この平安時代にはでき上がっていたのではないかと思っている。具体的にいうと……藤原良房《よしふさ》政権が成立して以降の摂関《せっかん》体制のあたりですね。象徴天皇制の構造的な意味を解く鍵がそこに横たわっていると思っております。その二つの事柄が非常に重要じゃないかと。象徴天皇制の原型と、神仏共存の体制ですね。こういうことを前提にしたとき、日本国家の始まり、日本文化のスタートラインをどの辺に置いたらいいのかと考えると、自然に平安の初期になると思うんです。それ以前の奈良時代……つまり天武・持統の時期はもちろん、聖武天皇から始まる国家の黎明期というのは、要するにまだ助走的な時代だったのではないかと。自然にそういう位置づけになってしまうんです。上田先生のおっしゃったように天武・持統朝という時点を重視するのは、それ自体私も賛成をするんですけれども、本格的に日本国家がいつ形成されたのかとか、日本文化がいつ始まるのかということになると、やはり平安時代に入ってくるのではないのかと思っているわけです。奈良時代はやはりそういう点で非常に不安定な時代であったし、文化や芸術が花開きましたけれども、それはどちらかというとインターナショナルな中国文明の傘の下で、ユーラシア大陸のさまざまな文化の洗礼を受けて、まだ自立できていない時代だったような気がします。先ほどおっしゃった「渡来人」の働きも非常に大きかったのではないか。

そういうわけで、私は一部先生のお考えに賛成しながら、細かくいうと、私の考えでは日本的な文明、日本的な文化、政治体制ができ上がってくるのは、やはり平安時代に入ってからではないか、と、そういうふうにお話しを伺いながら考えたのですね。

**小橋**　どうも、ありがとうございました。山折先生からは、天武・持統朝は日本的な文化、政治体制ができる助走期。そして、本格完成は、平安時代だろう。現在の象徴天皇制、国家と宗教との調和、そういった日本の国家の体制が固まったのは平安時代ではないかというご指摘をいただきました。

## ●白鳳文化とは

**上田**　山折さんからは、大変貴重なご意見を頂きました。

歴史学者が白鳳《はくほう》文化をどういうふうに考えているかという質問について申しますと、いわゆる白鳳文化という時期区分は、美術史の側からの提唱ですね。調べてみますと、明治四十三年（一九一〇）の日英博覧会のおりに初めて使われた時代名です。歴史学では飛鳥時代を前期と後期に区分して、推古《すいこ》朝を中心とする時代を前期、天武・持統朝を中心とする時代を後期とみなす見方が多いですね。しかし天武・持統朝は前期の単なる延長ではありません。そして白鳳文化については、飛鳥文化・天平文化の中間の時代、過渡期というとらえ方が多いですね。しかし、白鳳文化はもっと積極的に評価すべきだと考えています。例えば文学史上における白鳳の文化の時期は、倭歌《やまとうた》（和歌）の形式が整う時期、『万葉集』の時期区分では第二期に当たっています。柿本人麻呂《かきのもとのひとまろ》などが活躍する時期ですね。

白鳳文化というのは美術史の側からの命名でしたが、私は天武・持統朝を中心とする時代については、新しい時代名をつける必要があるのではないかと考えています。「日本国」という国家意識は、六六〇年（斉明《さいめい》天皇六年）の百済《くだら》の滅亡、そして六六三年の白村江《はくすきのえ》における唐・新羅《しらぎ》の連合軍との戦いにおける倭国の軍勢の大敗北、あるいは六七二年の大海人皇子《おおあまのみこ》（天武天皇）による皇権の簒奪戦争といってよい壬申《じんしん》の乱を媒介に高まりますが、そのような国家意識の前提には斉明朝における「中華思想」があります。斉明天皇五年（六五九）の遣唐使は蝦夷《えみし》を唐王朝に貢献していますが、それは倭国は東夷の中の「中華」であって、国内に夷狄《いてき》が存在することを誇示したのだと思います。そして、この遣唐使が十一月の中国皇帝による郊祀に参加しているのも軽視できません。斉明朝には大和飛鳥で大土木工事を行いますが、これもそうした国家観と深くかかわっています。私は、天武・持統朝の前史は斉明朝にあると考えています。

## ●「国譲り」の思想

上田　それから日本文化の問題を考える際に、明治維新が非常に重要ということについては全く同感です。無血革命と言われるのは……戊辰《ぼしん》戦争もありますし、会津《あいづ》戦争や函館《はこだて》の五稜郭《ごりょうかく》の戦いなどもありますけれども、やはり象徴的なのは江戸城の明け渡しですね。これにはいろいろな理由があります。一つはイギリスの公使パークスが、江戸が戦場になると横浜貿易に影響が出ると考えて、幕府側の勝海舟《かつかいしゅう》にも、薩摩《さつま》の西郷隆盛《さいごうたかもり》にも明け渡しをすべきだと進言した。横浜が混乱に巻き込まれるのは避けたいという強力なアドバイスです。そこには軍事力を背景に提言している動向もありました。それから百姓一揆《いっき》や打ちこわしが相次いで起こっている。あるいは天璋院篤姫《てんしょういんあつひめ》や和宮《かずのみや》などの陰の努力もある。そういう背景もありましたが、やはり西郷隆盛と勝海舟が最終的に明け渡しに合意する。私はこれは「国譲り《くにゆず》」の気質に由来すると思っています。

　国譲りは日本の神話の特色のひとつですね、日本神話には〝武力によって相手を倒す〟という闘争神話が欠如している。「ことむけやわす（言向和平）」です。「ことむけ」は普通には「言葉をもって相手を説得する」と解釈していますけれども、これは日本語の解釈としてはおかしい。「餞《はなむけ》」とは「馬の鼻を向ける」ことに由来するというように、服属の言葉を相手に奏す。これが「ことむけ」ですね。出雲国造《いずものくにのみやつこ》が就任すると朝廷で「神賀詞《かんよごと》」を奏する。言語行為によって平定が実現する。山折さんのおっしゃる無血革命ですね。この国譲りの思想は日本の文化のベースにずっとあるのではないか。対決ではなくて、自然に順応し、自然に調和し、そして人間同士だけではなくて、神と共に生きるという、対決型ではなく順応型ですね。

これは神仏の問題についても指摘できる。宗教間の宗教論争はありますけれど、宗教戦争は皆無ですね。織田信長が一向宗《いっこう》を弾圧するとか、寛永十四〜十五年（一六三七〜三八）の島原の乱に見られるように、徳川幕府がキリシタンを弾圧するというようなことはありますが、宗教戦争はない。これは日本思想のベースになる「順応型」というか「調和型」というかそういう姿勢が根本にあるのではないか。明治維新の研究者は江戸城明け渡しの背景の研究はしておりますけれどね、その本質についてはほとんど触れていない。

そして、江戸時代は、例えば島原の乱では、総勢三万七千の反乱軍を十二万余の軍勢で鎮圧するというような大反乱があり、また天保八年（一八三七）の大塩平八郎《おおしおへいはちろう》の乱などもあって、必ずしも平和な時代とはいえませんが、平安時代はおっしゃる通り、大変重要な平和の時代だった。そして特に、平安時代は大同五年（八一〇）から保元元年（一一五六）まで死刑がないんですね。大同五年の藤原薬子《くすこ》の変《へん》のおりに死刑を執行しなかった。これを「大同の例」と呼んで受け継いでいます。三四〇年を越える期間、死刑執行をしていない。こんな国は、他に例がない。これは注目すべき史実です。そして神仏の共存とバランスの関わる点について言及されたのですが、この神仏の習合というシンクレティズム（重層信仰）は、仏教受容の当初からみられるのではないでしょうか。

## ●平安・明治維新での天武・持統朝体制の歴史的意義

**上田**　例えば『日本書紀』の敏達《びたつ》天皇十四年（五八五）条には、「仏神」と書いています。また『元興寺縁起《がんごうじえんぎ》』には「他国神」と書いていますね。あるいは『日本霊異記《りょういき》』は「隣国の客神」と表記するような習合が、仏教受容の段階からある。折口信夫先生のいわゆるマレビトの信仰ですね。シンクレティズム、まさに重層の信仰です。そしてそれは社僧や神前読経《しんぜんどきょう》、また神宮寺《じんぐうじ》へと展開する。そして平安時代には、特に本地垂迹《ほんちすいじゃく》説という形で具体化してくる。そうした神も仏もの信仰と国家の結合も、そのスタートはやはり、天武・持統朝の頃からです。

天武天皇の宗教の中には神道もあれば、仏教もあれば道教もありますね、天武天皇を神と仰ぐ信仰には道教の神仙思想が重なっている。天武天皇の諡《おくりな》の「天渟中原瀛真人天皇《あまのぬなはらおきのまひとすめらみこと》」のなかに「瀛真人《おきのまひと》」がありますが、その瀛は道教でいう三神山のひとつの瀛洲山《えんしゅうざん》に由来し、真人は八色《やくさ》の姓《かばね》のひとつになりますが、道教では悟りを得た神仙です。こういう多様性も考えておく必要がある。

明治維新は慶応三年（一八六七）の十二月に王制復古の大号令が出るのですが、その中で、「諸事神武天皇創業の古に基づき」、つまり神武天皇の大和・橿原宮《かしはらのみや》の即位のおりの代をモデルにすると言っていますけれども、『古事記』や『日本書紀』、その他の文献を見てもいわゆる神武天皇の代の政治の組織は何も書いていないので、実際にモデルにしたのは天武・持統朝にでき上がった律令体制です。ですから二官六省がスタートします。神祇官がまず先にきて、つぎに太政官、そして八省ではなく六省ができます。あの体制のモデルは天武・持統朝に始まる律令体制がモデルになっています。未だに外務大臣とか総理大臣などと、いわゆる大臣《おとど》の名称がそのままに受け継がれているのも面白い。

象徴天皇制の問題についても言われましたけれども、太上天皇、つまり上皇ですね。これの最初の上皇は持統女帝ですね。皇位は文武天皇に譲って、実権は持統女帝が掌握する。これが平安のいわゆる院政のプロローグになります。そういう点からも天武・持統朝の歴史的意義は大きい。上皇・天皇・公家そして社寺と武力などとのバランスの前提になるきざしも見出すことができます。
そして、ハンチントンの「文明の衝突」に言及されましたが、ハンチントンも七世紀に注目していますね。日本という称号がいつ生まれるかという点にも言及している。具体的な証明は全くしていないのですけれども。今のお話しを聞きながら思い起こしました。

**小橋**　ありがとうございました。明治維新の無血革命の根底には、国譲りの思想の影響もあるのではないかというご指摘。そして、天武・持統朝のスタートラインとされる時期については山折先生とご意見は同じくされているけれども、上田先生はより天武・持統朝を重視される立場かなというふうにお聞きいたしました。
それでは、続いて王先生にお願いいたします。王先生には日本の読者にとっては少し難しいお話しになるかとも思いますが、現在の中国の考古学者としてのお立場から最新成果をご報告いただければと思います。

## ●中国の都城制と陵墓制―日本の古代都城との関わり―

**王**　私は、西北《せいほく》大学で日本の古代都城と主に三国時代から隋・唐時代までの中日の古代交流史を中心として、研究をしております。上田先生のご研究に触れながら、また今の中国の最新諸研究を紹介したいと思います。まず、日本の古代都城について述べましょう。
私は、後でも述べますが、持統天皇の藤原京の模倣原型は、隋・唐の長安城と思っています。奈良の平城京の直接的な模倣原型も隋・唐の長安城であったと考えられます。しかし、日本都城制の源流を検討すれば、平城京は中国の都城制の影響以外に、少なくとも天武天皇のあとをうけて造営された持統朝の藤原京と深い関係があるに相違ないと思います。

[日本古代都城の原型にせまる三つの説]

日本の古代都城の模倣原型については、中日の学界では、二〇世紀の初めから比較研究が始まりました。今に至るまで、百年以上の学術論争の歴史をもち、主に三つの学説が存在しています。

① 第一の説は、実際には明治四十年（一九〇七）に関野貞《せきのただす》先生が提案された学説です。関野先生は中国の隋・唐時代の都であった長安城・洛陽城と日本の平城京を比較されて、長安城のほうが日本の都城のモデルとなった可能性が高い、という学説を提案されました。つまり、関野先生の学説は一言で言えば、平城京のモデルは隋・唐の洛陽城ではなく、隋・唐の長安城であったということです。

② 次に、北京大学教授で中国のトップの考古学者である私の指導教官宿白《しゅくはく》先生は第二の学説を提案されました。宿白先生の論文が『考古』一九七八年第六期に掲載されています。その論文は「隋唐の長安城と洛陽城」です。宿白先生の学説が関野貞先生と異なるところは、日本の平城京のモデルは、隋・唐の長安城だけではなく、洛陽城も含まれていたということです。具体的に言いますと、平城京のモデルは長安城と洛陽城の両方の優れたところを混ぜて模倣した都であったという学説です。関野先生と異なるところは、洛陽城も含むということです。宿白先生の論文に対して、多くの中国の研究者は賛成しています。

私にとっては、幸いなことに、北京大学の宿白先生のもとで一九七七年九月から七九年七月まで研究生

王維坤

として二年間「三国両晋南北朝考古学」と「隋唐考古学」を勉強させていただいたことです。今これを思い出しますと、本当に懐かしいですね。その時期は、大学でお金を払わないという「市場計画経済」の時期でした。つまり、私は二年間北京大学で勉強した時、西北大学と北京大学は姉妹学校ですから、部屋代・電気代・水道代や指導費を含む学費など、お金を払わなかったのです。特にお話ししたいことは、宿白先生が他の興味もなく勉強ばかりしている私にものすごく親切にしてくださって、毎週木曜日の夜には七時から九時まで私一人を相手にご指導をしてくださったということです。いまでは、そういうチャンスと熱心な先生は少ないでしょう。いま、私自身でも、そういうふうに学生に指導することができません。ですから、私は宿白先生から学ぶことが大変多かったと思います。その当時、教えてくださった『旧唐書《くとうじょ》』・『新唐書《しんとうじょ》』・『資治通鑑《しじつがん》』などの書物の読み方と研究方法は、私の一生の「教育宝物」になったと言えます。

今では、私はこの書物の読み方と研究方法を私の教え子に伝授しています。

③　三つ目に昭和六十一年（一九八六）に亡くなられましたが、京大名誉教授で、奈良県立橿原考古学研究所の所長もつとめられた岸俊男《きしとしお》先生からも、新しい第三の学説が提案されました。岸先生は、考古学の専門家ではなく、日本古代史の専門です。岸先生の説は、第一の学説、第二の学説と比べれば随分異なりますね。岸先生の研究によりますと、日本の平城京と藤原京の都城のモデル

はいずれも隋・唐時代の都ではなく、ずっとそれ以前の三世紀から六世紀までの三国両晋・南北朝時代の都が日本の都城のモデルであった、というふうに考えられています。

特に日本の都城の藤原京と平城京との間の関係には、岸先生の研究によれば、両者とも非常に密接な関係があります。岸先生の言葉で言いますと、「藤原京は、実際に平城京の原型であり、後者はただ前者が場所を移動し、面積を拡大したものにすぎない」ということです。ここで注目に値するのは、岸先生のこの新しい説が成り立つかどうか、なぜそのようになるかは別として、岸先生がよく工夫を重ねられてこのように研究されたことです。

岸先生の学説の問題については、平成九年（一九九七）以来、藤原京域の東側と西側が発掘されるに従って京域が広がり、岸先生の学説がだんだん弱くなりました。すなわち、藤原京の面積は、岸先生の復元の範囲よりも広くなることが解りました。このように藤原京が広くなると両者の関係が変わることになりました。

今の考古学資料から分析すれば、少なくとも藤原京と平城京との面積の狭い広いという岸先生の平城京・藤原京比較対照図に見られる学説のような関係は、なかなか成り立ちにくいと思います。

そこで、中国の都城と陵墓との制度について、少し細かくなりますが次に紹介します。

# 中国の都城制と陵墓制にはどのような特色があるのか

## ■都城プランを表す象形文字

中国の都城のプランを表す一番古い象形文字は「或」という文字から始まりました。「或」という文字は、三つの部分からなった象形文字です。つまり、左側の「口」の部分は国を表します。「口」の下の「一」の部分は人を表します。右側の部分は、兵器に属する「戈《か》」のことを表します。「或」の意味は、すなわち人の手で兵器を持って国を守っているということを表しました。また、中国の古代都城のプランから言いますと、『孟子《もうし》・公孫丑《こうそんちゅう》』に曰《いわ》く「三里《さんり》の城《じょう》、七里《しちり》の郭《かく》」とあり、その図のプランを書きますと、「回」という字の形になります。この「回」の真ん中の「口」の部分は、いわゆる「城」で、「宮城」を表し、「回」の外側にあるいわゆる「郭」の「口」の部分は、「郭（廓）城」（羅城《らじょう》とも言う）を表したのです。郭城は、日本では中国と同じように、「羅城」ともいいます。そのために、奈良の平城京の南正門は、「羅城門」と呼ばれていたわけです。

さらに、内城（宮城）と外郭（郭城）を代表する「回」というプランを分析すれば、郭城の城壁を登りますと、一周の城壁の上に城門楼が造営されていたことが見えます。一九五〇年代に河南《かなん》省鄭州《ていしゅう》で、商《しょう》代前期の青銅の戈（図1）が出土し、象形文字がみられました（唐蘭《とうらん》「従河南鄭州出土的商代前期青銅器談起」『文物』一九七三年七期）。

この文字を拡大しますと、図2の文字になるでしょう。それに四面にある「三角形」

**図1　河南省鄭州市出土の商代前期の青銅戈**
（唐蘭「従河南鄭州出土的商代前期青銅器談起」『文物』1973年7期より）

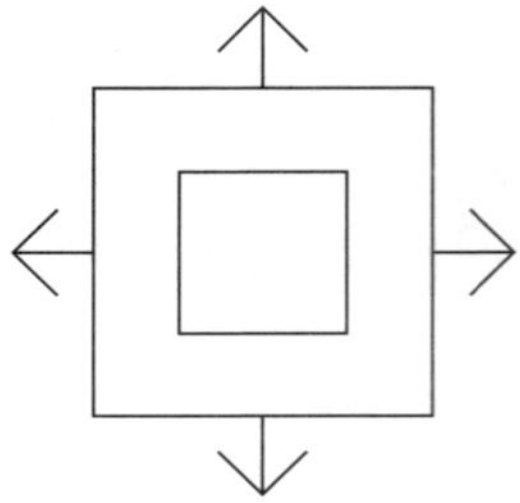

図2 「郭」字

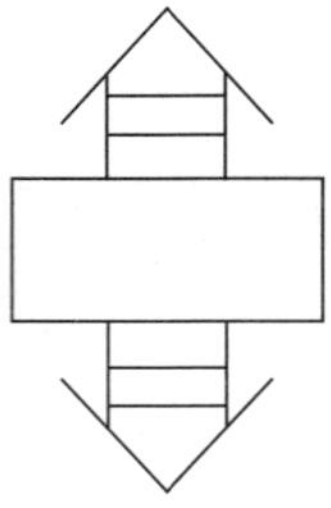

図3 「城」字

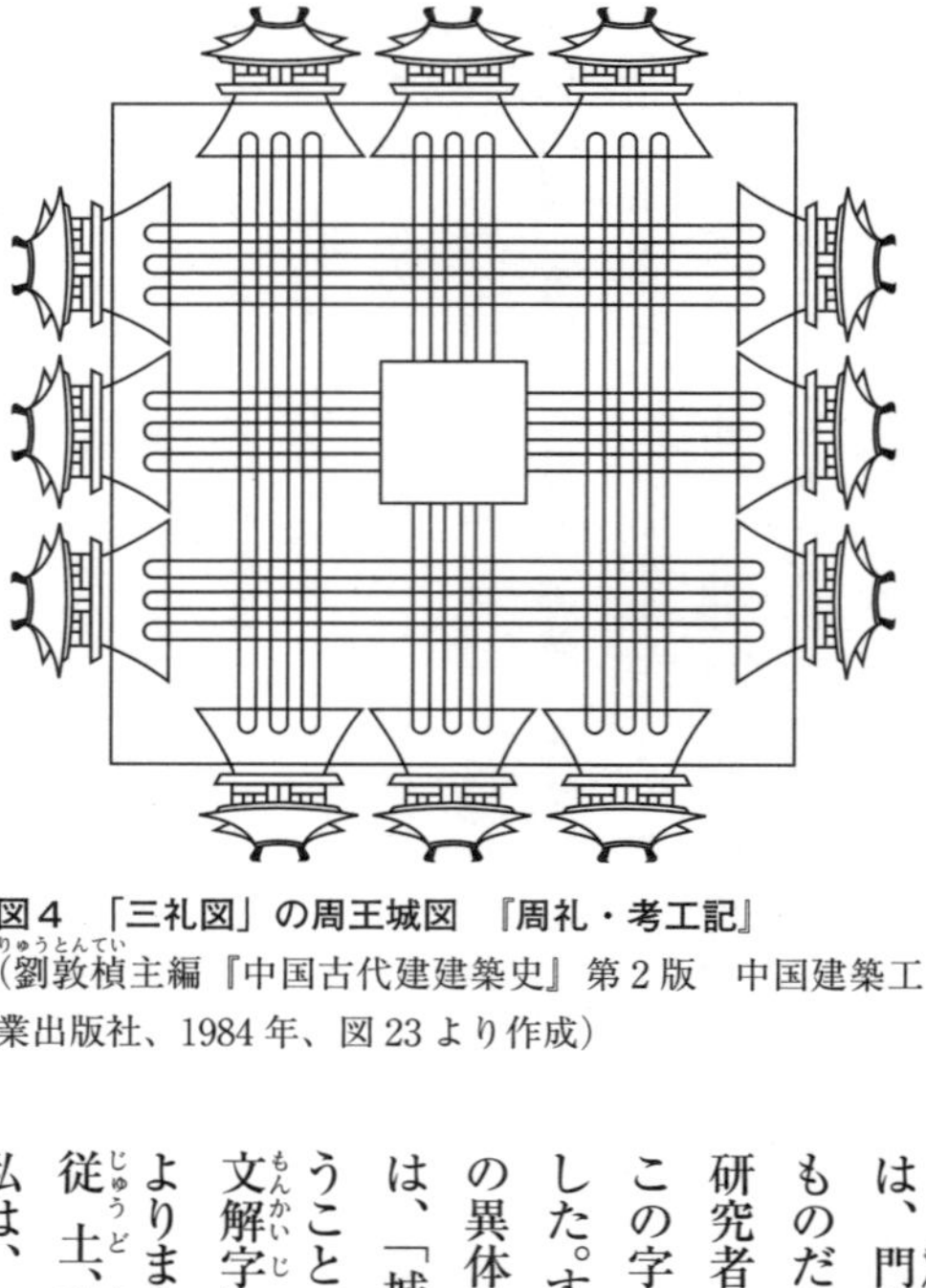

図4 「三礼図」の周王城図 『周礼・考工記』
（劉敦楨《りゅうとんてい》主編『中国古代建建築史』第2版 中国建築工業出版社、1984年、図23より作成）

は、門楼《もんろう》の屋根を表したものだと思います。文字研究者である唐蘭先生は、この字を「鄘《よう》」と考えました。すなわち、「墉《よう》」字の異体字です。その意味は、「城壁」を表すということです。許慎《きょしん》の『説《せつ》文解字《もんかいじ》』巻十四の記載によりますと、「墉、城垣《しろがき》也。従《じゅう》土《ど》、庸声《ようせい》」とあります。私は、この字は「墉」よりもむしろ「郭」と解釈した方がよいと思います。何故かと言いますと、この図4を見ると、その字の意味がわかるでしょう。

中国の「城」という字は、甲骨文《こうこつもん》と金石文《きんせきぶん》（青銅器等の文字）では図3のように書きました。この文字は、図2の文字と非常に似ていますが、まったく同じとは言えません。一番異なるのは、真ん中の部分です。つまり、中にある小さい枠は「内城」（宮城とも呼ぶ）を表し、外にある大きな枠は「外郭」（羅城とも呼ぶ）を表しています。このプランは、ありのままに早期の「城」「郭」（図4）という原始状態を示したと言えます。中国考古学の発掘資料から見ますと、古代の都城制は、大体このように正方形のプランです。

## ■漢代の都城平面図と皇帝陵

ところで私が一番気になるのは、前漢時代の皇帝陵が、なぜ地上の墳丘を「台形」（中国では「覆斗形《ふくとけい》」とも呼ぶ）と為し、地下の墓穴を正方形のプランと為したのか、という点です。この陵墓制度は前漢長安城のプランとかなり密接な関係があると思います。換言すれば、黄泉《よみ》の国へ行った皇帝に、生前の世界とまったく同じように暮らしてほしいという願いと信仰があるのでしょう。

また次に、漢代の都城の平面図と皇帝陵の正方形との間の特徴を話したいと思います。漢代の都城の平面図は正方形ばかりですが、皇帝陵の墳丘も正方形です。さらに言えば、地下の陵寝《りょうしん》（地宮《ちきゅう》）でも正方形の墓穴を造営したと言えます。そのうえ、王墓の墓穴は正方形に近いですね。皆さんがよくご存知なのは、馬王堆《まおうたい》墓の発見でしょう。一九七二年四月、中国湖南《こなん》省長沙《ちょうさ》市の東郊外約四キロの地点・馬王堆の台地から、二一〇〇年以上前の保存状態のよい女性の屍体《したい》が発掘されました。その女性の屍体はとても柔らかく、注射もできるほどでした。そして翌一九七三年十二月、第一号・二号に続き発掘された第三号漢墓より出土した、二十四種に上る多量の帛書《はくしょ》・木竹簡《もくちくかん》等の古文献によって、その後の古代中国史研究に計り知れぬほどの貴重な資料を提供してくれました。そのうえ、それらの少なからぬ部分が医学関係文献であったことは、伝承文献では漢代はおろか六朝《りくちょう》時代さえ正確に遡ることが困難であった中国医学の史的研究にとって、まさしく驚異的出来事だったと言えます。

## ■秦の始皇帝陵の発掘

同時に、一九七四年に陝西《せんせい》省臨潼《りんどう》県で地元の農民が井戸を掘ろうとした時、偶然に数多くの兵士の人形が発見されました。これは、秦《しん》の始皇帝《しこうてい》陵近くの遺構から出土したので、始皇帝陵の兵馬俑《へいばよう》だとわかりました。発見されてから後も、兵馬俑坑の発掘は続き、さらに新たな発見もなされるようになってきました。特に、二〇〇七年七月に陝西省考古研究院の段清波《だんせいは》研究員（現在、西北《せいほく》大学文博学院教授）は、高さ五〇メートルの秦の始皇帝陵の盛り土の下に、三〇メートルの高さの建築物が埋まっているのを発見しました。この建築物は陵墓の地下宮殿の上、盛り土の中にあり、墓穴を囲むような形で分布し、高さは、当時の地表から計算して約三〇メートルに及ぶ大きなものでした。厚さ六〜八センチに固められた土台もありました。この発見に関わって、司馬遷《しばせん》が『史記　秦始皇本紀』に後世の人々のために重要な文献資料を残していました。いわゆる「宮観《きゅうかん》・百官《ひゃくかん》・奇器珍怪《ききちんかい》を徙蔵《じゅうぞう》し、之《これ》を満す。匠《たくみ》に弩機《どき》の矢を作らしめ、（茎を）掘って近づく者あれば、輒《すなわち》之を殺す。水銀を以って百川《ひゃくせん》・江《こう》・河《か》・大海《たいかい》と為し、機械でそそぎ送り、上には天文を具《そな》え、下には地理を具え、人魚《にんぎょ》の膏《あぶら》を以て燭《ともしび》と為し、永久に消えないようにした」と言うことです。「水銀を以って百川・江・河・大海と為す」という川では、水銀の痕跡が確認されています。この遺跡から分析しますと、司馬遷の書いた記録を信頼すべきだと思います。

## ■都城制を模した皇帝陵

三国・両晋・南北朝から、都城の宮城の位置はだんだん北側へ移動しました。すなわち、宮城の位置は「回」の真ん中から、北側に移動しています。三国時代の魏《ぎ》の鄴北《ぎょうほく》城では、宮城の位置は北側の中央に固定されました。さらに、この時期の墓道の方向と都城の中軸線の方向と同じように、宮城と墓室が北側にもつくられ、南向きになっていくわけです。なぜ南向きを選択するのか、中国の文献の中で、何も記録は残されていませんが、私は、「南に向いて王を称する」という設計思想に基いて、造営したと思います。ですから、陵墓制は都城制を模倣しながら、造営したと考えています。つまり、地下の陵墓は地上の都城を模倣して建てられたものでしょう。

それから、五八一年になって中国の隋・唐時代を迎えました。翌年、龍首原《りゅうしゅげん》のところで新都の隋大興城《だいこうじょう》（唐で「長安城」と改名した）を造営しました。しかし、隋・唐時代の長安城は以前の都城のプランと比べれば、やはり異なります。例えば、大興城の宮城の前に初めて「皇城」という施設が登場しました。これは、皇帝が政務をさばく場所です（図5）。その目的は、里坊《りぼう》に住む人々を分けるためでしょう。しかし、都城の制度は陵墓の制度に対してかなり大きな

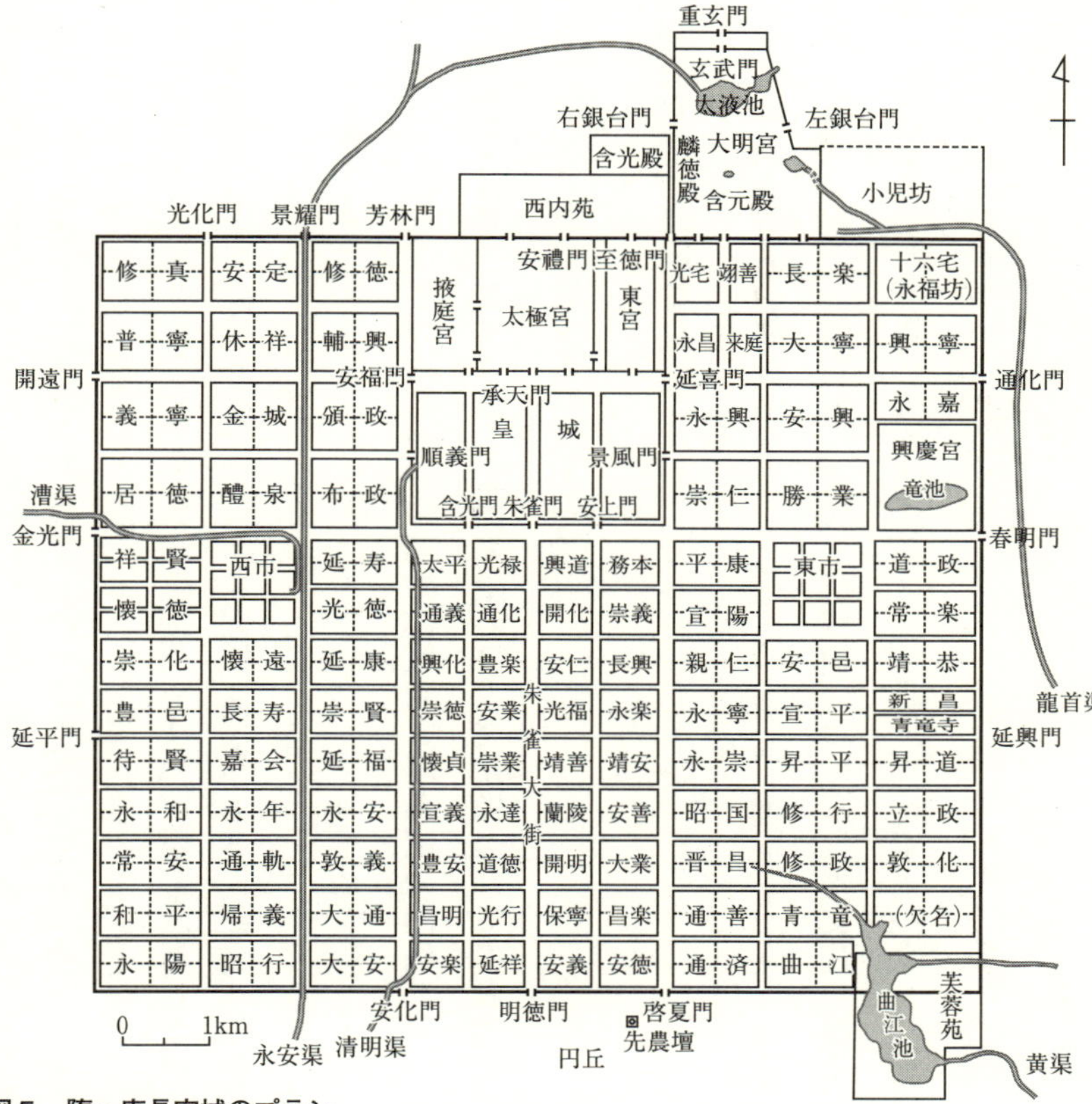


**図5　隋・唐長安城のプラン**

（王維坤著『中日の古代都城と文物交流の研究』朋友書店、1997年より作成）

影響を与えました。このため両者を比較研究しなければ、両者の間に存在する密接な関係を解明するのが不可能だと思います。

二〇〇三年九月から翌年三月まで、私は京都大学人文科学研究所の客員教授として招聘されました。その際、私は唐代の高宗《こうそう》と皇后の則天武后《そくてんぶこう》の陵である乾陵《けんりょうりょう》の陵寝《しん》（墓室）制度について論文を書きました。簡単に私の結論を言えば、発掘されていませんが、乾陵の墓室はたぶん隋・唐長安城の制度を模倣しながら、前室と後室という二つの墓室を造営したということです。前室とは長安城の「皇城」に相当し、後室とは長安城の「宮城」に相当するということを論証しました（王維坤「唐代乾陵陵寝制度的初歩研究」京都大学人文科学研究所『東方学報』第七七冊、二〇〇五年)。なぜなら、乾陵の陪葬墓《ばいそうぼ》は二つの墓室からなっていたからです。つまり、この陪葬墓とは発掘された則天武后の孫の懿徳太子《いとくたいし》墓と則天武后の孫女の永泰公主《えいたいこうしゅ》墓のことです。これらの墓はいずれも「号して墓を陵と為す」という類型に属する大墓です。そのうえ、両方とも前室と後室からなっていたわけです。この点から見ますと、皇帝陵はやはり都城制を模倣しながら、造営したのです。私の見たところでは皇帝生前の都城と死後の陵寝(墓室)との間に関係があるに相違ないと思います。

**小橋**　ありがとうございました。中国の都城制と陵墓制の関係について、明快に述べていただきました。王先生に改めてお聞きしますが、上田先生の日本文化についてのお考えに対して、先生の研究からアプローチできることは、他にもあるのでしょうか。

## ●「則天文字」と日本文化

**王**　私の関心のある研究テーマとしては、他に「則天文字《そくてんもじ》」、「和同開珎《わどうかいほう》」、「ソグド人と鳥葬」があります。これらは、今回の上田先生の天武・持統朝における日本文化の成立と、直接・間接的に関係しますので、やはり次に参考として述べておきましょう。まず、「則天文字」と「和同開珎」については、この後に、ざっと読んでいただければ、上田先生のお考えに対する私の見方をご理解いただけると思います。

# 「則天文字」はどのようにして日本で使用されたか

## ■遣唐使がもたらした「則天文字」

唐の高宗《こうそう》の皇后であり、一時即位して（六九〇～七〇五年）、国号を周《しゅう》と改めた則天武后《そくてんぶこう》がつくった文字である「則天造字《そくてんぞうじ》」と、日本における「則天文字」の受容について考えたいと思います。結論を先に言うと、日本の則天文字の出現率からみれば、則天造字は直接に武后《ぶこう》統治の影響を受けずに、中日の文化交流によって日本に伝わったことがわかりました。則天造字は武后の死とその政権がクーデターによって倒れ、神龍《しんりゅう》元年（七〇五）一月に使用停止の命令が出されました。例えば、七〇六年に改葬《かいそう》された章懐太子李賢《しょうかいたいしりけん》（武后の子）や懿徳太子李重潤《いとくたいしりじゅうじゅん》（武后の孫）あるいは永泰公主李仙蕙《えいたいこうしゅりせんけい》（武后の孫女）の墓誌に則天造字は一字も見られなかったのでした。

ところが、唐代にすでに使用停止の則天造字が、なぜか日本で流行しはじめていたのです。それは、おそらく七〇二年の第七回の遣唐使と密接な関係があると思います。当時までに武后の「唐を改めて周と為す」ことを知らない第七回の遣唐使にとっては、武周政権と則天造字は相当に魅力的なものであり、文献の記載もそれを証明しています。『続日本紀』巻三によりますと、「（文武天皇慶雲元年、七〇四年）秋七月甲申の朔、正四位下粟田朝臣真人《あわたのあそみまひと》、唐国より至る。初め唐に至りし時、人有り、来りて問ひて曰はく、『何処《いずこ》の使人《つかいびと》ぞ』といふ。答へて曰はく、『日本国の使なり』といふ。我が使、反《かえ》りて問ひて曰はく、『此は是れ何の州の界ぞ』といふ。答へて曰はく、『是は大周楚《だいしゅうそ》周塩城県《しゅうえんじょうけん》の界なり』といふ。更に問はく、『先には是れ大唐、今は大周と称《いわ》く。国号、何に縁りてか改め称《いい》くる』と問う。答へて曰はく、『永淳《えいじゅん》二年、天皇太帝（高宗）崩じたまひき、皇太后（則天武后）位に登り、称を聖神《せいしん》皇帝と号ひ、国を大周と号けり』といふ。問答略了《もんどうほぼおわ》りて、唐の人我が使に謂ひて曰はく、『丞《じょう》聞く、〃海の東に大倭国有り。

これを君子国と謂ふ。人民豊楽《ぶらく》にして、礼儀敦《あつ》く行はる〃ときく、今使人を看るに、儀容大《はなは》だ浄《きよ》し、豈《あに》信ならずや』といふ。語畢《かたりおわ》りて去りき」とあります。王勃《おうぼつ》の詩文集を含む多くの経典・教典・文物及び制度などは、則天武后時代の第七回の遣唐使によって、持統後の文武天皇時代の日本にもたらされた可能性が大きいでしょう。

■圀勝寺蔵の「則天文字」骨蔵器

ここで、もう一つの重要な「国宝」の例を上げたいと思います。これは岡山県小田《おだ》郡矢掛《やかげ》町圀勝寺《こくしょうじ》に収蔵されている下道朝臣圀勝《しもつみちのあそみくにかつ》・圀依《くにより》の母夫人《ははふじん》（吉備真備《きびのまきび》の祖母）の骨蔵器《こつぞうき》です。銅で鋳造したもので、蓋が付いています。蓋の表面には、

図6　圀勝寺蔵の下道朝臣圀勝・圀依母夫人骨蔵器蓋

次のような銘文が刻みつけられています（図6）。

［内側］　銘　下道圀勝弟圀依朝臣右二人母夫人之骨蔵器故知後人明不可移破

［外側］　以和銅元年歳次戊申十一月廿七日己酉成

この銘文の年号は元明天皇の年号で、和銅元年は西暦七〇八年です。注意すべきは、銘文中に則天文字が使われていた点です。それは「圀」だけで、しかも人名です。「人」「臣」「日」「月」「年」の五字は則天文字を使わなかったのです。衆知のように、日本の漢字はほとんど古代中国から直接に伝えられたものです。「国」字はその中でも一番良い例です。「国」とは、古く繁体字《はんたいじ》（旧字体）の「國」を書いていますが、現在使用している簡体字の「国」ではなく、ましてや則天文字の「圀」でもないと言えます。管見では、則天武后は前後して十八字を新たに造りまし

たが、そのうち、「圀」の字は証聖《しょうせい》元年（六九五年）四月から五月の期間に造った字だろうと思います。現在、考古学的に最古の実例は万歳登封《ばんざいとうふう》元年（六九六年）正月二七日の「楊昇《ようしょう》墓誌」に見られるものです。おそらく今後の発掘によって、これよりさかのぼる則天武后時期の墓誌が発見されるだろうと考えられます。注意すべきことは、自分の名前の「国」を「國」と書かずに、則天文字の「圀」を使う点です。これはたんに「国」一字の問題ではなく、本人並びにその家庭が則天武后期の文化の学習に熱心だったことと関係あるはずだと、私は思っています。

私は京都に滞在している二〇〇四年二月四日に、元同志社大学施設部長松浦靖先生や、圀勝寺総代渡辺捷平《しょうへい》先生のご好意を得て、吉備真備の故郷にある岡山県の圀勝寺において、「国宝」に指定されている吉備真備の祖母の骨蔵器を実見することができました。

## ■下道圀勝・圀依と第七次遣唐使

そこで、前述の銘文中の「下道圀勝」とその弟「圀依」の二人の名前には、なぜ「圀」という則天文字が使われていたのか。実際には「下道圀勝」は吉備真備の父親で、「圀依」は吉備真備の叔父で、骨蔵器は吉備真備の祖母のものでした。「圀勝」と「圀依」という二人の名前から推測しますと、彼らが遣唐使について長安あるいは洛陽に行った可能性を排除できないと思います。すなわち、彼ら兄弟の名前に「圀」が使用されているのは、則天武后の「武周」文化に密接な関係があります。同時に、長安あるいは洛陽に行った可能性を示すのか、あるいは長安か洛陽で改名したあとの名前である可能性があると思います。そうでなければ、兄弟が則天文字の「圀」を自分の名前としてみずからの母親の骨蔵器に刻むという行為は納得しにくいと思います。

さらに吉備真備が六九五年に出生したことから逆算してみますと、彼の父と叔父の出生年は六七五年前後でしょう。六六九年に、天智天皇が河内鯨《かわちのくじら》を大使とする第六次遣唐使を派遣した際、彼ら兄弟はまだ生まれていなかったでしょう。もしこの兄弟が長安に行ったとすれば、それは七〇二年の第七次遣唐使のほかには考えられないと思っています。その当時の年齢は二十七歳前後だったはずです。しかし六六九年以降、日中関係には新たな政治的危機が生じ、日本側では一方的に遣唐使の派遣を中断していたのです。七〇二年まで、三十三年もの間その中断は続いたことがわかりました。大宝二年（七〇二）に、文武天皇は両国の国交正常化を回復するために、粟田真人《あわたのまひと》を執節《しっせつ》使《し》、坂合部大分《さかあいべのおおきだ》を大使、巨勢邑治《こせのむらじ》を副使とする第七次遣唐使を組織して唐に赴かせ、再度文化交流の扉を開きました。ここで強調しておきたいのは、当時の「李唐《りとう》」（李氏の唐朝）政権はすでに「武周《ぶしゅう》」（武后の周朝）政権に改まっており、すべての権力を則天武后が握っていたのです。

なお、則天武后は大明宮麟徳殿《だいめいきゅうりんとくでん》で粟田真人のために宴をはったばかりでなく、彼にも司膳卿《しぜんきょう》を授け、大いに称賛しました。『旧唐書』巻一九九上「東夷列伝」には、次のように記載されています。つまり、「長安三年（七〇三）、其の大臣朝臣（粟田）真人、来りて方物を貢す。朝臣真人とは、なお中国の戸部尚書《こぶしょうしょ》のごとし、進賢冠《しんけんかん》を冠《かぶ》り、其の頂《いただき》に花を為《つく》り、分れて四散せしむ。身は紫袍《しほう》を服し、帛《はく》を以て腰帯《ようたい》と為す。真人好んで経史《けいし》を読み、文を属するを解し、容止温雅《ようしおんが》なり。則天（武后）これを麟徳殿に宴し、司膳卿を授け、放ちて本国に還らしむ」とあります。則天武后が大明宮麟徳殿で粟田真人のために宴をはり、司膳卿の職を授けたのは、第七次遣唐使に対する重視と高いレベルの接待を表していたのです。実は、粟田真人らは唐に来るまで、皇太后が登極し、国号を「武周」と改めていたことを知らなかったのです。ましてや、則天文字については納得しているはずはないと思います。

逆に言えば、則天武后ならびに則天文字を含めた当時の「武周」文化は、粟田真人を執節使とする第七次遣唐使団に深い印象を与えたことが見えます。さらに言いますと、このとき則天武后が麟徳殿で歓待したのは粟田真人一人だけでなく、第七次遣唐使団のメンバーをある程度含んでいたはずでしょう。ですから、第七次遣唐使について入唐した下道圀勝と圀依の兄弟二人がこの宴席に列していたと考えてもおかしくありません。そうすれば、彼ら兄弟の名前はこの宴会の後に改名したものと考えてもよさそうです。少なくとも言えるのは、もともとの「国勝」「国依」を「圀勝」「圀依」に改名したと考えるほうがよいと思います。

■「圀」という字

「圀」という字は、四角の中に「八方」という漢字を入れたものです。なぜ「八方」という漢字を入れたのかと言いますと、「八方」の意味は、「四面八方」の省略です。「四面」は、東西南北という「十」字の形を表します。「八方」は、「十」字の上に「米」字の形になります。「四面八方」の意味は、「世界」「天下」の意を表します。則天武后が皇帝になって自分の意志を表すためにそういう字を造ったわけです。しかし、則天武后が七〇五年一月に亡くなりますと、「武周」政権は権力を失い、中国の「李唐」政権ではもちろん則天文字は一切使わなくなりました。

今の問題は、七〇八年に鋳造した吉備真備の祖母の骨蔵器に、なぜ則天文字が使用されているのか。その原因は、さきほど私が言いました。吉備真備の父親や叔父が、たぶん七〇二年、第七次遣唐使として、中国の唐に派遣されたわけです。その時期は、ちょうど「武周」政権にあたるので、彼らは則天文字文化の影響を受けて、自らの名前の「國」をやめて「圀」の字に替えた可能性が十分あると思います。

吉備真備は幼少の時から、こうした父や叔父の家庭環境の薫陶を受けていたので、成人してから、阿倍仲麻呂・玄昉《げんぼう》、および二〇〇四年、西安《せいあん》郊外で「日本」国号をもつ墓誌が見つかった井真成《せいしんせい》《いのまなり》らとともに、七一七年の第八次遣唐使として入唐したと考えられます。

**小橋**　今の王先生のお話しで、なぜ下道圀勝と圀依が圀の字を使ったのか、よくわかりました。中国文化を受け入れようとするわが国の人々の考えが垣間見られたように思います。

**王**　次に、誰でもが知っている「和同開珎」の読み方について、考えてみましょう。

# 「和同開珎」はどのように読むのか

## ■中国の文字と日本の文字

私は、二〇〇七年十二月、京都の国際日本文化研究センター主催による第二〇八回フォーラムで「中国出土の文物からみた中日古代文化交流史」というテーマで講演したことがあります。この中で、「和同開珎」の話をしましたが、その際、「和同開珎」に影響を与えたと思われる中国の「開元通寶《かいげんつうほう》」の著名な出土地を連想しました。「開元通寶」の出土地を提起すれば、西安の西北大学のキャンパスの話をしなければならないと思います。現在、西北大学のキャンパスは三ヵ所あり、その内二ヵ所は唐の都・長安城市内、「太平坊《たいへいぼう》」と「崇化坊《すうかぼう》」にあります。これらの地域を発掘すれば、いずれも色々な文物が出土します。例えば、一九五四年、本部の運動場を施工していたところ、驚くことに四〇〇〇キログラムにもおよぶ「開元通寶」が出土しました。

私が今ここでお話ししたいのは、「和同開珎」の読み方が上田先生の言われた「和魂漢才《わこんかんさい》」の文化性質と関連することです。古代の日本人は、現代の日本人と同じように、非常に賢明でした。特に外来文化を受け入れる際、そのまま受け入れるのではなく、ある程度自国の国民文化に適当なものを受け入れました。適当でないものは、一切受け入れていません。上田先生も言われていますが、中国の唐時代の「宦官《かんがん》」は受け入れなかったのです。外国のものを上手に模倣するのは、日本文化の特徴です。もちろん色々な制度、都城制、文字なども同じです。

例えば、もし日本の文字が中国の文字をそのまま模倣すれば、日本の文字と中国の文字との間に区別はないと言えます。しかし、少しでも変化すると、日本の国字になるでしょう。ですから、日本と中国の漢字をざっと見ると同じようですが、実は少し違うところがあります。中国の器物の「噐」と日本の器物の「器」は、違います。中国の調査の「查」と日本の調査の「査」は、違います。中国の「悳」と日本の「恵」は、違います。中国の「德」と日本の「徳」は、違います。中国の「冰」と日本の「氷」は、違います。中国の漢字の成り立ちや用法についての理論に「六書」(六体ともいう)というものがあります。すなわち、象形・指事・形声・会意・転注・仮借の六つの原則です。例えば、江・海・湖・泊という漢字はいずれも「氵」の偏《へん》・旁《つくり》ですが、冰・冷・凉・凍という漢字はすべて「冫」偏です。「氵」偏から「冫」偏に変わりますと、漢字の意味が違います。実際、中国の「氵」偏は「水が多い」ということを表します。水分が少ないならば「冰」になります。日本の「氷」は、言うまでもなく中国の「冰」を模倣しながら、一点の「丶」を省略し、日本の「氷」を作りました。

ここでは、もう一つの例を挙げたいと思います。中国の「臭」と日本の「臭」は少し違います。つまり、両者を比べれば、一点の「丶」という差が存在することがすぐわかります。中国の「臭」字の原意は、上の「自」の部分は、鼻を表す象形文字で、下の「犬」の部分は犬を表す象形文字です。この字の本意は犬の嗅覚《きゅうかく》の優れたことを表示します。換言すれば、犬の嗅覚を表すためにこそ、この文字を作ったのです。もし一点の「丶」がなければ、意味がないばかりでなく、文字にならないと思います。ですから、中国の文字の中では「丶」があるかどうか、その意味が随分異なります。しかし、日本の「臭」字はもう一つの新しい含意が増えていたのです。つまり、この人の鼻が一点(少しの意)でも大きすぎますと、臭くなります。換言すれば、この人の鼻が少しでも高すぎますと、臭くなるという意味とまったく同じです。この「臭い」の字は「氷」の字と同じように、いずれも日本の国字です。中国の場合には、日本の国字である「臭い」と「氷」と比べれば、一点の「丶」があるかないかということです。しかし、「丶」がなければ、文字にならないとも言えます。ですから、日本のような「臭」字と「氷」字は中国ではありませんでした。

## ■「和同開珎」は「わどうかいほう」と読む

　このような視点から、私は日本のいわゆる「和同開珎」をずっと考えてきました。「和同開珎」という貨幣は日本の学界では二つの呼び方があります。一つは「わどうかいちん」で、もう一つは「わどうかいほう」です。昔は「わどうかいほう」の読みの方が多かったのですが、最近、教科書などでも「わどうかいちん」に変わりました。これらの問題を聞いて、私はやはり再検討をする必要があると思っています。これはたった一つの文字の呼び方ではなく、日本の古代文化の受容ともつながるからです。

　私の研究では、「和同」は、実は日本の「和銅」年号の異体字です。和銅元年は西暦七〇八年のことです。「開珎」は、先に触れた中国の六二一年に造られた唐のお金の「開元通寶《かいげんつうほう》」の省略です。特に「珎」は「寶」という文字です。上の部分「宀」と下の「貝」を捨てて、真ん中の「寶《たから》」の部分だけを残して造った「珎《ほう》」を模倣しながら、ある程度改変し、省略した国字です。

　しかしながら、日本ではなぜこの字を「ちん」と読むのか？　もし「わどうかいちん」と読むのであれば、「ちん」は珍しいという意味です。お金に関わる意味は一切含まれていません。今でもなぜ「通貨」とか「貨幣」と呼ぶのかと言いますと、やはりお金は貝から始まったからです。ですから、お金に関連する漢字には必ず貝が付いています。この「貝」の部分が付いていなければ、文字にならないと思います。だからこそ、私はこの日本の「和同開珎」を「わどうかいちん」ではなく、「わどうかいほう」と読んだほうがよいと思います。この例を通じてみますと、日本の古代人が中国漢字を模倣したとき、区別するために、できるだけ改変し、省略したのではないかと私は思います。ただ、今までに「わどうかいちん」と呼ぶのが明らかに間違っていますので、「わどうかいほう」に正さねばならないのはこれからのことでしょう。

## ■「開元通寶」を模した「和同開珎」

「和同開珎」は、実際、唐の高祖李淵《りえん》が、武徳《ぶとく》四年（六二一）に初めて発行した「開元通寶」を模倣原型として、ある程度改変し、鋳造した日本の通貨だったと、私は思っています。唐の「開元通寶」という銅銭名の文字は、有名な唐の書道家欧陽詢《おうようじゅん》の文字だと言われています（図7）。

唐代では「寶」字の書き方は、少なくとも、二つ以上あります。例えば、「寶」字以外に、「寶」のような書き方もあります。ただ、銅銭名の文字として、このような「寶」の字は一切使わなかったのです。

さて、唐の「開元通寶」という通貨は、現在、省略して「開元銭」あるいは「通宝銭」といわれますが、考古学者にとって一番困ることは、とりあえず、よく使用している近代以来の簡体字である「宝」という文字です。この「宝」は、実際「寶」を省略した文字ばかりではなく、その上にも元々の「寶」字と日本の「和同開珎」と何か関係があるかどうか全くわからなくなったのです。

それでは、唐代の通貨は、なぜ「開元通寶《かいげんつうほう》」と読むのか言いますと、「開元」とは、初めて銅銭を発行したという「新紀元」、「開国の奠基《さだめもと》」の意を表し、「通寶」とは、社会に流通する「通貨」の意を表します。換言すれば、唐の「開元通寶」は、初めて「銭」を以って「寶」と為す「貨幣」のシンボルと言えるでしょう。

また、「開元通寶」の材質から見ますと、銅幣以外に、金幣・銀幣・玳瑁《たいまい》幣・紙幣・泥幣《でいへい》があります。しかし、金幣と銀幣の「開元通寶」は、流通する貨幣ではなく、主に皇家の賞賜《しょうし》、あるいは達官顕貴《たつかんけんき》の観賞となるものです。ですから、銅幣は重要な流通貨幣です。いわゆる紙幣・泥幣は、墓の「冥器《めいき》」と「明器《めいき》」及び「冥銭《めいせん》」です。日本の学界では、今までの「和同通珎」に関する研究は、私の知る限り、いくつかの誤りが存在しています。そのうち、「和

**図7　唐の武徳四年（621）に鋳造した「開元通寶」金幣**
（王維坤提供）

同」の意味、読み方、書き方、漢字の省略の四つについては先に述べました。

五つめとして、「和同開珎」（図8）の模倣原型について、私の見方を述べます。日本では和銅元年（七〇八）に発行された「和同開珎」の読み方は、時計回りに読みますが、唐の「開元通寶」のいわゆる上から下・右・左へという読み方と比べますと、両者とも随分違います。私の研究によりますと、「和同開珎」を鋳造した時、おそらく中国で乾封《けんほう》元年（六六六）夏四月、高宗李治《こうそうりじ》が山東《さんとう》省の泰山《たいざん》に登って行った「封禅《ほうぜん》」を記念として鋳造された「乾封」年号をもつ「乾封泉寶《けんほうせんほう》」（図9）を意識したのではないでしょうか。この貨幣は、わずか八ヵ月しか流通しなかったそうです。この「乾封泉寶」を参考にしながら、主に「開元通寶」を省略した「開寶」の「開」字と「寶」字に変化する「珎」だけを模倣して、「和同開珎」を鋳造したに相違ないと思います。しかし、唐の粛宗李亨《しゅくそうりきょう》の乾元《けんげん》元年（七五八）に鋳造された「乾元重寶《けんげんちょうほう》」（図10）は、「開元通寶」の読み方に戻りました。ですから、日本の「和同開珎」は、もちろん「開元通寶」と「乾元重寶」を参考にしながら、混ざって模倣した可能性は一番大きいと思います。

六つめに、「和同開珎」の「開」字について、私は研究すべき価値があるとも考えています。この「開」字は、「開元通寶」の「開」字と比べれば、違うところはなさそうです。これが事実ならば、「開元通寶」を模倣原型の証拠の一つとすることができます。

また、一九七〇年十月、陝西《せんせい》省西安《せいあん》市南郊何家村《かかそん》の建築現場において、建築工事をしているところで、偶然に高さ六五センチ、径六〇センチの陶器の甕《かめ》が発見されました。その中に、たくさんの金銀器が出土しました。さらに、陶甕の出土地に近い北側で、考古学者がまた、類似する陶甕を発見しました。甕の中には金銀器と玉器がいっぱい入っており、合わせて一〇〇〇点以上の文物が出土しました。その中には、金銀器・銀鋌《ぎんてい》・銀板・中国貨幣と日本の古代貨幣を含む外国貨幣・宝石装飾および、貴重な薬材が含まれていました。考古学的名称では、この出土地は「何家村唐代窖蔵《ようぞう》（穴倉に貯蔵する）」と呼ばれています。

この発見で一番注目されたのは、やはり出土した三九種類の古代各国の貨幣です。その中に、唐代に流通する「開元通寶」銅銭、西域《さいいき》にある高昌《こうしょう》国の「高昌吉利《きちり》」銅銭、日本の元明天皇の和銅元年（七〇八）に鋳造した「和同開珎」銀銭（図8）、ローマのビザンチン金貨、ササン朝ペルシャの銀貨などがあります。特に、三〇枚の金銭「開元通寶」と四二一枚の銀銭「開元通寶」、及び五枚の「和同開珎」銀銭が出土したことは注目されます。この貨幣発見は、中国では初めてであっただけでなく、貨幣史の中でも、最も重要な発見だといえます。同時に、「開元通寶」と「和同開珎」を比較研究するために、新しい実物資料を提供してくれました。これについては、郭沫若《かくまつじゃく》先生も研究されたことがあります。つまり、日本の「和同開珎」銀銭は、唐の「開元通寶」を模倣して造った貨幣だと考えられました。

■富本銭の出土

また、日本で「和同開珎」通貨以外に、たくさんの「富本《ふほん》」銭という通貨も出土しました。しかも、「富本」銭は日本最初の貨幣だという報道がよくされますが、上田先生も指摘されているように、これは全くの間違いです。日本の貨幣で一番古いのは、無文銀銭《むもんぎんせん》です。これが天智朝に使われていたことは、滋賀県大津市の崇福寺《すうふくじ》の塔心礎か

**図8　西安何家村窖蔵出土の「和同開珎」銀銭**
（王維坤提供）

**図9　唐の乾封元年（666）に鋳造した「乾封泉寶」銅銭**
（王維坤提供）

**図10　唐の乾元元年（758）に鋳造した「乾元重寶」銅銭**
（王維坤提供）

ら無文銀銭が出ているのを見てもわかります。ですから、私は上田先生の見方を支持しています。実際、「富本」という言葉は、中国の文化と密接な関係があります。この出典は、『漢書』の「食貨志《しょくかし》」に「食足り貨通じて、国富み民富む」にあります。なお、唐の『芸文類聚《げいもんるいじゅう》』に後漢の名将馬援《ばえん》が光武帝《こうぶてい》に、「富民の本は食貨にあり」と進言したと書かれています。上田先生がこれを富本思想と呼んでいるのは一定の道理があります。この思想は、霊亀元年（七一五）十月の元明天皇の詔にも「国家の隆泰の要は民を富ますにあり、富民の本は務めも貨食による」ということから見ることができます。

## ●中国文化をどのように取り入れたか

**小橋**　「都城制と陵墓制」「則天文字」「和同開珎」など、王先生の研究テーマを通して、日本の歴史研究においても中国の古文献を重視しなければならないというアドバイスと共に、吉備真備《きびのまきび》の父親や叔父についての興味深いご指摘。中国文化を日本が受け入れるにあたってかならず変容……まぁ上手い変容ではあるのだけれども、変容しているというご見解。特に文字においては点の一個あるなしによって大きく意味が違うということや「和同開珎」の正しい読み方などを興味深くお聞きした次第です。

**王**　その通りです。しかし、古代日本の歴史を研究する時、中国の古文献を重視する以外に、考古学資料も大いに重視しなければならないと思います。例えば、前述のように吉備真備の父親や叔父の名前の改字についても、自分の名前の「国」を「國」と書かずに、則天文字の「圀」を使う点です。これはたんに「國」一字の問題ではなく、吉備真備並びにその家庭が則天武后期の文化の学習に熱心だったことと関係あるはずだと、私は思います。

　繰り返しますが、上田先生の言われた「和魂漢才」の文化性質と関連的なことですが、これは古代の日本人が非常に賢明だったと言えます。特に外来文化を受け入れる際、そのまま受け入れるのではなく、ある程度自国の国民文化に適当なものを受け入れます。適当でないものは、一切受け入れません。これは上手な変容と言えるでしょう。同時に、中国文化を日本が受け入れるにあたってかならず変容しなければならないと思います。

**上田**　いま、王さんの方から中国の都城制との比較研究を中心に話しをされて、関野貞さんの説と宿白さんのお話しをされて、さらに岸俊男さんの意見についても述べられましたが、日本における本格的な条坊《じょうぼう》制にもとづく宮都は藤原京です。しかし、藤原京・平城京・長岡京・平安京では、羅城《らじょう》がない。平安京については『延喜式』の左右職の京程《きょうてい》によれば、羅城門の左右に築垣が築かれていたらしいが、周壁《しゅうへき》の羅城はありません。平城京・長岡京・平安京などの京域は、長安城などと異なって、東西よりも南北が長い縦長の宮都です。

　そして、則天文字についても話されましたが、日本では則天文字を使っている例が下野《しもつけ》国（栃木県）の、那《な》須国造《すのこくぞう》碑《ひ》をはじめかなりある。これはやはり中国文化の受容の速度が非常に速いことを物語っており、那須国造碑には武則天の代の年号の「永昌《えいしょう》元年」も明記しています。中国を中華の国として古代の知識人たちが崇めていたからだと思うんですね。「大宝令」でも「養老令」でも「隣国」と書いているのは朝鮮ではないんですね。「隣国」は全て中国。そこで、「大宝令」の注釈書の『古記』を読むと、唐のことを「大唐」と書いている。しかし新羅や渤海《ぼっかい》は「蕃国《ばんこく》」。これは藩国の意味で、朝貢する国という位置づけですね。

これを見ても、中国を非常に崇めていたことは明らかです。「大宝令」や「養老令」の公の文書の様式に関する規定の「公式令《くしきりょう》」では、「明神御宇日本天皇」という詔書を外国に大事を告げる時には明記すると定めていますけれども、唐に対しては「別式による」……中国には別に定めるというのをわざわざ注釈で断っている。実際に中国の王朝に対しては「明神御宇日本天皇」などという詔書は出していないんですね。これは中国側の史料を見ても、新羅や渤海に出した国書とは違うことが明らかになる。唐の張九齢《ちょうきゅうれい》の『唐丞相曲江張《とうじょうそうきょくこうちょう》先生文集《せんせいぶんしゅう》』に載っている玄宗《げんそう》皇帝の遣唐副使中臣名代《なかとみのなしろ》に与えた「勅日本国王主明楽美御徳《すめらみこと》」をみても、唐側が日本国王プラス称号の国書を出していることが参考になります。日本版中華思想というのは、中国を非常に崇めて、東アジアの東夷《とうい》の中の中華。東夷の中では日本の国は中華と基本的に考えていて、これは中国文化を受容する際にもうかがえるところですね。

例えば科挙《かきょ》の制度も、宦官《かんがん》の制も取り入れない。朝鮮半島では取り入れるんです。宦官も科挙制もある。しかし日本では取り入れない。都城の制度もそうです、先ほども述べましたが、羅城を造らない。ですから、日本の都では羅城がないですから「都城《とじょう》」と呼ばずに「宮都《きゅうと》」と呼ぶべきだということをずっと言い続けてきたわけです。これはさっきも申しました。対決型ではなくて、順応型と言ったありようとつながるんですね。日本では鍵の文化が発達していないでしょう。建物の間取りも障子《しょうじ》と襖《ふすま》で仕切る。まわりは築地ですね。貴族の邸宅を見ても柴垣《しばがき》などで、外にはおおらかで開かれていた。受容していないものがたくさんある。革命思想も受容しない、孔子《こうし》は非常に重要視するけれども、孟子《もうし》はあまり重視しない。律令制の大学でも、孟子はテキストに使わない。

たしかに選択をしている……これらは先人の智恵ですね。日本の歴史や文化にマッチするものを受容するのであって、合わないものは受容しない。いかに大中国の文化といえども「選んでいる」。選択して受容しているところがすごいところで、中国一辺倒ではないんですね。そして、日本独自の文化へと変容してゆく。そういうところが、日本文化のありようを考えるうえで大事だと思うんですね。

**王**　日本文化のありようで大切なのは、省略ですね。江戸時代の人も中国の漢字と日本の国字を区別するためにわざわざ省略したのです。このように省略しますと、ある漢字はもともとの本意はわからなくなりました。ですから、これは悪しき省略よりもむしろ省略しすぎたと思います。

**復元された平城宮の第１次大極殿**　平成 22 年(2010)、平城遷都 1300 年祭で復元された。朱雀門《すざくもん》の真北約 800 m の場所にそびえる（→ 244 頁）。正面約 44 m、側面約 20 m、地面より高さ約 27 m。直径 70cm の朱色の柱 44 本、屋根瓦約 9 万 7000 枚を使った平城宮最大の宮殿。天皇の即位式や外国使節との面会など、国の最も重要な儀式のために使われた。

## ●ソグド人の墓とキトラ古墳十二支像

**小橋**　では次に、飛鳥のキトラ古墳に描かれていた十二支像などとの関わりで、王先生の研究テーマの一つである「ソグド人と鳥葬」のお考えを述べていただいたあと、わが国の葬制などについて、議論していただければと思います。

**王**　日本の古代葬制を考えるうえで、「ソグド人の墓と鳥葬」が参考になると思います。その主旨をこれも少し細かくなりますが、次に述べます。ソグド人は中央アジアのサマルカンドを中心とした地域にいる人たちで、住民はイラン系で六世紀ごろから中国などと盛んに通商していました。

詳説④

### ソグド人の墓はキトラ古墳十二支像と関わりがあるのか

■ソグド人の葬礼

二〇〇〇年から二〇〇五年まで、陝西《せんせい》省考古研究所と西安市文物保護考古所が前後して、四基の北周《ほくしゅう》時代に属する外国人の墓を発掘しました。まず二〇〇〇年五月に、陝西省考古学研究所は、はじめて西安市の北郊外で一基の北周時代に属するソグド人の安伽《あんか》という人物の墓（大象《たいぞう》元年、西暦五七九年）を発掘しました（『西安北周安伽墓』文物出版社、二〇〇三年）。その後、二〇〇三年六月と二〇〇四年四月、西安市文物保護考古所は、また同じ墓地で北周時代に属するソグド人史君《しくん》の墓（「西安市北周史君石槨墓《せっかくぼ》」『考古』二〇〇四年第七期）と康業《こうぎょう》の墓（「西安北周康業墓発掘簡報」『文物』二〇〇八年第六期）を発掘しました。また、二〇〇五年九月、同じ北郊外にある南康《なんこう》村の農家が田を耕していたとき、偶然に北周時代に属する古代インド人（罽賓国《けいひんこく》 kasmira という、古代の西域国名。都城は南北朝に善見《ぜんけん》城となす、今のインド北西部カシミールに属する附近に位置し、同時にパキスタンとインド両国の紛争に属する地域でもある）婆羅門《ばらもん》の末裔《まつえい》の李誕《りえん》の墓（陝西西安発現北周婆羅門后裔墓葬）『中国文物報』二〇〇五年十月二十一日第一版）も発見しました。西安市文物保護考古所がこの情報を聞き、すぐその墓を発掘しました。

二〇〇七年三月ごろ、私は「論西安北周ソグド墓と罽賓人墓の葬制と葬俗」というタイトルで、論文を書きました。それは、『考古』二〇〇八年第十期に掲載されました。主に、「葬制」と「葬俗」から検討したものです。特に、北周の安伽墓と史君墓出土の「人首鷹身《じんしゅおうしん》」のような「祭司《さいし》」は、言うまでもなく葬俗と密接な関係があります。

まず、ソグド人の葬礼について、中国の古代文献『通典《つうてん》』の記録によりますと、ソグド人はゾロアスター教の埋葬儀礼に従って、遺体を犬に食べさせ、オッスアリと呼ぶ納骨器に骨を入れて埋葬したそうです。

この埋葬儀礼はチベット人の「鳥葬」（天葬とも言う）という埋葬習慣と、とても似ています。前者の場合には、遺体を犬に食べさせますが、後者の場合には、遺体を鳥（禿鷲など）に食べさせるのです。具体的に言いますと、チベットの「鳥葬」は、葬儀（別に行う場合）後に死体を郊外の荒地に運んで行きます。それから、死体を裁断し断片化して、禿鷲などの鳥類に食べさせるのです。宗教上は、魂の抜け出た遺体を「天へと送り届ける」ための方法として行われており、鳥に食べさせるのはその手段に過ぎないと考えています。現行の「鳥葬」という訳語よりは「天葬」「空葬」などと呼ぶほうが、より本来の意義に近いと考えられています。また、多くの生命を奪うことによって生きてきた人間が、せめて死後の魂が抜け出た肉体を、他の生命のために布施しようという思想もあると言われています。死体の処理は、「鳥葬」を執り行う専門の職人が行い、骨も石で細かく砕いて鳥に食べさせ、あとにはほとんど何も残りません。職人を充分雇えない貧しい人たちは、「水葬」を行う儀礼があります。「水葬」もそのまま死体を川に流すのではなく、体を切断した後で死体を川に流すのです。中国の西藏《せいぞう》自治区政府は「鳥葬」よりもむしろ「火葬」という埋葬制度を奨励していたのですが、二〇〇六年に、西藏自治区政府は「鳥葬」については、少数民族の埋葬習慣を尊重すること、伝統文化を保護するために、撮影や報道を禁ずる条例を公布しました。インターネットの報道によりますと、チベットには約一〇〇〇箇所の鳥葬用石台がありますが、関係者以外による撮影や見物、及び鳥葬用石台近くの採石など、開発行為も禁じています。

## ■「人首鷹身」した「祭司」の出土

いま、私が注目しているのは、やはり北周時代の安伽墓（図11）や史君墓（図12）、および山西《せんせい》省太原《たいげん》市にある隋時代の虞弘《ぐこう》墓（図13）から出土した、いわゆる「祭司」という神様です。なぜ、「祭司」に「人首鷹身」（人面鳥身とも言う）という形象を創ったのか、これはたぶん「鳥葬」を主持する「祭司」という原因があるかもしれません。私は、これが「鳥葬」の儀礼を主持する「祭司」と密接な関係があるに違いないと思います。このような「人首鷹身」という形象は、おそらく死者の儀礼を主持する「鳥の神様」に属する「祭司」だったでしょう。

この「祭司」は、安徽《あんき》省で発見された隋墓出土の陶の「千秋《せんしゅう》」「万歳《ばんざい》」という「人首鳥身」をもつ鎮墓獣《ちんぼじゅう》と何か関係があるのか（王去非《おうきょひ》「隋墓出土的陶〝千秋万歳〟及其他」『考古』一九七九年第三期）、さらに検討したいと思います。

ところで、上田先生もおっしゃっておられますが、飛鳥のキトラ古墳出土の十二支像と朱雀は、確かに朝鮮半島と中国と密接な関係があります。まさに上田先生のおっしゃった通りで、キトラ古墳の朱雀は、朝鮮や中国の壁画古墳の朱雀とはかなり異なって躍動的です。キトラ古墳の十二支像も、朝鮮や中国の古墳出土の十二支像と比べますと、かなり異なっています。中国では、今のところ、墓の出土例を言えば、山東《さんとう》省北朝崔氏《さいし》墓地M十号墓出土の十二支像という陶俑《とうよう》以外に、六世紀に属する山西省北斉《ほくせい》の婁睿《ろうえい》墓の壁画にも十二支像が描かれています。これが一

**図12　北周時代のソグド人史君墓出土の「人首鷹身」形象の「祭司」**
（西安市文物保護考古所「西安市北周史君墓石槨墓」『考古』2004年第7期より）

**図11　北周時代のソグド人安伽墓出土の「人首鷹身」形象の「祭司」**
（陝西省考古研究所編『西安北周安伽墓』文物出版社、2003年より）

**図13　山西省太原市にある隋時代の虞弘墓出土の「人首鷹身」形象の「祭司」**
（山西省考古研究所等編著『太原隋代虞弘墓』文物出版社、2005年より）

番古い壁画の例ですね。キトラ古墳や高松塚古墳には、中国・朝鮮の影響が非常に強いですけれども、同時に独自文化のきざしが見出されることにも注目したいと思います。

しかし、中国の十二支像は隋・唐時代に入りますと、俑《よう》という焼き物の人形が非常に流行しました。いわゆる陶俑は、土で作ってから、窯で焼いた焼き物の人形です。十二支像の位置については、一般的に言いますと、墓の棺槨の周りに置かれるようになります。そして出土した時、子《ね》の鼠から、一面ごとに三点ずつ順番的に配列しています。十二支像の役割は一方では、子（鼠）の北と午《うま》（馬）の南に属する「子午線」を表したのです。もう一方では十二支像はそれぞれ十二個の時辰《たつ》を表したので、当番に当たる役割をもつはずだと考えています。ですから、十二支像は墓主人を保護する黄泉《よみ》の国の神様とも言えます。西安郊外で発見されていたM四一一号ではその十二支像（陶俑）が出土しました（『西安郊区隋唐墓』科学出版社、一九六六年）。また、キトラ古墳のような獣頭人身像は、湖北《こほく》省馬房山《ばぼうざん》の隋墓や、湖南《こなん》省湘陰《しょういん》県の隋の大業《たいぎょう》六年墓などから出土した陶俑と似ています。しかし、地域によって南方の十二支像と北方の十二支像とはかなり異なっています。

韓国では、統一新羅時代の前半（八世紀）には、獣頭人身像を墳丘の護石に刻んだり、石に浮き彫りにして古墳墳丘周辺に埋めています（慶州《けいしゅう》市金庾信《きむゆしん》墓など）。また、中国と同じように、慶州市龍江洞《ヤンガンドン》古墳出土の獣頭人身像を、古墳の墓室内に置いた事例もあります。これは、もちろん中国唐の影響を受けて、古墳の墓室内へ移したと思います。

とにかく、私の見たところでは、キトラ古墳出土の十二支像は墓主人を保護する黄泉の国の神様ですが、北周時代の安伽墓と史君墓から出土した「祭司」は死者の葬礼を主持する「鳥の神様」です。ですから、両者の間には何か微妙な区別が存在しそうです。十二支像と「祭司」は、少なくとも、同じ神様とは言えないと思います。

**上田**　キトラ古墳の十二支像については、子《ね》・丑《うし》・寅《とら》・戌《いぬ》・亥《い》・午《うま》の獣頭人身像が見つかっています。申《さる》の痕跡もありました。子、丑は鉤鑲《こうじょう》を、寅と午は矛をというように、それぞれ武器を持っています。前にも言及しましたように、中国山西省の太原《たいげん》市で見つかった北斉（五五〇～五五七）の婁睿墓《ろうえいぼ》の壁画には十二支が描かれているが、全て獣《けもの》の姿です。八世紀の新羅《しらぎ》慶州の王陵の十二支像は、獣頭人身で武器を持っていますが、キトラ古墳の時期よりは新しい。隋の獣頭人身像は壁画でなく、俑《よう》です。壁画にああいう十二支像を書いているのは、今のところキトラ古墳がもっとも早いですね。

だから、中国の文化や朝鮮の文化を入れるんだけれども、文化変容して具体化しているという点も見落としてはならない。高松塚古墳の壁画についても全てが朝鮮だとか、全てが中国だというような単眼の解釈ではなくて、複眼の視点が必要です。

高松塚が見つかったのは、昭和四十七年（一九七二）の三月二十一日でした。それから論争が始まった。四神の像……朱雀はなかったけれども……特に青龍なんかは高句麗の江西大墓の青龍に似ている。女性像の服装なんかも高句麗の徳興里《トクンリ》や修山里の壁画のものとよく似ている。文官の像は唐の壁画と似ている。そこである人は「高句麗だ」という。ある人は「いや唐だ」という人もいる。副葬品として唐の海獣葡萄鏡《かいじゅうぶどうきょう》が出土している。だから高句麗か唐かという論争は、無駄とは言わないけれども、発展的な論争じゃない。両方の要素があるのだから。そして、日本独自の要素がある。例えば女人像の髪型とか、キトラ古墳のあの躍動的な朱雀とか、そのリアルな画風は後の大和絵につながる。ソグド人の安伽《あんか》墓の司祭の姿は興味深いですが、十二支像とは異なる。鳥との関係でいうと、弥生時代の絵画土器などには鳥装の人物像が描かれています。トーテムの信仰との関係も留意する必要があり、カミまつりとの関係が注目されますね。

## ●大嘗祭と王権

**小橋**　山折先生からも天武・持統朝に関してちょっとご意見、ご見解があれば伺えますでしょうか。

**山折**　はい、天武・持統朝の問題ですけれども。大王が天皇になって、国家の形が決まりはじめると、国家を統治する王権の正統性をどういう形で作り上げていくかという時代が始まったわけですね。その場合、血統第一主義だけでは、なかなか王権の正統性を保証できない。氏族同士の争いというのは常に起こるわけですから。血統の他にもう一つ重要な、正統性を保証する、担保するような原理を持ち出してこなければならない。というところで「天皇霊」の問題がこの時代からしきりに言われるようになるわけです。

天武は「神にしあれば……」というような言い方で表現される。「天皇霊」というもう一つの原理を持ち出してその正統性を保証しようとする流れがでてくる。天皇の正統性という問題と、この天皇霊の問題が、大嘗祭の成立と切っても切れない関係にあったと思いますね。ところがその王権の継続性は代替わりの時に危うくなる。前の天皇が亡くなって次の新しい天皇が誕生するまでの期間、その危機的な状況をどう乗り越えるかということですね。そのために天皇霊の継承ということが重要になる。

大嘗祭は新しい天皇の即位を象徴する儀礼ですけれども、それは同時に前の死んだ天皇の葬儀と非常に密接な関係にある祭りなんですね。死んだ天皇の霊を次の新しい天皇にどう受け継がせるかということですから、旧天皇の葬儀と新天皇の大嘗祭は途絶えることのない一連の儀礼として意識されていた。それがスタートラインだったと思いますよ、天武の時代ですね。しかしそれでも、王権はかならずしも安定させることができなかった。例えば天武がなくなった後、殯《もがり》を二年二ヵ月もやっているわけです。後継者が見つからなかったからです。二年二ヵ月もの間、天武の遺体を葬儀もせずに地上に安置していた。そこへ神官がやってきて祝詞《のりと》をあげる、臣下が誄《しのびごと》を奏上する。同時に、仏教僧がやってきて読経《どきょう》する。神道と仏教がともに供養の儀礼的な行為を行って、亡くなった天皇を偲んで追悼している。これが二年二ヵ月です。つまり王権の継承という重大事がこの期間、非常に不安定だったと思う。その二年二ヵ月が済んで、天皇の遺体が飛鳥の大内陵《おおうちりょう》に埋葬され、その後に大嘗祭が行われるわけですね、持統天皇の即位と大嘗祭という順になる。このことだけでも天武・持統段階の「大嘗祭」が如何に不安定な状況の中で執り行われたかということがわかると思います。

ところが、やがて藤原京から平城京へと都が遷って、聖武《しょうむ》の時代になる。聖武の時代は仏教を全面的に取り入れて、それを国家鎮護のイデオロギーとしていくわけです。東大寺を造って、大仏を建立する。大陸からさまざまな文化や知識が伝えられ、インドのバラモン僧もやってくる。大陸経由のさまざまな美術や工芸や音楽も伝えられる。そういう経緯をへて平城京の新しい時代、そして聖武の王権というものが確立していくわけですけれども、にもかかわらず聖武という天皇は心理的に不安定なところがあって、都をしょっちゅう変えています。その聖武が亡くなったとき、多くの仏教僧たちに論功行賞が行われておりますけれども、それは病気がちの聖武、精神的に不安定な聖武の心を安定させるため、いわばカウンセラーの役割を果たしていたということです。おびただしい数の僧侶が王権維持のために関わっていたということでもあります。仏教が日本に伝えられて、まだ日が浅かったにもかかわらず、大嘗祭を執行する場合、神道的な儀礼とともに、その仏教儀礼も取り入れて、聖武の天平時代の王権を維持・保持しようとする努力が続けられていく。そのはてに、聖武の娘の孝謙《こうけん》女帝の時にあの道鏡《どうきょう》問題が起こる。

　王権が僧侶によって乗っ取られるかもしれないという危機に襲わ

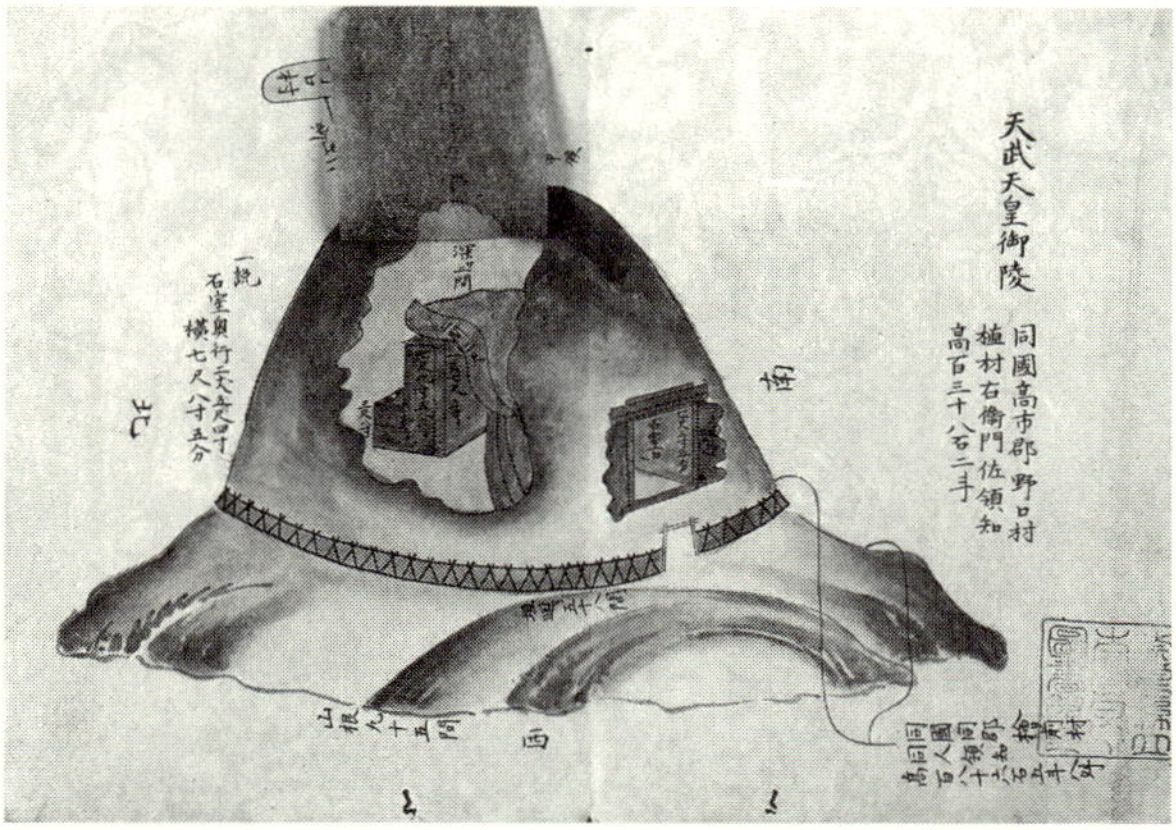

『諸陵考《しょりょうこう》』（安永8年〈1779〉～文化14年〈1817〉）に描かれた天武天皇陵（奈良県立図書情報館蔵）

れるわけです。孝謙が重祚《ちょうそ》して称徳《しょうとく》になったときですか、その時に大嘗祭をやって、その祭儀のときに道鏡が関白の座に座るんですね。大嘗祭という神道的な伝統の下に行われる儀礼の中に仏教僧が入りこんで、天皇位をうかがうかもしれない、という状況になってきた。

そういう点で私は、天武から聖武にかけての時代というのは、確かに日本の国家の形は作られはじめてはいるし、大嘗祭というものも成立してきてはおりますけれども、王権の基盤はまだでき上がってはいない、非常に不安定な時代だったと思いますね。

それを安定させるのはやはり平安時代。平安京に遷都して、桓武《かんむ》天皇から嵯峨《さが》天皇の時代にかけてではないか。これに、空海《くうかい》が非常に大きく関わってくる。空海が嵯峨天皇の信頼と支援を得て、内裏《だいり》のまん中に真言院という密教儀礼のセンターを作る。それが実現するのは空海が死ぬ前の年です。その内裏のまん中に真言院を作った段階で、宮中の正月儀礼が定まったという問題があります。すなわち元旦から一週間の間に行われるのが前七日節会《ぜんしちにちのせちえ》で、これは完全に神道的な儀礼。それに対して、それに続く第二週目が後七日御修法《ごしちにちのみしほ》といって、これは密教儀礼。仏教僧だけが参加している。そのシステムを作ったのが空海なんですね。ここで神仏協力の体制が国の形として定まったと私は見ています。この段階ではじめて大嘗祭という即位の儀礼も安定し、正月の節会と御修法という神仏共存の二元的な儀礼体制ができ上がる。王権の正統性が神道と仏教の両方によって保証される。そういう政治の体制ができ上がったと考えております。天武以降の政治状況がいわば国の形として安定軌道に乗るのは、どうしても平安時代に入ってから、ということになります。

私は、そういう基盤が整って、摂関体制による象徴天皇制のシステムが産み出されてゆくと考えています。

## ●唐皇帝の陵

**王**　奈良時代は全面的に中国の唐の文化を学んでいた時代ですね。換言すれば、遣隋使に次ぐ遣唐使の時代とも言えます。その際、日本は中国のいろんな唐の文化を学びました。遣唐使とは、『旧唐書』や『新唐書』にも記されている通り、倭国が唐に派遣した朝貢使のことを言います。中国では六一八年に隋が滅んでから唐が建国されたので、それまで派遣していた遣隋使に替えてこの名称となりました。遣唐使の始末とその役割は、言うまでもなく六三〇年から八三六年まで二百年以上にわたって、当時の先進国であった唐の文化や制度、そして仏教が日本への伝播に大いに貢献したということですね。ですから、奈良時代の文化と唐時代の文化は注目すべきだと思っています。しかし、八三六年以後、遣唐使の派遣が中止になりました。その中には必ず一定の原因があったに相違ないと思います。それは日本人の見たところでは、学ぶべき唐の文化をほとんど学んだほか、唐の実力はものすごく弱くて学ぶところが確かになさそうです。

一九九五年、陝西《せんせい》省考古研究所は唐の僖宗《きそう》の靖陵《せいりょう》を発掘しました。この発掘資料から、非常に弱い唐の国力をはっきり見ることができました。

唐の僖宗は八八八年崩の皇帝で、その時、立派な皇帝陵が造営できませんでした。例えば、その陵墓室の回りでは陶俑《とうよう》に属する十二支像ではなく、直接に龕《がん》で描かれた十二支像という壁画ですね。先ほど、私は中国の十二支像の話しをしました。具体的に言いますと、唐の場合、十二支像には二つの類型《るいけい》があります。一つの類型は陶俑（石俑もある）を造って、墓室内の棺槨の周りを囲んでいたのです。もう一つの類型は、直接に墓室の周囲に十二支像の壁画を描いていたのです。なお、十二支像の造形にも二つの類型があります。一つの造形は人首人身で、十二支像はそれぞれ人の胸前に抱いていたのです。これは南方地域の十二支像造形の特徴とも言えます。もう一つの造形は獣頭（首）人身という十二支像です。これらの造形は壁画として多く描かれています。唐の僖宗の靖陵にみられる十二支像は後者ですね。

また、唐代は六一八年から九〇七年までの間に、二十一名の皇帝が登場しました。そのうち、唐の昭宗《しょうそう》は河南《かなん》省偃師《えんし》県に埋葬し、唐の哀帝《あいてい》は山東《さんとう》省荷沢《かたく》県に埋葬した以外、他の十九名の皇帝は全部陝西関中《せんせいかんちゅう》の渭北《いほく》高原に埋葬しました。唐の高宗と則天武后の乾陵《けんりょう》という合葬陵を除いて、「関中唐十八陵」とよばれているわけです。このうち、唐の僖宗の靖陵は、「関中唐十八陵」の中で、初めて発掘された皇帝陵です。この発掘報告書は、正式にまだ発表されていませんが、その発掘の報道記事は『中国文物地図集・陝西分冊』（西安地図出版社、一九九八年）の中に掲載されています。

唐の僖宗は、実際十二歳で皇帝になって、二十七歳で亡くなりました。その没年は八八八年という年代ですので、非常に覚えやすいですね。僖宗の靖陵は副葬品の数量が少ないばかりでなく、その立地もよくないですね。この陵は本当に可哀想です。僖宗は皇帝の地位にありましたが、陵の水準として造営した規模と施設は、信じられないくらい貧相です。例えば、この陵は「號《ごう》して墓を陵と為す」の懿徳太子李重潤《いとくたいしりじゅうじゅん》墓と永泰公主李仙蕙《えいたいこうしゅりせんけい》墓と比べれば、随分貧弱ですね。もっとも、これらの墓室内には石で造った石棺だけでなく、石槨《せっかく》もありました。僖宗を埋葬した際、唐の国力が弱く、自分の権力もありませんでした。いちばん不思議なことは僖宗の棺床《かんしょう》（ベット）が乾陵の陪葬墓である豆盧欽望《とうろきんぼう》墓と楊再思《ようさいし》墓の前に立つ石碑を利用し、急いで造った棺床でした。換言すれば、乾陵の陪葬墓から、それぞれ二つの石碑を運んで、まず僖宗の墓室内に置いて、それから棺に入れた死体をこの上に置いて埋葬をしていたのです。なぜ、このような埋葬形態をとったのかはよくわかりません。ただ、この石碑は、今に至るまでよく保蔵されています。私たちにとっては、特に検討できるのはこの石碑の銘文です。今度の発見はかなり研究の価値があるに相違ないと思います。

**上田**　そこには、十二支像が描いてあったのですか？

**王**　十二支像が描いてあり、全部が壁面に描かれていたのです。十二支像という壁画と陶俑との間には、何か差別があったらしいですね。

**上田**　壁画に描いてあったのですね。

**王**　その通りです。直接に龕《がん》で描かれた十二支像という壁画です。

**上田**　それは獣頭人身ですか？

**王**　確かに獣頭人身ですね。つまり、頭は動物で、身体は人間です。

上田　キトラ古墳の築造年代は七世紀後半も末期ごろと考えられますから、九世紀後半の十二支像とを比較するわけにはいかないですね。

王　キトラ古墳出土の十二支像が中国と朝鮮半島の十二支像という間に何か関連するかどうか、研究課題でしょう。

## ● 奈良時代は「遣唐使の時代」か

上田　王さんが、奈良時代を重視するという見解を言われて、その大きい理由に遣唐使を挙げられたのですが、その点についての私見を申します。よく奈良時代を「遣唐使の時代」という人がおられますが、ご承知のように遣唐使は舒明《じょめい》天皇の二年（六三〇）から承和五年（八三八）までで十五回。そのうちの一回は迎入唐使、一回は中国へ行った藤原清河《ふじわらのきよかわ》らを迎える使節です。二回は中国から来た唐使を送る送唐客使、あわせて三回。だか

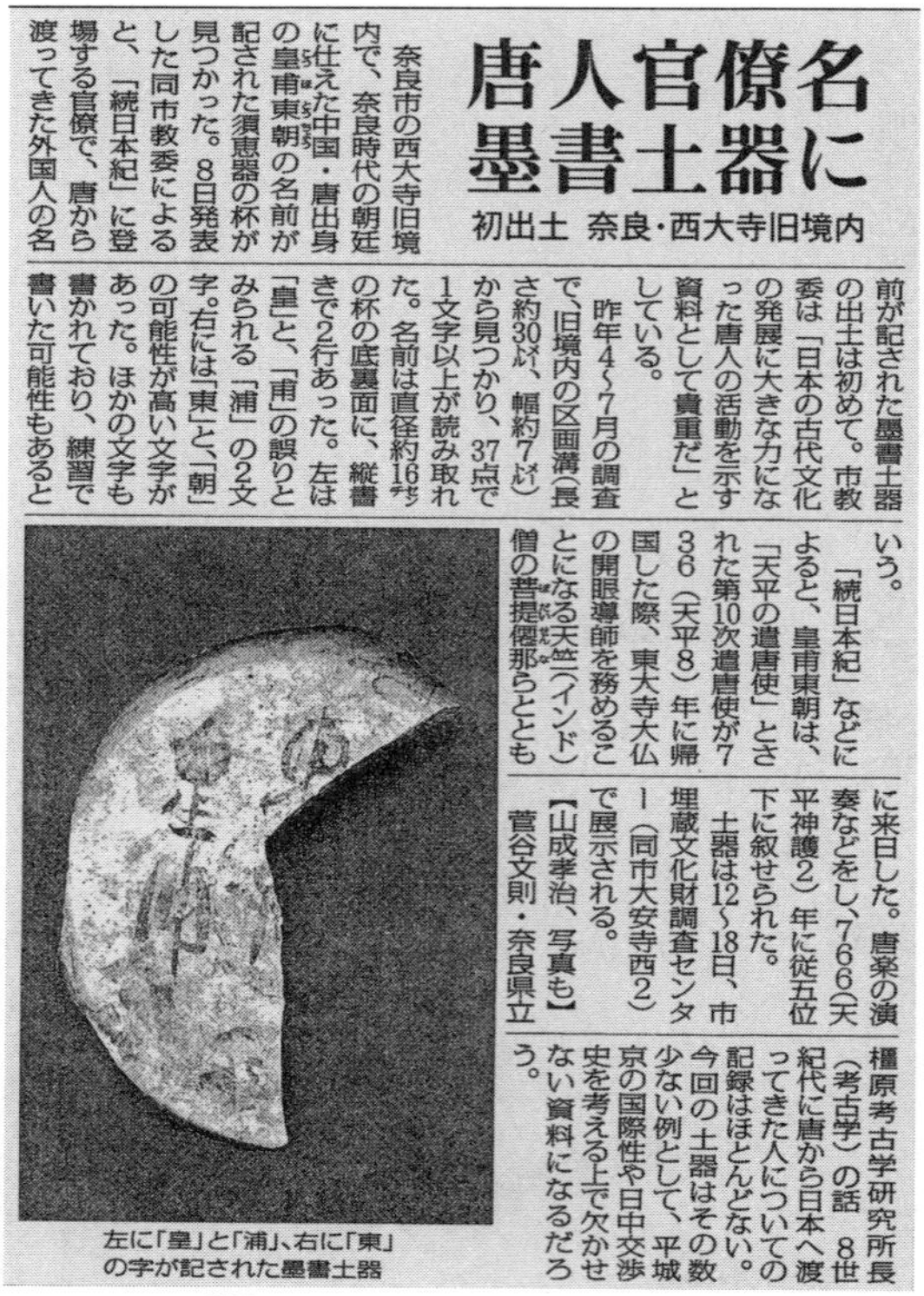

唐人官僚名
墨書土器に

初出土　奈良・西大寺旧境内

奈良市の西大寺旧境内で、奈良時代の朝廷に仕えた中国・唐出身の皇甫東朝の名前が記された須恵器の杯が見つかった。8日発表した同市教委によると、「続日本紀」に登場する官僚で、唐から渡ってきた外国人の名前が記された墨書土器の出土は初めて。市教委は「日本の古代文化の発展に大きな力になった唐人の活動を示す資料として貴重だ」としている。

昨年4〜7月の調査で、旧境内の区画溝（長さ約30㍍、幅約7㍍）から見つかり、37点で1文字以上が読み取れた。名前は直径約16㌢の杯の底裏面に、縦書きで2行あった。左は「皇」と、「甫」の誤りとみられる「浦」の2文字。右には「東」と、「朝」の可能性が高い文字があった。ほかの文字も書かれており、練習で書いた可能性もあるという。

「続日本紀」などによると、皇甫東朝は、「天平の遣唐使」とされた第10次遣唐使が736（天平8）年に帰国した際、東大寺大仏の開眼導師を務めることになる天竺（インド）僧の菩提僊那らとともに来日した。唐楽の演奏などをし、766（天平神護2）年に従五位下に叙せられた。

土器は12〜18日、市埋蔵文化財調査センター（同市大安寺西2）で展示される。【山成孝治、写真も】

菅谷文則・奈良県立橿原考古学研究所長（考古学）の話　8世紀代に唐から日本へ渡ってきた人についての記録はほとんどない。今回の土器はその数少ない例として、平城京の国際性や日中交渉史を考える上で欠かせない資料になるだろう。

左に「皇」と「浦」、右に「東」の字が記された墨書土器

**唐人官僚名の墨書《ぼくしょ》土器発見**　天平８年(736)の遣唐使の帰国船で、来日した唐楽《とうがく》(→34頁)にすぐれた唐出身の皇甫東朝《こうほとうちょう》の名を記した須恵器《すえき》が平成22年(2010)４月、奈良市の西大寺《さいだいじ》旧境内から見つかった。(「毎日新聞」2010年４月９日付参照)

ら正式の遣唐使は十二回ということになる。約二百年ばかりの間、わずかに十二回。それから、トータルで唐使が何回来ているかというと、これは九回。そのうちの一回は正式に国書を持ってきていない。国書を持ってきたのはたった八回。それに対し、渤海使《ぼっかいし》は神亀四年（七二七）から延喜十九年（九一九）まで三、四十回来日している。神竜五年（七二八）から弘仁二年（八一一）まで日本から渤海へ行った使節が十五回。圧倒的に渤海との交渉の方が多いんですね。そして新羅とは六二三年から天慶六年（八八二）の間に遣新羅使が三十九回、新羅使は六一九年から延長七年（九二九）までの間に七十八回です。ですから、遣唐使だけで古代の外交を論ずるのはやはり片寄った見方です。

王　そうですね。遣唐使だけで古代の外交を論ずる、片寄った見方は駄目だと思います。実際、古今東西を問わず、どのような国家であっても独自に発展した国はありません。世界のすべての国家は、周辺国家と絶え間ない交渉（外交）と衝突（戦争）の中で成長してきたのです。したがって、対外関係史は単純な国家間の交渉ではなく、国家存在の外的表現としての自己発展の象徴でもあります。

その上に、古代（中世を含む）の東アジア社会においては、中華秩序という大きな枠組みがその対外関係の軸となるため、新羅の遣唐使派遣は、いわゆる中国的世界秩序（Chinese World Order）参与による東アジア世界への編入であると同時に、先進文物の受容を通じた新羅使の自我確認の表現でもあったと認められています。古代の日本は、唐の先進文化を学んでいた時でも、まったく同じだったでしょう。

上田　渤海の役割も、そして新羅の役割も、古代の日本の外交関係を考えるときには考慮しておかねばなりません。唐との関係だけで、古代日本の東アジアの外交、あるいは文化の問題を考えるのは、大変不充分だという意見をかねがねもっています。

王　その点は、やはり上田先生のおっしゃった通りですね。

上田　もちろん、唐の文化が非常に大きな意味をもっていることは間違いない。渤海を媒介として唐の文化が入ってくる場合もあるし、その重要性は鑑真和上《がんじんわじょう》の来日一つ取り上げても明確です。しかし七世紀後半から八、九世紀の古代日本の政治や文化を、すべて唐の影響だけとして〝論ず〟るわけにはいかない。律令制の基本となった「飛鳥浄御原令」にしても「大宝令」にしても、唐令を律令のモデルにしていることは間違いないのですが、さっきの選択の話ではありませんが、アレンジして具体化していますね。ですから遣唐使だけを強調するのはいかがなものか。というのが私の意見です。

それから、さきほど山折さんが「天皇霊」のことを言われた。そこで問題になるのは、高天原の神々を中心とする神統譜ですね。その完成の時期は、やはり天武・持統朝ですね。皇太子草壁《くさかべ》皇子が亡くなります。時は、持統天皇十年（六九六）。歳は二十八歳ですが、その殯宮《もがりのみや》での柿本人麻呂《かきのもとのひとまろ》の挽歌《ばんか》には、天孫降臨の神話がたからかに歌いあげられています。もちろん天照大神も歌いあげている。この時期には、すでに高天原を中心とする宮廷神話ができていたことがわかります。ただ、王権の不安定の例として「殯」を挙げられたのはいかがなものか。確かに天武天皇の殯は二年二ヵ月、持統天皇は一年、文武天皇は六ヵ月だった。これはなぜかというと、日本の場合だけを見ていたら、山折さんのような解釈は可能かもしれません。しかし、例えば朝鮮の武寧王《ぶねい》。これには墓誌石（買地券石）が副葬されていて、武寧王の次の王は聖明王《せいめい》。聖明王は有名ですが、武寧王は五二三年に亡くなったことが明らかになっている。ところが、埋葬までには二年三ヵ月もの時間をかけている。それは殯をやっていたからです。これは偉大な王者であればあるほど、殯の期間が長いという例もあるんですね。だから天武天皇の場合は二年二ヵ月と、殯の期間は長い。それは不安定を物語るのではなくて、まさに天皇霊継承のための殯宮の儀式をより重大に権威づけて執行している。これは政権が不安定というよりは、むしろ天武天皇が偉大であっただけに殯が長い。天皇の幼時のことを養育役が誄《しのびごと》し、ついで各官司が所管のことを誄し、隼人《はやと》・馬飼部《うまかいべ》や百済王《くだらのこにきし》氏が誄をします。持統天皇は一年。なぜそうなるかというと、持統天皇（太上天皇）からは火葬ですね。火葬になると、しだいに殯の期間も短くなるのではないか。したがって、不安定だからという解釈だけでは不十分ではないか、と思っております。

大嘗祭は重要です。持統天皇四年（六九〇）から伊勢神宮の式年遷宮が始まり、翌五年に大嘗祭が執行されます。その関連も注目すべきです。大嘗祭にも推移があるというのは、例えば称徳天皇の時に宣命をわざわざ出し、僧侶を大嘗祭に加えているというような例もあります。

**山折**　偉大なる王が、偉大さゆえにその死後に長い殯の期間をもうける。これはあるかもしれませんが、ちょっと異常なんですね。殯の考え方だけで見ますと。私はいま、上田先生がおっしゃったことは、なるほどなと思うのですが、もうひとつ、葬儀の仕方が土葬か火葬かということがあります。土葬をしているだけでは、死の穢《けが》れが完全になくならないと考えられてもいた。それで、火葬にすることで死の穢れを早く浄化するという考えが、仏教の伝来と同時に入ってきたのではないかという点、それがひとつありますね。持統で一年と短くなって、更に短くなってというのは、それが仏教思想によって穢れを排除する方向で事が運ばれている。これは殯の儀礼を排除する方向につながった、と思っているものですから。

**上田**　そうした側面も注意する必要がありますね。

**山折**　もちろん他にもいろんな意味があると思いますから、聖明王にそういうことがあれば、やはり大和魂を称えるため、ということもあったかもしれませんね。

**上田**　王さんも意見があれば発言してください。

## ●東アジア地域の火葬

**王**　本日、せっかくお二人の先生が揃っておられますから、東アジアの地域における火葬についてお伺いしたいと思います。中国では北周《ほくしゅう》時代（五五七〜五八一年）から火葬をする数例があります。しかし、火葬とは、漢代から伝来した仏教と密接な関係がありますので、この年代の火葬墓が発見されたのは当然のことでしょう。

古代の朝鮮では、死者を土の中に埋葬する土葬の風習があった以外に、風葬や水葬および火葬という風習もありました。風葬というのは、南海地方の島の風習ですが、死者の体を風がよく通る所に安置して、草や藁《わら》をかぶせておきます。二十年〜三十年を経過して骨だけになったら、その骨を壺に入れて土の中に入れます。今日では、こうした葬儀の仕方はなくなりましたが、記念物として残っているのです。また、水葬という風習は古代の文献に散見されています。例えば、新羅三十代文武王《ぶんぶおう》（六六一〜六八一年）は、自分が死んだら東海（蔚山《ウルサン》の海）の海底に埋めるように遺言したため、火葬して骨を海底に埋めた、と書かれています。それでは、日本で一番古い火葬という例はいつでしょうか？

**上田**　日本列島における火葬のはじまりについては、縄文時代の事例が八十ばかりあります。例えば縄文時代後期の京都府長岡京市下海印寺下内田《しもかいいんじ》地内の伊賀寺《いがじ》遺跡で、十体以上の火葬例が見つかっています。そして、古墳時代では大阪府堺《さかい》市陶器千塚《とうきせんづか》での火葬例をはじめ、六世紀代からある種の火葬があったことがわかっています。文献でいえば『続日本紀』にみられる行基《ぎょうき》の師といわれる僧の道昭《どうしょう》（222頁参照）の例が「天下の火葬これより始まる」と記されています。

**王**　道昭の例は、年代でいえば？

**山折**　文武天皇の七〇〇年です。ちょうど七〇〇年。それが仏教式の火葬といわれているんです。

**上田**　道昭の火葬がわが国最初の火葬の例です。『万葉集』の歌にもあるように、悪い病で亡くなった人を火葬した例もありますが。持統太上天皇は大宝二年（七〇二）の十二月に崩じて、火葬になる。天皇の一番早い火葬の例は持統太上天皇でしょう。

**小橋**　中国では、どのくらいからでしょうか？

**王**　いま私が知る限りでは、先ほど述べたように北周時代の安伽《あんか》と史君《しくん》と康業《こうぎょう》という三人のソグド人の墓が発掘されたんですけれども、そのうち安伽墓は火葬です。北周時代は六世紀後半のことですから、日本の文献上の火葬と比べますと、ずいぶん古いですね。その墓の年代は大象元年、西暦五七九年なのです。しかし、史君墓と康業墓は土葬です。なぜ、安伽墓は火葬なのか？　私の見たところでは、ある人は中国の北周に入って、長く滞在したり、さらに中国人と結婚をしたりしている場合もあります。最後に亡くなりますと祖国へ戻れないので、そのまま中国の土地に埋葬するのです。これは中国語で言えば「郷に入っては郷に従え」という「漢化」（漢民族の教化）風習と言えますね。

さらに、火葬については『通典《つうてん》』の中に書かれている記載によりますと、ソグド人が亡くなりますと、すぐ水で死体を洗ってから、ナイフでバラバラにして別の庭の所に置いて、犬に食べさせて、骨を集めて火葬にするということですね。

いま、私が連想するのはチベット人の火葬ですね。つまり、チベット人が亡くなりますと、すぐいろいろな葬儀を行います。ふつう、死体を洗ってから白い布で包んで山の頂上へ死体を運びに行きます。そこに葬礼台を置いておくと、すぐにたくさんの禿鷲が来て食べてしまうという鳥葬（天葬とも言う）が行われます。ただし、最後にすべての骨を集めて火葬するということです。

**上田**　もう一度、確認しますが、このソグド人墓はどういう性格のものですか？

**王**　このソグド人墓は六世紀のものです。先に述べたように具体的に言えば、北周時代の安伽墓は五七九年の葬年ですね。特に安伽墓と史君墓出土の「祭司」は、すなわち葬儀を主持するリーダーですね。この人は「人首鷹身」という造形です。つまり、上の部分は人間の頭で、下の部分は鷹の身体で、さらに翼ももっている。この「祭司」という人物は、なぜ「人首鷹身」が描かれているのか？　チベットの禿鷲と言われている「鳥の神様」と何か手がかりがあるのか？　そのうえ古代の中国と日本との間に何か関係があるかどうか、私にはまだよくわからないのですが？　お二人の先生に、何か解明するようなことがあれば教えて欲しいです。

**上田**　前にも若干申しましたように、弥生土器の絵などに、翼をもっているシャーマンの絵がありますね。そこには鳥葬の問題もあるかもしれないけれど、やはり鳥になって飛んでいくという霊魂観あるいは聖なる魂と交流するために、鳥になって飛んで行く。そういう信仰が背景にあると考えられますね。大和・三輪山《みわやま》麓の箸墓《はしはか》（奈良県桜井市）に葬られたと伝えられる倭迹々日百襲姫《やまとととひももそひめ》の「迹々日」は「鳥飛び」の意味で、シャーマンの脱魂型（エクスタシータイプ）に属します。

**王**　上田先生の言われた「霊魂観あるいは聖なる魂」はさらに検討したいと思います。実際、一九七二年から陝西省《せんせい》の考古学者は、唐の乾陵《けんりょう》陪葬墓に属する章懐太子《しょうかいたいし》墓を発掘しました、その墓道の東西両側から、外国の使者を反映する「東客使図《とうきゃくしず》」と「西客使図《さいきゃくしず》」という壁画が出土しました。私は、「唐章懐太子《とうしょうかいたいし》墓壁画〝客使図《きゃくしず》〟弁析《べんせき》」というテーマで論文を書き、『考古』一九九六年第一期に掲載しました。ここで、「東客使図」の後から数える二番目の使者を例として挙げたいと思います。この使者の冠の両側に一本ずつの鳥類の羽を挿しているのは、その特徴ですね（図14）。

この古墳の年代は七〇六年です。発掘者はその人物を、日本の使者と推察しています。また、ある研究者は朝鮮半島の高句麗の使者とも考えています。ただし、新羅は唐の力を借りて六六〇年に百済を、六六八年に高句麗を滅亡させました。ですから、百済や高句麗の使者としては不可能です。朝鮮半島というなら、この使者は新羅の使者しかないと思います。

私は冠の両側にある鳥類の羽を挿すために多くの文献を探していますが、最近、やっと重要な史料を見つけました。それは、中国の文献『三国志』巻三〇「魏書・東夷伝」の記載で、それによりますと、「(古代朝鮮半島の弁辰《べんしん》）大鳥の羽を以って死を送る。その意は死者に飛んで行って欲しい」とあります。ここでの「死を送る」とは、魂を送るという意味があるらしい。

**上田**　死者の魂を送る？　日本のヤマトタケルが死後白鳥になって飛んでゆく伝え、あるいは有間《ありま》皇子の死を悼んで詠まれた『万葉集』の歌に「つばさなすありがよひつつ」と有間皇子の魂を鳥にたたえる歌なども参考になります。『山城国風土記』逸文や『豊後国風土記』にも白鳥の伝承があります。

**図14　唐章懐太子李賢墓出土の「客使図」壁画**
（王維坤提供）

**王**　確かに魂ですね。なお、ソグド人の安伽墓と史君墓出土の「祭司」はなぜ「人首鷹身」という造形を造るのか？　つまり、人間の頭で鳥（鷹）の身体なのか？　私は、エジプトのピラミッドの前にあるスフィンクス（ライオンの像）を連想しています。これは人間の頭で、ライオンの身体ですね。しかし、ご承知の通り、古代エジプトやメソポタミアでは、王が座る玉座の装飾にライオンを用いたのです。権威の象徴であるとともに、守護の聖獣でもありました。この点から分析しますと、「祭司」の鳥（鷹）を守護の聖鳥とする可能性があるはずでしょう。この辺はまだ不明な点が多いのですが、特に両者の間にどういうふうにつながっていくのか、二人の先生のご意見を聞きたいと思います。

**小橋**　上田先生、今の王先生のお話にご見解はありますでしょうか？

**上田**　ソグド人の墓で片一方が火葬で、他方が土葬というのは、理由はどうしてですか？

**王**　はい、火葬も土葬もありますね。先に少し述べましたが、安伽墓の火葬はたぶん祖国のもともとの埋葬風習でしょう。この風習は、少なくとも仏教と関係があるとも思います。ソグド人の史君墓と康業墓はいずれも土葬ですね。漢化したからでしょう。特に康業という人物の墓は、他の古代中国人の死者と同じように土葬にしたばかりでなく、死者の口の中に一枚のビザンツの貨幣（金幣）を含ませており、死者の手に一枚の北周時代の「布泉《ふせん》」という銅銭を握らせていました（図15）。これも、康業墓の風習の大きな特徴です。

ここでもう一つお話ししたいことがあります。シルクロードでは、死者の口に貨幣を含ませること、手に貨幣や石の豚や石の蝉などを握らせることがあるのですが、この研究については、ソグド人の墓の発掘隊長で、西安市文物保護考古所の副所長である程林泉《ていりんせん》さんがよく知っていますので、すぐソグド人の墓に関する発掘情報を教えてくれました。私は早速現場へ見に行きました。その時、「布泉」という銅銭を発見しているところでした。この発掘資料は、『前進中的西安市文物保護考古所――慶祝《けいしゅく》西安市文物保護考古所建所十周年』（内部資料）で、公開されていましたので、私は、新しい「西安発現の北周ソグド人墓と罽賓人《けいひんじん》墓の墓制と葬俗を論じる」という論文を書きました。この論文が『考古』二〇〇八年第一〇期に掲載されました。

とにかく、私の見たところでは、中国の隋唐時代に見られる死者の口に銅銭を含ませる習俗は、殷周《いんしゅう》時代の死者の口に貝を含ませる習俗や、秦漢《しんかん》時代の死者の口に銅銭を含ませる習俗から、徐々に変化してきたものでしょう。中央アジアを探検したイギリスの考古学者A・スタインが指摘したギリシアの古い習慣とは、無関係であると思われています。特に、中国で出土したビザンツの金幣とサザン朝ペルシアの銀幣は、中国と西方の古代文化交流の産物であり、ギリシアの習俗に伴って中国へ伝えられたものではないと、私は確信しています。最後に強調すべきことは、この埋葬習俗が中国の伝統的な埋葬習俗であるばかりでなく、死者の口に玉などの物を含ませる習俗とも密接な関係があったと思われる点です。

特に、安伽墓をはじめとする三基のソグド人の墓地も注意しなければならないと思います。

**山折** 安伽墓や史君墓や康業墓などのソグド人のお墓が発掘されたのはどこですか?

**王** 陝西《せんせい》省西安市の北郊外です。

**山折** 陝西省なのですか?

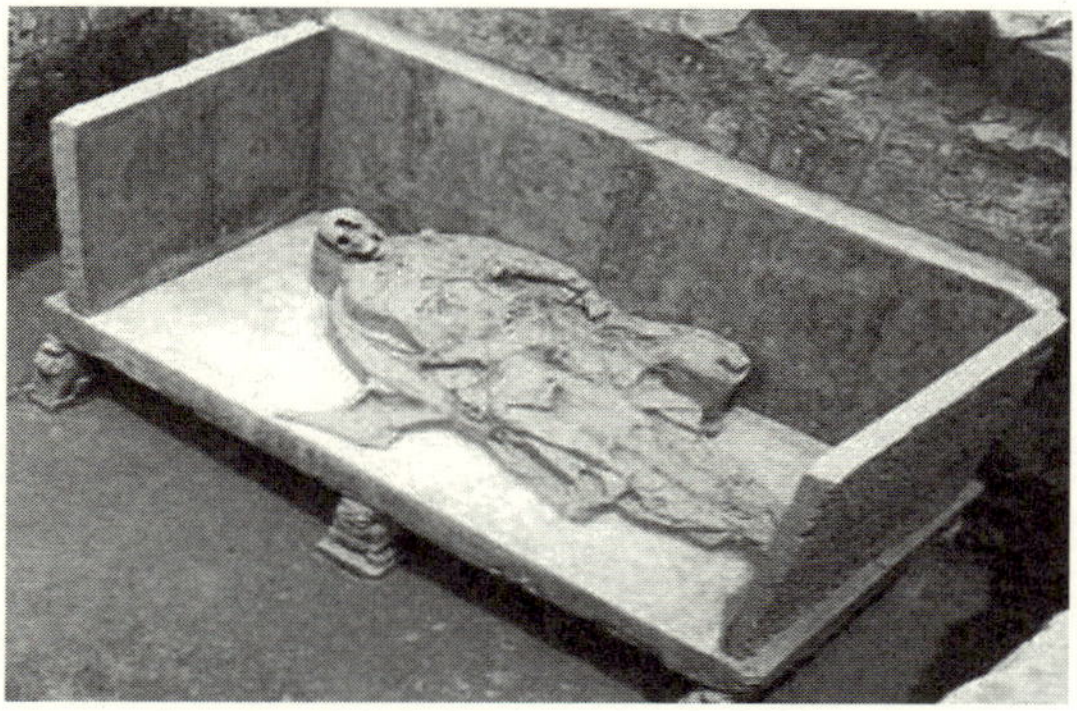

**図 15　北周ソグド人康業墓**
ビザンツの金幣が口に、北周「布泉」銅銭が手にあった。
(西安市文物保護考古所「西安北周康業墓発掘簡報」『文物』2008 年第 6 期)

**王**　そうです。具体的に言えば、いまの西安市の北郊外です。三基のソグド人の墓は、すべて唐の大明宮遺跡の北側です（図16）。

**山折**　チベットではもちろん鳥葬が主ですけれども、ダライラマはミイラ葬にされているんですよ。高位の僧は火葬なんです。一般の人は土葬なんですね。病気になった者は川に流すとか、土に埋めるとか。世界のあらゆる種類の葬儀のやり方がチベットには残されている。チベット文化が中国に広がる過程で、火葬や土葬がどういうふうに伝えられていったのかが解るような気がするのですが。特に陝西省のようなところは、チベットの文化圏に近いですよね。

**王**　さきほど山折先生の言われた「高位の僧は火葬で、一般の人は土葬。病気になった者は川に流すとか、土に埋めるとか」ということは、大事なことですね。中国の古代では官吏の身分によって墓の葬制と葬俗と違うのは当然なことです。これは中国の言葉で言いますと、「埋葬等級制度」と「埋葬風習」と呼ばれています。しかし、ソグド人がもともとどういうふうに埋葬するのか、中国に入ってから、まだそのまま埋葬するのか、あるいはある程度葬制と葬俗を改変する形で埋葬するのか、これらの問題は、これからの私の研究課題です。なお、火葬は先生がおっしゃったとおり、何か若くして亡くなったり、犯罪をしたりした人、これは火葬ですね。普通は土葬です。そういうふうに考える。私の調べたチベットの埋葬風習の限りで、現在のチベットでは全部火葬と言えません。チベット族の葬礼は、漢族たちが誇張するほど奇異なものではありません。

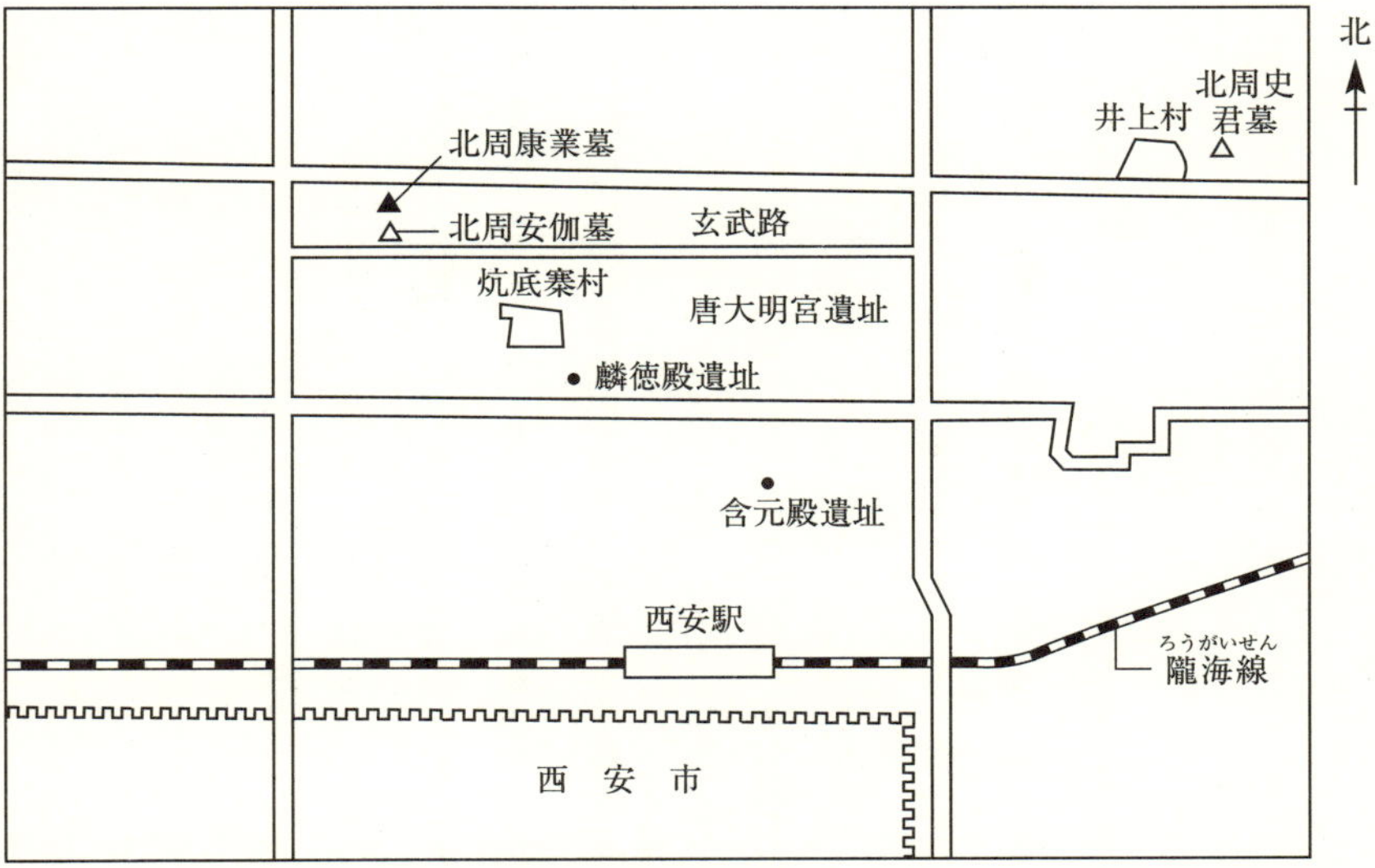


**図 16　北周ソグド人安伽墓・史君墓・康業墓の位置図**
（西安市文物保護考古所「西安北周康業墓発掘簡報」『文物』2008 年第 6 期より作成）

ただし、それなりの一定のやり方があるのは事実です。そして、チベットの面積がものすごく広いために、各地によって、葬儀のやり方も異なりますね。ここでは少なくとも鳥葬（天葬）、土葬、水葬、塔葬などの埋葬制度があるはずでしょう。

**小橋**　今の山折先生のご質問のお話しですと、チベットではそういった分け方をしていたのでしょうか。

**山折**　階層別から財産別でね、そういうふうにしか変わってない。

**小橋**　同時に、ソグド人の墓と時代がチベットを源流に別れているのではないかということでしょうか？

**山折**　別れているのではないかと。思っています。

**小橋**　では、なぜ火葬と土葬が別れているのか、王先生のご見解はこれからでいらっしゃいますか？

**王**　火葬と土葬はずいぶん違いますね。あるチベット人は火葬なのですが、あるチベット人は土葬なのです。その中には一定の理由があるに相違ないと思います。今のところでは、まだ不明点あるいは理解しにくいところもあります。私は、ソグド人の土葬はたぶん「郷に入っては郷に従え」という結果でしょう。例えば昔のソグド人は、向こうの国ではもともと火葬ですけれども、今の問題は中国の埋葬風習を受けて土葬に変わりました。また、本国の火葬の場合ではまず犬に食べさせて、骨を集めてから火葬なのです。中国の北周時代における火葬の場合では葬儀を主持する「祭司」は、「人首鷹身」という鳥類の神様です。ですから、この「祭司」の造形は人間の頭、鳥の身体よりもむしろ人間の頭、鷹の身体だと思います。

隋・唐時代に入りますと、墓の鎮墓獣の造形は、男の鎮墓獣と女の鎮墓獣をそれぞれ造って、それに千秋、万歳という名前が付いています。その造形は上の部分は人間の頭、下の部分は鷹（鳥類）の身体です。鎮墓獣の役割は墓の門の両側に置かれて、墓主人を保護するのです。「祭司」の役割はもちろん「鎮墓獣」と比べますと、すこし異なりますけれども。両者とも似ているところもあります。前者は生前のことを表し、後者は死後のことを表したのです。少なくとも何か関係があるらしいです。

**上田**　足は鳥の足ですか。

王　以前、足は鳥の足と考えられていましたが、今ではむしろ頭は人間、身体は鷹の足と思われます。翼から見ますと、鷹の翼らしいですね。火葬についてですが、吉備真備《きびのまきび》の祖母も火葬でしょう。その年代は和銅八年（七〇八）です。道昭《どうしょう》の火葬と比べますと、すこし遅れています。しかし、先にも述べましたが、私の研究によりますと、下道圀勝《しもつみちのくにかつ》、圀依《くにより》という兄弟のうち、どちらかが大宝二年（七〇二）の遣唐使の一員として中国の唐に派遣され、慶雲元年（七〇四）に帰国したのです。その時、則天武后《そくてんぶこう》が権力を握っているところです。ですから、圀勝あるいは圀依は一生懸命に則天武后の六九五年五月、六月に造った「國」字を含む武周文化を勉強しているなかで、自ら自分の名前の「國」字を「圀」字に変えたのではないかと考えています。唐の場合では、則天武后は七〇五年の一月に亡くなりますと、則天造字の「圀」字はすぐ使用禁止になりました（王維坤著『中日の古代都城と文物交流の研究』朋友書店一九九七年）。

なお、「圀」字から分析しますと、吉備真備の祖母の火葬は、一般的に言われているような何か悪い病いで死んだり、若くして亡くなったり、犯罪をしたりした人ではなく、唐の色々な制度と仏教の東伝に従って、日本では少なくとも唐時代の火葬という風習も受け入れたというのが事実でしょう。

**祭りの道具として使われた鳥形木製品**　日本でも、弥生《やよい》時代から祭りの道具として、木彫りの鳥形木製品も見られる。鳥は土地に聖性を与えるものと考えられていた（大阪府池上曽根《いけがみそね》遺跡出土。大阪府立弥生文化博物館提供）。

**小橋**　火葬はやはり仏教の東伝と密接な関係があるということですが、それでは、則天武后の造字に属する「圀」字については、何か関係する文献資料があったら、教えてください。特に則天武后の「圀」と言う造字の過程を教えていただければ、ありがたいです。

**王**　則天武后の造字に属する「圀」字は、「國」という字から変えたことではなく、口の中を八方の字に改めさせたのです。唐の張鷟《ちょうさく》『朝野僉載《ちょうやせんさい》』の記載によりますと、「天授《てんじゅ》年間（六九〇年七月〜六九二年三月）、則天は好んで新字に改めたが、その際に忌み嫌うことも多かった。幽州《ゆうしゅう》の人で尋如意《じんじょい》という者が書をたてまつって云った。『國という字は中に或があり、天体の運行を惑わし乱すことになります。どうか口の中に武の字を安じてこれを鎮められますように』、則天は大いに喜び、ただちに命を下してそのようにさせた。一ヵ月余りして、また書をたてまつる者があり云った。『武が退けられて、口の中にいれるのは、囚の字となんら異なるところがありません。極めて不祥であります』。則天は愕然として、急いで追命を下し、中に八方の字に改めさせた。その後、孝和《こうわ》皇帝（中宗《ちゅうそう》）が復位すると、果たして則天を洛陽の上陽宮《じょうようきゅう》に幽閉した」という記録を残しております。もっとも、私はこの「果たして則天を洛陽の上陽宮に幽閉した」という記載は、どうしても封建迷信の傾向をもつ、証拠として足りないと思っています。

## ●日本の考古学・民俗学は歴史学の補助学か

**山折**　ところで私、京都に来る前は千葉県佐倉市の国立歴史民俗博物館にいたんです。あそこは考古学・歴史学・民俗学、これら三学の協同で学問をやっていこうという理念の下に東京大学の井上光貞さんをリーダーに作られた博物館・研究所でした。その時、井上先生と話しをしていて、へえ、と思ったのが、要するに考古学というのは歴史学というか、古代学の補助学なんだと、こういう認識でした。それに対して民俗学というのは近世・近代の歴史学の補助学であるといっておられる。やはりそうかと私は思ったんですね。三学共同で研究をするなんて言っていても、やはり歴史学こそが学問の王道であるというわけです。上田先生はこのことについてどうお考えでしょうか。

私が、そういわれても仕方がないなと思いましたのは、結局日本の考古学というのは、土器編年のような仕事に見られるように、百年、二百年、せいぜい五百年単位の、そういう短期的なタイムスパンで仕事をやっているわけで、そうなると古代史を補完したりするような研究ということになってしまう。しかし考古学といえば、本来は一万年、五万年、十万年の考古学的年代の中でこそ仕事をすべきであって、古代学の補助学だといわれてしまうのは、考古学がそもそもそういう十年、百年単位の範囲内で仕事をしているからではないか、そんなことを考えたことがありました。それで井上さんのように、考古学は古代学の補助学として利用すればいい、となるわけですね。

実際に日本の古代史というのは、これまでの考古学の成果のおかげでどれだけ豊かになったかしれない。

**道昭《どうしょう》（→ 209 頁）が開いた飛鳥寺東南禅院の瓦窯**（奈良文化財研究所提供）　考古学の発掘調査によって、日本古代史はひとつひとつ解明されていった。

つまり利益を得ているのはほとんどが古代史の方なんですね。それがひとつ。同じ事が民俗学にも言えるだろうと思うんです。柳田国男の民俗学というのは本来そういう王道としての歴史学に正面から挑むというか、立ち向かう学問だった。歴史学が踏み込むことのできないような世界で仕事をするというのが民俗学の本来のあり方だと、そういう志で出発したのが柳田国男の民俗学だったと私は思います。柳田さんは民俗学には三つの分野があるといっている。目で見えるもの、耳で聞くことのできるもの、もう一つが心で感ずる分野のものだと。民俗学にとってはこの三つの分野が非常に重要だといっていたわけです。同じ事をやはり折口信夫も論じていた。造形伝承や年中行事などとともに、心意伝承ということをいっている。柳田さんにいわせると心で感じる分野ですね。

折口さんも目で確かめることのできるもの、耳で聞くことのできるものの他に、もう一つ「心で感じる重要な世界」があると考えていた。これら三つの分野を並列的に並べながら、柳田さんも折口さんも「心で感ずる世界」つまり目で見ることのできない世界の研究をするのが民俗学の最も重要で永続的なテーマでなければならないと考えていた、と私はずっと思っていたんです。しかし戦後の民俗学がやってきたことは、結局「目で見えるもの」「耳で聞くことのできるもの」「形あるもの」……そういうものが中心となってしまう。

民俗の世界で伝承されてきたものを研究していくといいながら「心意」の世界に肉迫していくような研究はだんだん少なくなったと思いますね。で、そういう研究態度を支えたのが、マルクス主義歴史学。唯物論的な世界観だったと思います。そのような、マルクス主義・社会主義の立場からすれば、心で感ずるものとか、目や耳で確かめることのできないものほど不確かなものはない。つまりは歴史学や民俗学の正当な研究対象にはならないという認識が出てきて、それで戦後ずーっときたと思います。

柳田国男の仕事の中には、もちろん目で見ることのできる分野、耳で聞くことのできる民俗伝承についての膨大な研究が積み重ねられています。けれども、例えば『遠野《とおの》物語』とか、『先祖の話』、それから『海上の道』とかですね、柳田さんの仕事の中で、私なんかが極めて重要だと思っている研究というのは、その多くが心で感じるもの、心意現象についての研究だったと思いますね。それは日本の千年、二千年の伝統、日本列島全体の歴史というものをトータルに考える場合に欠かすことのできないテーマだと思うんですね。

ところが、目に見えるものとか形あるものの世界というのは時代によってどんどん変わってゆくわけですよ。だから戦後になって農地解放があったり、やがてその農村が崩壊していったりと、いつのまにか民俗学の分野でやることがなくなっていった。今日の民俗学の衰退というのは、形のある民俗伝承を追いかけているうちに、それが近代化の波に洗われてどんどん失われていってしまったというところに根本の原因がある。だけどそのくらいのことは柳田さんはちゃんと承知していたわけで、だからこそ「心意伝承」つまり心で感じる世界の問題こそが重大だというふうに考え続けていた。最近の民俗学はそういうところで立ち往生していると思うのです。新しい研究対象を見つけることができないでいる、という非常に悲しむべき状況になっているとと思うんですね。で、そういう傾向は戦後の日本の歴史学にもあったわけで、古代史から現代史に至るまで、信仰の世界とか宗教の世界とか観念の世界、そういうものにはできるだけ触れずにきたという事情がありますね。

それに重なって今日のテーマでいいますと、上田先生がおっしゃった日本文化の始まりとかですね、国家の起源なんて考える場合に、そもそも国家をどのようにイメージし、どのように観念していたかということとそれは関連しますね。いくら社会の物質的な基礎、社会構造だけを明らかにしようとしても、それを支える観念やイメージの世界が明らかにならないと、国家というものの深い構造的な問題というのは現れてこない。そういうことをようやく最近の歴史学は考えはじめたのかなという感じがするんですよ。上田先生ははじめからそういう両方の問題を研究してこられたけれども、それはどうも日本の歴史学の常識には必ずしもなっていない。戦後のマルクス主義的な歴史学は乗り越えることができていないし、精算していない。今日の民俗学の現状もそうですね。柳田国男や折口信夫のやった仕事のほんの一面しか捉えてこなかった。

**小橋**　私は、山折先生のお考え、非常に要点を突いたお話しだと思いました。また、厳しい評価かなとも感じました。上田先生、そのあたりはいかがなのでしょうか？

**上田**　基本的にいまのご指摘に賛成ですね。私はフランスへ三回行っているのですが、ちょうど二〇〇一年九月十一日のアメリカでのテロ直後に招かれてパリへおもむきました。日本文化館ほかで講演しましたが、上田が来たからということで、私を囲む座談会が催されました。歴史学・考古学の先生方が中心でした。

それで開口一番に出たのが、その少し前に東日本で起こった発掘担当者が旧石器をさも検出したかのように装った、旧石器ねつ造事件のことでした（笑）。上田先生はどう思うか？　と聞かれました。私は考古学は専門ではないけれども、遺物中心の〝物の考古学〟では不十分ではないか。人間が不在の考古学では、人間の歴史と文化は十分に見きわめられない。遺物よりも大事なのは遺跡ですね。だから、旧石器が仮に見つかっても、遺物は移動する可能性があるわけです。わかりやすい話が、私が仮にどこかの銅鐸《どうたく》の破片をもらってきて、私の家の庭に埋めておいて、土をまことしやかにならして、雨が降って、新聞記者諸君を呼んで、「ここから銅鐸が出るかもしれない！」って言って掘り出したら、滑稽でしょう。

つまり、遺物は移動するわけです。これは邪馬台国《やまたいこく》論争でも、景初《けいしょ》三年（二三九）に魏《ぎ》の皇帝が卑弥呼《ひみこ》に与えた金印が仮に奈良県の大和から出ても、すぐに「だから邪馬台国いわゆる畿内説が正しい」とは即断できないわけですね。九州へ入った金印が、何らかの移動で畿内へはいっている可能性もある。ですから旧石器だけではなく、その生活跡の遺跡が問題になる。これはマスコミの報道についても言えることですが、金ぴかの冠や、金銅製の素晴らしい遺物が出たら、大きく報道する。こうした類の報道も遺物中心の報道です。その旧石器は、実はねつ造の遺物だったわけですが、その時代の遺跡、あるいは遺物包含層部との関連も当然、調べないといけないわけです。「物の考古学」、遺物中心の考古学になっていたから、ねつ造の石器も見抜けなかったのではないか。人間不在の考古学になっていたからでしょう。

例えば、衣食住の問題にしても、「モノ」の世界が中心ですと、その着物をどういうふうに着たか、その食べ物をどういうふうに食べたか、いろんな形の食器をどういうふうに使ったのかという、心の世界は探究されない。こういう点を、フランスの先生方へ説明したら、拍手をして下さったのですけれども。これは、歴史学についても言えることです。戦後の一種の流行は、社会経済史で、いわゆる下部構造の分析が主流であって、上部構造の分析はあまりしない。精神史など、いわゆる「皇国史観」の分野みたいにみなしていたわけですね。

それが今では、思想史とか精神史との分野が歴史研究でも大きなウエイトを占めるようになってきた。マルクス主義の盛んな時代に、私は国造《くにのみやつこ》・県主《あがたぬし》の問題をめぐって、井上光貞さんと大いに論争をしました。いわゆる国県制論争です。井上さんを尊敬しているから論争をしたわけですが、当時秋田大学の新野直吉《にいのなおきち》さんが、歴史学界の柏鵬《はくほう》戦だと紹介されたことがあります。大相撲の柏戸《かしわど》と大鵬《たいほう》が横綱の時代でした。そこで新野さんに「あなた僕を柏戸だと思っているだろう」と言ったことがある。柏戸の方が弱いんですよ（笑）。

そうしたら「イヤイヤそんなことありませんよ！」と言っておられたけれども。県主制から国造・県主制へというプロセスを祭祀集団との関わりで論じていきました。祭祀の機能とか、宗教的機能とかは古代国家の研究においては軽視できない。不可欠の分野です。古代国家と宗教との関わりを抜きに古代国家の究明はできない。これは日本だけじゃなくて、中国でも、エジプトでもそうです。国家の権力は物質的な基盤だけではなくて、宗教的機能をいかに権力者が掌握するかが、国家の統治においても重要です。

**キトラ古墳調査のマスコミへの発表**（1998年3月5日、明日香村教育委員会提供）

忘れもしませんが、私が一番初めに出した単行本が『神話の世界』です。創元社歴史選書でした。そうしたら、京大の研究室で大先輩に「上田君！　歴史学は神話なんかやるものじゃないよ」と言われたことがある。そこで「こういうことをいう先生もいるんだなあ」と思いましたね。昭和四十五年（一九七〇）の四月には、岩波新書で『日本神話』を書いて、これは毎日出版文化賞を受賞することになるのですが、当時は神話なんかを取り扱うのは右翼だと思われていたわけです。私なんかは、神話は歴史的事実ではないけれども、貴重な文化遺産であって無視できないと思っていました。神話・即・歴史なんて考えたら間違いですけれども、神話の全面否定はもってのほかだと考えてきました。あの本は、社会経済史一辺倒の当時の歴史学への僕なりのプロテストであったのですけれども。

今や、社会経済史は力を失った。これでは極端から極端ですね、下部構造が担っている意義というのもあるわけです。物質的基盤もやはり大事です。宗教的機能だけで古代国家は成り立たない。やはり複眼の視座が要る。今や社会経済史の分野は研究する人も減りました。これもまた嘆くべき状況です。学問は流行を追ってはならないのです。

**小橋**　上田先生の今のお話しでも、やはり山折先生と同じような危機感をおもちでいらっしゃるというのがよくわかりました。それから上田先生のお話しでは、日本では現在、社会経済史の研究にあまり目を向ける人がいなくなったというようなことですが、中国の方では王先生いかがお感じでいらっしゃいますか？

## ●藤原京・平城京のモデル

王　中国の考古学と日本の考古学に関する私の見聞や、比較研究をすることとか、あるいは特に心で感じることなどを述べさせていただきたいと思います。例えば、都城制を研究する場合では、都城の平面図よりも、むしろ都城の設計理念を研究するのが大事なことですね。都城の設計理念とは、一般的に言えばあまり見えない、聞こえない、比較的研究しない、感じさせないということですが、実はよく見ることができ、聞くことができ、比較的研究ができ、感じさせることができると言えます。考古学の立場から言えば、ある研究者がものだけを見ます。ものと人間との間には、何か関係があるかどうかあまり注視しないのはダメですね。換言すれば、古墳の研究者は、古墳のことだけを研究します、都城の研究者は、やはり都城の平面図とプランだけを研究します、両者の間にはどういう関係があるか、比較的な研究は以前ほとんどしなかったのです。実は両者の間には密接的な関係があります。

つまり、都城制と皇帝陵との間に関係があります、普通の人の家庭と自身の墓との間に関係がありますね。都城は皇帝が生前の居住という所ですから、皇帝の生前の世界を代表するのですが、皇帝陵は言うまでもなく皇帝死後の黄泉の国を代表するのです。簡単に言うと、都城は皇帝の生前の生活を反映し、皇帝陵は皇帝の死後の世界を反映します。ですから、両者には密接な関係があるはずです。普通の人にとっても皇帝の生前と死後という考え方とまったく同じで、家庭は生前のことを表し、墓は死後のことを表すと言えるでしょう。中国の古代文献に次のような話しがあります。「ある人はもともと地主でたくさんのお金をもち、立派な家を造営しました。大人になった時、家庭の経済状態は駄目で、町の物貰いの人になりました。ちょうどその時期に前後して、ご両親が亡くなりました。お金はないので、簡単に埋葬しました。その後、この人は金持ちになりました。そうすると、すぐ地主の時の家を模倣しながら、再び亡くなった両親のために墓を造営し、墓室も部屋と同じようになったのです。」これは、墓が生前の家を模倣する実例よりもむしろ考古学の証拠だと思います。実際、都城と陵墓とも同じですね。

詳しくは171頁以降の「詳説1」を参照いただきたいと思いますが、私の見たところでは、皇帝生前の都城と死後の陵寝（墓室）との間に何か関係があるに相違ないと思います。だからこそ、考古学の立場から観察しますと、都城制と陵墓制を比較研究することが一番大事なことでしょう。

**小橋**　どうもありがとうございました。続いて、岸俊男先生の学説をもう少し説明いただけますか。

**王**　先に述べたように、岸俊男先生の学説は関野貞先生と宿白先生と異なって日本の都城モデルは隋・唐時代の都城ではなく、三～五世紀の南北朝時代の都城です。これが岸先生の学説ですね。しかし、私の見たところでは、和銅元年（七〇八）に創建していた日本の代表的都城である平城京は、その際、中国・南北朝の都城をモデルとしたとするのは不可能だと思います。何故かと言いますと、その時、南北朝の都城はすべて六世紀中期頃まで存在しなかったのが事実です。存在しなかった都城をどういうふうにモデルとすることができるのか、これが最大の疑問です。

しかし、日本の多くの都城研究者が岸先生の学説を支持してきました。一九八七年五月、河北省社会科学院歴史研究所は中日共同検討会を開催しました。その時、奈良女子大学の上田早苗先生は「後漢末期の鄴地《ぎょうち》と魏都」をテーマとして発表しました。それによると、日本の古代の都城制は、なぜ三国・南北朝の都城を模倣するのか、と言いますと、「当時、日本は朝鮮半島を通じて北朝に接触し、鄴都を描く左思《さし》の『魏都賦《ぎとふ》』は、すでに南梁《なんりょう》の昭明太子《しょうめいたいし》蕭統《しょくとう》の『文選《もんぜん》』に収録されていたばかりでなく、そのうえ、古代日本人は『文選』をよく読んでいた。ですから、古代日本はこの書物を通じて、多くの鄴都に関する様子と状態がわかったと言えます」（谷川道雄編『日中国際共同研究・地域社会在六朝政治文化上所起的作用』玄文社一九八九年）と述べています。換言すれば、藤原京を含む平城京のモデルは、中国の隋・唐時代の長安城と洛陽城ではなく、三国・南北朝時代の都城ではないかと言われています。しかし、実はこの『魏都賦』という本の中では都城のプランとかサイズなどが一切書かれていません。ですから、私は、上田先生の解釈には賛同できないのです。

特に一九九七年以降、日本の考古学者は藤原京を重点的に繰り返し発掘してきました。この藤原京は宮城だけがありますが、外側の羅城は存在しなかったのです。この点から分析しますと、藤原京を含む平城京のモデルは、中国の隋・唐長安城しかないでしょう。三国・南北朝時代の都をモデルとして直接につながって考えるのはちょっと難しくなると、私はそのように考えています。

**上田**　それでは、藤原京はどの都城につながるのですか。

**王**　そうですね。藤原京のモデルと平城京の建制は、今のところまだ不明点がいっぱいあります。例えば、藤原京のモデルについて、ある人は中国の三国・南北朝の都城で、ある人は『周礼《しゅらい》・考古《こうこう》記《き》・三礼図《さんれいず》』であると。また、ある人は隋・唐長安城でしょう。ですから、私は今すぐに藤原京のモデルに関する結論を出すのはちょっと早すぎると思います。平成十七年（二〇〇五）九月に、奈良県大和《やまと》郡山《こおりやま》市の下三橋《しもみつはし》遺跡で、平城京の南限とされてきた九条大路の南五三二メートルを東西に走る道路遺構が見つかり、「十条大路」と断定されました。この発見で、南北九条とされてきた定説は覆り、当初は十条だったのですが、のち九条に縮小されたことが確定しました。もっとも、隋・唐長安城の大路と平城京の大路は両方とも朱雀門から数えますと、前者は十条大路、後者は八条大路です。ですから、平城京では南の十条大路を含んでもあわせて九条大路しかないと思います。今度の発見は西側だけですが、東側に十条があるかどうかまだ謎です。これは全面的に発掘した上で、確認した方がよいのではないかと思います。

なお、隋・唐長安城の南側里坊は名目上は居民の里坊ですが、実

**大和郡山市の下三橋遺跡の現地説明会**（平成17年9月3日）　九条大路の南側でも条坊遺構（右）や羅城関連遺構（左）が見つかったことから、多くの考古学ファンがつめかけた。

際のところは野菜畑で、誰も住んでいません。野菜の産地として、都市の人々の生活を解決するために存在したと見えます。徐松《じょしょう》『唐両京城坊考』巻二の記載によれば、「興善寺《こうぜんじ》より南の四坊は、東西の郭城を尽くして、おおむね第宅《ていたく》はなし、時には居者があれども、煙火に接せず、耕墾種植し、阡陌《せんぴゃく》相連す」とあります。さらに「囲外地」と称された安善坊《あんぜんぼう》以南の三坊は東西の郭城までに達して、さらに広漠つまり空き地です。だからこそ、平城京のこの部分は、もし中国の都城の里坊を模倣していたら、この部分は空き地あるいはもう一本の大路を造る可能性があるとも思います。とにかく、なぜわざわざ西側だけに十条を造るのか。これには、私は納得できないと考えています。

次に中国の隋・唐長安城の設計思想と配置が日本の平城京（図17）と関連する影響をお話しましょう。

私は一九八六年から八八年まで同志社大学に留学した際、「古代中日の都城に関する研究―長安城と平城京を中心として―」というテーマについて修士論文を書きました。一九九二年九月、同志社大学の客員研究員として招聘され、この機会を利用して、まる一年間で博士論文を書き終わりました。さらに、一九九七年に博士論文に加筆した『中日の古代都城と文物交流の研究』という拙著は、同志社国際主義教育委員会（委員長松山義則元総長）から出版助成金をいただき、朋友書店より出版されました。この拙著では、十五の方面から比較研究を行いました。この中から、ひとつの例を挙げましょう。

隋・唐の長安城の羅城の東南隅にある「曲江池《きょっこうち》」という池は、実際には「隋文《ぶん》（帝《てい》）の新意」（宋敏求《そうびんきゅう》『長安志』）に沿って、当時の総設計師である宇文愷《うぶんがい》が自ら設計して、掘り開いたものです。なぜ東南隅に池を掘り開いたのか？　これは中国の古代文献の中に次のように詳しく記載されています。つまり、「隋京城を営む

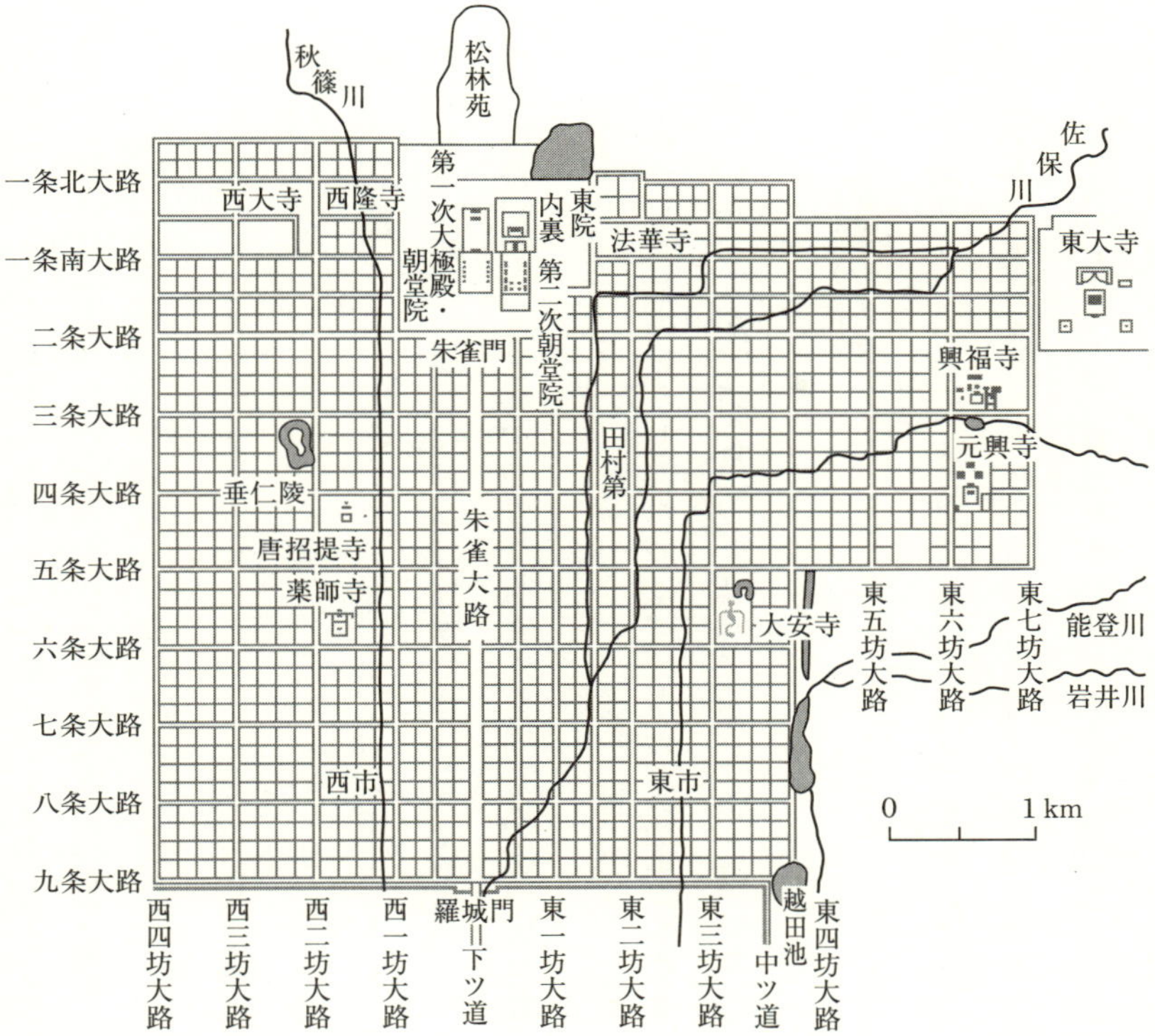


**図 17 平城京のプラン**
（王維坤著『中日の古代都城と文物交流の研究』朋友書店、1997 年より作成）

に、宇文愷、其の地京城の東南隅にありて地高く便ならず、故に此地を闕けて、居人坊巷《きょじんぼうこう》を為さざるを以って、之《これ》を鑿《うが》ちて池を為《な》し、厭《えん》を以って之に勝つ」（宋敏求『長安志』）ということです。しかし、隋・唐の長安城内の地勢から言えば、実際は東南隅の地勢が一番高く、海抜は四六〇メートルです。西北のあたりにある地勢が一番低く、海抜は四〇五メートルです。高いところと低いところの高低差が五十五メートルという驚くべき値に達したと言えます（図18）。

私の研究では、司馬遷《しばせん》『史記』巻一二七「日者列伝《にっしゃれつでん》」に書かれた「天、西北に足らず、星辰、西北へ移す。地、東南に足らず、海を以って池と為す」という記録はもちろん、天文・地理及び封建迷信思想と密接な関係があるはずだと思います。換言すれば、平城京は「天体」の東南の海を模倣して、同じく東南隅に海に相当する「曲江池」を造営したと思います。この点から見ますと、隋文帝は隋の大興城《だいこうじょう》を造営するにあたって、やはり「風水」という設計思想と設計理念を重視していたのです。だからこそ、わざわざ東南隅に池を掘り開きました。この例は、隋・唐の長安城だけで見えます。しかし、中国ではそれ以外の例はありません。注意を引いたのは、日本の平城京の場合では同じ東南隅にも、人の手で「越田池《こしだいけ》」（のちに「五徳池《ごとくいけ》」と呼ばれる）を掘り開きました。池の名前は確かに異なりますが、しかし、日本は島国ですから、東南隅ばかりでなく、どんな隅でも海です。中国との地勢が異なるのですけれども、やはりちゃんと同じ場所・同じ制度で造営したのは模倣であるに相違ないと、そういうふうに考えています。

　とにかく、私の見たところでは、日本の平城京のモデルは隋・唐長安城しかないと思われます。私の結論が正しいかどうか、諸先生のご意見を聞きたいと思います。

## ●皇城と陵墓の分離

**山折**　設計プランの話は、興味深く面白く拝聴しました。ひとつお伺いしたいのですが。長安城でも洛陽城でも、皇城の中に陵墓は造りませんよね。陵墓は必ず皇城の外に造っている。その皇城と陵墓の分離の体制の問題なんですけれども、これは日本の平城京も平安京もその通りなんですよ。東京の皇居もそうなんですね。だから都城、つまりアクロポリスと、陵墓―ネクロポリスの分離二元体制って言うのは、日本は中国文明から

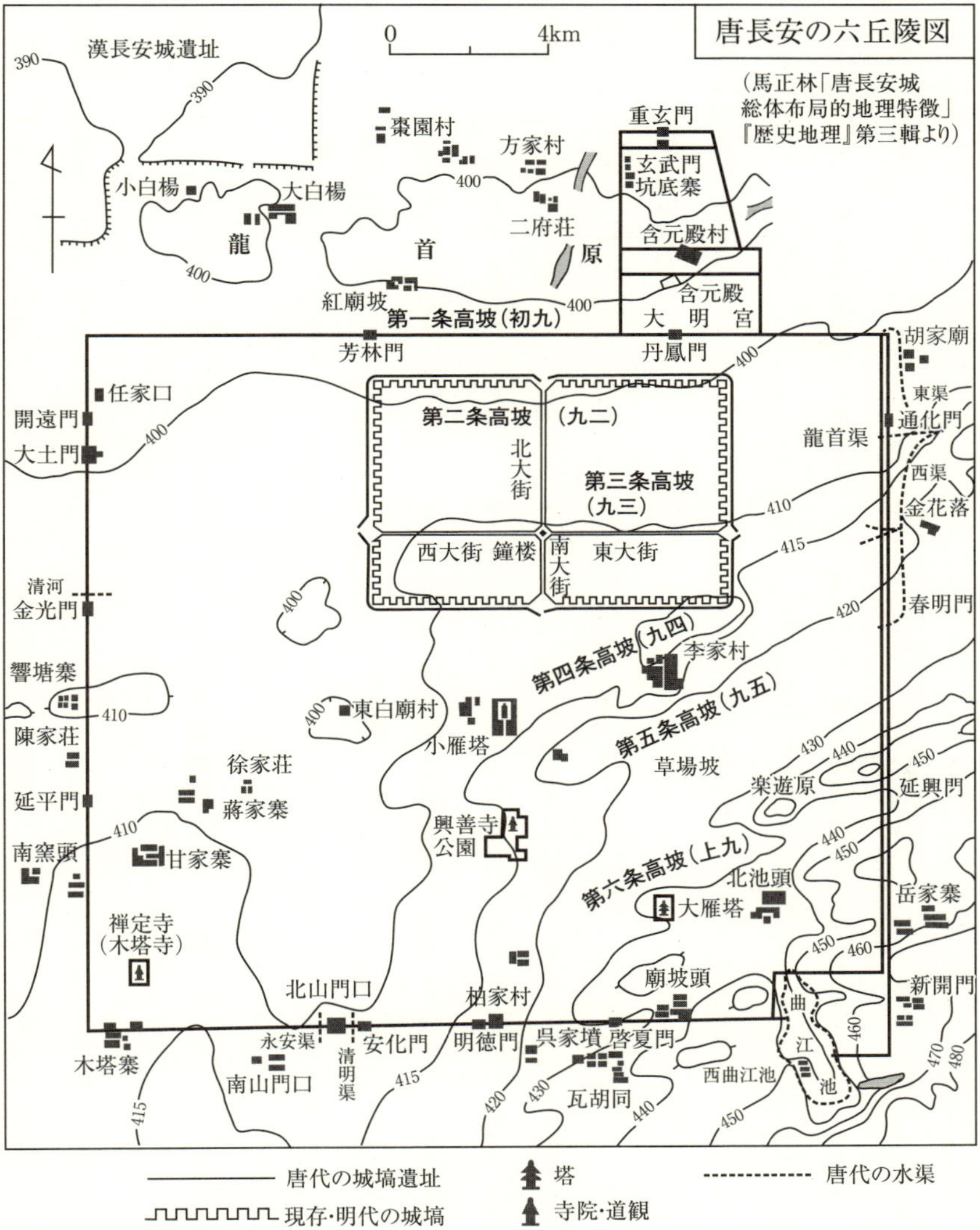


**図 18　隋・唐長安城の地勢図**

(岸俊男編『日本の古代 9 都城の生態』中央公論社、1987 年より作成)

学んでいる。あるいは模倣していると思うのですが、ただですね、例えばチベットのダライラマ政権の場合は、ポタラ宮殿の真ん中に陵墓があるんですね。真ん中に塔―仏塔があって、歴代のダライラマのミイラが祀られている。

それから、例えばソ連。ロシアのロマノフ王朝の時代のこととしていうと、今のクレムリン宮殿の真ん中にアルハンゲリスキー寺院とウスペンスキー寺院というロシア正教のお寺があるんです。その教会の中に、歴代の王の遺体と大僧正たちの遺体が収められ祀られていて、そこに玉座まである。代々の皇帝はみんなそこの玉座で戴冠式《たいかんしき》を行っていたわけです。イギリスのエリザベス女王だってそうです。ウェストミンスター寺院で戴冠式をしているわけです。まとめて言いますと、世界の王城というか、都城というか、王権のセンターには、遺体をその内部に包摂するスタイルと、外部に排除するスタイルとの二つがあるというのが私の仮説なんです。アジアでは中国と日本が、王城とその陵墓を分離するという点で見事に対応している。そこで、日本は明らかに中国文明を模倣しているわけですが、それでは中国はどこからそういうシステムを造り出したのかという問題なんです。

王城の中に陵墓を取り込まないという、そういう発想はどこから来ているのでしょうか？

**王**　これは、私が今考えているところでは、もちろん両者の間に密接な関係がありますけれども、山折先生が先ほどおっしゃった通りで、チベットや旧ソビエトは城壁の中にお寺と仏塔があります。城と墓（寺）が一緒になる制度は、おそらく中国の漢民族が古代の少数民族と外来民族及び外来宗教文化の影響を受けて、生まれてきた文化ですね。例えば、北魏の洛陽城にはあわせて一三六七ヵ所のお寺があります。この文化は、仏教の受容と関係があります。この文化は漢民族の文化と比べれば、異なることがすぐわかります。

さて、都城と皇帝陵との間の差を述べたいと思います。都城は皇帝の生前の世界を表し、皇帝陵は皇帝の死後の黄泉《よみ》の国を表したものですから、少なくとも商《しょう》・周《しゅう》時代から人々の生死観に基づいて別々に造営したと言えます。さらに遡りますと、新石器時代の甕棺《かめかん》から生死観を見ることができます。例えば新石器時代には子供が亡くなりますと、必ず遠いところへ埋めずに家の側に埋めます。これはひとつのポイントです。もうひとつのポイントは、子供の甕棺は主に鉢と甕からなるわけです。上の鉢の表面には必ず三つの三角穴あるいは丸い穴を空けます。なぜ穴を造るかと言いますと、ご両親の見たところでは、子供は死んだのではなく、黄泉の国あるいは別の世界へ行く、というイメージを考えています。まだ生きているので、この穴を通じて、呼吸するということですね。二〇〇五年九月、西安市文物保護考古所は西安市の北郊外で北周時代の古代インド人李誕《りたん》墓を発掘しました。そのうち、漢民族の「漢化」した石棺が出土しました。石棺の四周と蓋には「四神」などの文様以外に、蓋と両側にも二つずつの小さい穴がありました（図19）。

日本でも、そういう生死観と考え方が残されているところがあります。私は二〇〇八年二月、沖縄大学へ講演に行きました。沖縄へ行けば、十四世紀から十五世紀以降までの古い墓がたくさん見られます。一番注目したのは、墓の門に必ず二つの穴を空けているのです。これは、いうまでもなく昔の伝統的な埋葬習俗の縮影と反映だと思います。

なお、中国で初めて陵を造営するのは秦《しん》の始皇帝《しこうてい》です。彼から初めて「国王」を「皇帝」と呼びました。

**図19　北周時代の古インド人李誕墓出土の「漢化」した石棺**
（西安市文物保護研究所・程林泉《ていりんせん》・張小麗《ちょうしょうれい》・張翔宇《ちょうしょうう》「談談対北周李誕墓的幾点認識」『中国文物報』2005年10月21日第7版より）

皇帝の呼び方が変わるばかりでなく、陵墓制も変わりました。例えば、秦時代以前の古墳の特徴は「不封不樹」という二つのポイントです。一つの「不封」は、地上に封土堆《ふうどたい》を造らないことです。もう一つの「不樹」は樹を植えないことです。もし封土堆を造り、樹を植えますと、これが墓であること、さらに誰の墓かもわかってしまい、すぐに盗掘されてしまう可能性があります。だからこそ、古代の人々は盗掘を防ぐために地上に何も造らなかったのです。ですから、秦時代以前の王陵、つまり夏《か》・商・周時代の王陵はどこに埋めたという記録がないし、誰にもわからないでしょう。

秦の始皇帝は六国を統一してから、高くて大きな封土堆を造ったばかりでなく、地下にも三〇メートルの高さをもつ建築物が造営されました。唐時代に入りますと、国力がとても強いですね。「山を以って陵と為す」、すなわち山を利用して陵を為すという埋葬制度がとても重視されています。先述した「関中唐十八陵」の中では昭陵《しょうりょう》・乾陵《けんりょう》・橋陵《きょうりょう》は代表的な「山を以って陵と為す」という唐陵と言えるでしょう。

**山折**　なるほど。そのご説明はよくわかりました。少し補足しますと、日本の場合はですね、王の遺体を都城の外に出す、というのは、どうも王の死体の穢れを非常に強く意識したからではないかと思います。しかし、中国人には日本人ほど穢れを忌避する意識がないのではないか。ただいまのご説明で、ある程度はわかるのですが、穢れの問題はどうですか？　中国人の場合はあまりないのではないですか？

**王**　表面的に見ますと、多分ないですが。裏から観察すれば、あるはずだと思います。例えば、始皇帝は毎年巡幸を行いました。西暦前二〇一年、巡幸先で死去します。始皇帝の死は宦官趙高《かんがんちょうこう》により伏せられ、死臭をごまかすために魚の干物を積んだ車に載せられました。これは穢れの問題よりもむしろ守秘だと言えるでしょう。

**山折**　違いがあるとすれば、そこじゃないかという気がします。

**王**　先ほど、私は日本の奈良時代のいろいろな制度は中国の唐から導入されていた可能性が一番大きいと言いました。ただ言い過ぎるところがあったかもしれません。しかし、この時期の交流と導入した役割は上田先生が指摘されていた通りに、隋・唐時代の遣隋・遣唐使ばかりではなく、やはり渤海国や朝鮮半島の役割も含まれているのです。

なお、中国の陵墓制と日本の陵墓制については、ある程度中国の影響を受けましたが、影響を受けなかったところもあります。中国では、皇帝をはじめとする地位の高い官吏は大きな丘墓を造った以外に、地下に立派な墓室も造りました。日本の古墳を中国の古墳と比べますと、第一に、一部を除き全体の規模はそんなに大きくないことです。第二に、墓室は地上に置かれることです。なぜ墓室を地上に移すかと言いますと、これはたぶん地下の湿度と地下水位と関係があるでしょう。まさにこれらの問題がありますから、適度に選択して、墓室を地上に造ったのです。日本の古墳は、やはりそのまま模倣しなかったところもあります。つまり、自国に符合するものを模倣し、符合しないものは一切模倣しません。この点から見ますと、日本の古墳は中国の古墳を模倣した時、日本の都城と同じように選択しながら模倣したというように考えています。

**小橋**　どうもありがとうございました。都城の造り方において、山折先生からのご質問で穢れの問題の違いによって、都城と陵墓とが同じ場所から離れた。日本では、そういう問題が大きかったのではないかというご指摘を頂きました。また、王先生からは、ずっと遡って、都城と陵墓との形式が違うのは、時代的な変遷としてそういう道を、中国においては辿ってきているという詳しいご説明をいただきました。また、まだ未発掘の大きな陵墓についても、おそらく都城と関連するような設計プランであり、そういう設計プランに基づいて築陵されているはずだというお話しをいただきました。日本に文化的に入ってくるにあたっても、湿度の問題で、墓室を地下ではなく地表にしたと。日本においては、こうなったと変容を物語るうえで面白い観点ではないかというふうに拝聴しました。

## ●都城の設計プラン

**上田**　設計プランの問題は、重要な問題だと思います。日本の場合、城郭という言葉の由来は、「内城・外郭」の省略なんですね。内なる城・外なる郭……これを略して「城郭」と言うのですけれど。日本の場合は周りを羅城で囲まないですから、内城あって外郭なしということになる。

藤原京でも羅城がないし、平城京にもない。平城京では、さっき十条大路の話しが出ましたけれども、大和郡山市の下三橋遺跡（231頁参照）では、南北一間で、東西に細長い掘立柱建物跡が見つかりました。その年代は七五〇年前後と見なされていますが、これを羅城と言うにはいかにも貧弱です。十条というのも、極めて短期間であって、おそらく藤原不比《ふひと》等らが都市の構造を広く見せるために、一時期十条まで造るという計画をした可能性もある。極めて短期間で、実際に機能しなかったと思っているのですが。長岡京でも平安京でも、羅城門は造るのだけれども、羅城はない。朝鮮の場合にはある。例えば、吉林《きつりん》省集安《しゅうあん》の国内城や平壌の長安城。これらには羅城がある。

それでは、なぜ日本の場合には羅城が築かれないのか。日本の支配者層には都の市民を守るという「防御」の思想が欠落していたからじゃないでしょうか。

朝鮮の場合は、都の後ろに山城を築くんですね。例えば集安ですと、国内城の後ろに丸都山城がある。平壌の場合はその後ろに大城山城がある。いずれも山城です。これはいざという時には、都が落ちても山に立て籠もる逃げ城なんです。そういうものを用意しているんですが、古代日本の場合には欠落している。戦国から江戸時代にかけての城下町でもそうですけれども、城下町を守るという意識はあまりなくて、あるとすれば豊臣秀吉が京都に造った「御土居《おどい》」くらいでしょう。さっきの選択の話とも関連しますが、長安城にしても洛陽城にしても、唐の都城をモデルにしているんだけれども、実際には羅城は造らなかったというのが、日本の都市のひとつの特色だと常々思っていますが、どうですか？

**王**　まず、都城の設計プランの問題について。私見を述べたいと思います。隋・唐時代の都城は、主に長安城と洛陽城があります。ただし、両者の都城のプランを比較すれば、随分異なったことがすぐわかります。例えば、隋・唐長安城の宮城と皇城はいずれも北側の真ん中にありますが（図18）、しかし、洛陽城の場合には、宮城と皇城はいずれも西北隅のところにあります（図20）。

いまの問題の焦点では、二つの都城の設計者は同じ人物です。宇文愷《うぶんがい》という人物です。長安城・洛陽城に関わった文愷はなぜ、自ら二つの異なる都城のプランを設計したのか？　以前の宿白《しゅくはく》先生の解釈によりますと、洛陽城に関して、「これは、意識的に京城大興城《だいこう》（長安城）の配置と区別したのである。（中略）このような配置は、京城より一等低い配置であることがわかる」（「隋唐長安城和洛陽城」『考古』一九七八年第六期）という学説を発表されました。私は宿白先生の見方に基づいて、新しい私見を出したいと思います。私の見たところでは、「京城より一等低い」よりもむしろ隋・唐長安城は「首都類型」という都城トップのレベルに属する類型で、隋・唐洛陽城は「陪都類型」に属する類型だと思います。とにかく、両者はやはり「首都類型」と「陪都類型」という異なる関係が存在しているので、異なるプランを設計するのは当然なことでしょう。

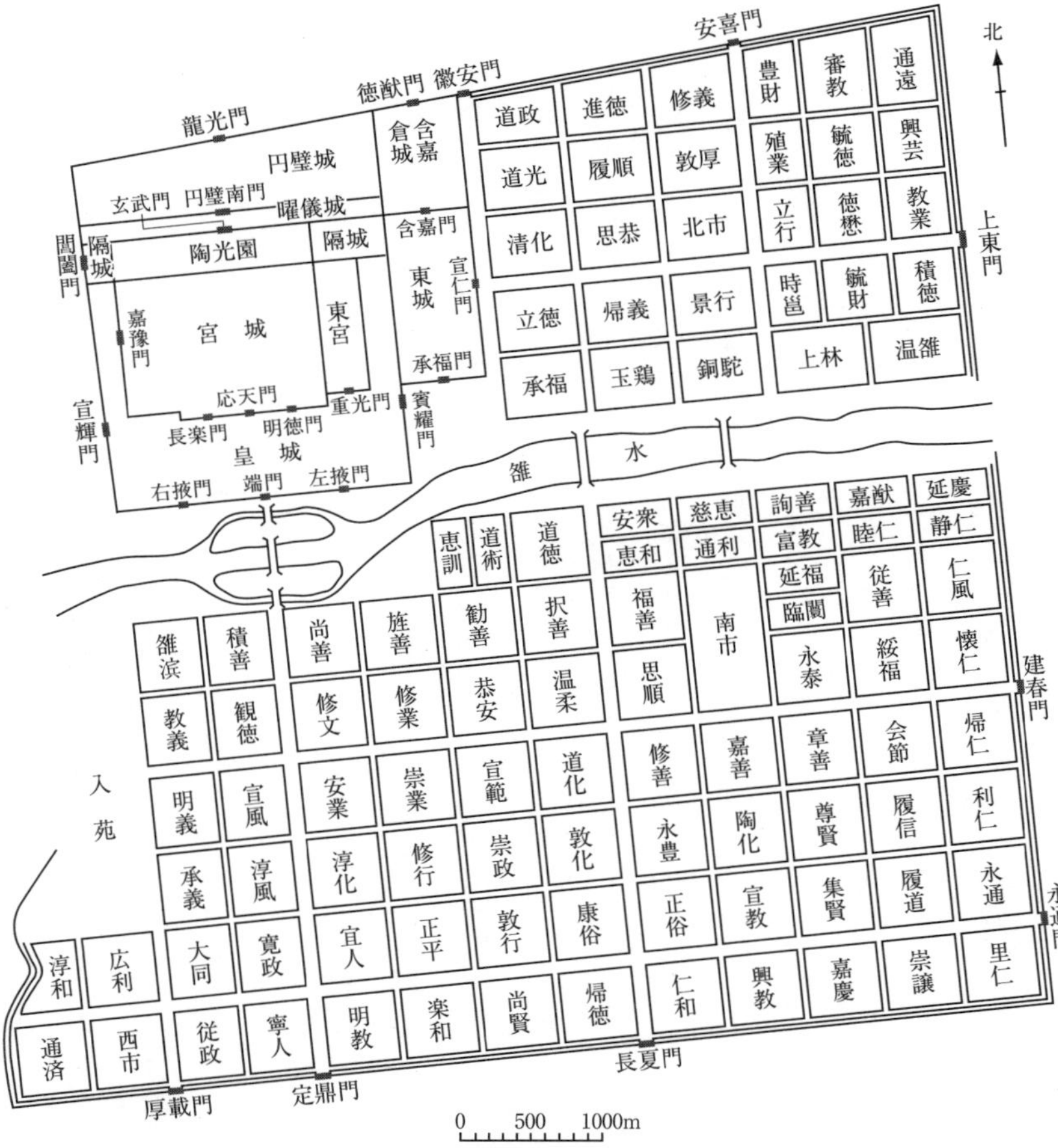


**図 20　隋・唐洛陽城のプラン**
（奈良文化財研究所『日中古代都城図録』2002 年、172 頁より作成）

次に、私は羅城という防衛施設について述べたいと思います。先ほど上田先生は「藤原京でも羅城がないし、平城京にもない」というご意見を述べられました。この見方は先生ばかりではなく、多くの日本の研究者も同じですね。しかし、この点において、私としては、少なくとも平城京は羅城があったと思います。もし羅城がなければ、南側にある羅城門が存在しなかったのではないかと思います。私の考えを申しますと、平城京の南側だけ、羅城は隋・唐長安城と同じように煉瓦で立派な城壁を建てられたのです。しかし東・西・北という三方にはたぶん竹・木棒あるいは木の板で柵のような「城壁」が立てられていたはずだと思います。つまり、日本の城壁は中国の煉瓦で造った高い城壁を変容して受容されたのではないかと思います。今考えてみますと、一番面白いのは、平城京の羅城門の位置と門道の数が隋・唐長安城の明徳門《めいとくもん》と五つの門道とまったく同じですね。平城京の羅城門は、もちろん隋・唐の明徳門を模倣して造ったのでしょう。

　具体的に中国の五つの門道を言いますと、中央の門道は皇帝の「御道《ぎょどう》」で、その両側の門道は車馬道《しゃばどう》で、次の両側の門道は人行道です。平城京の五つの門道はたぶん同じ役割でしょう。なお、ほかの羅城の「城壁」では、八世紀初期に平城京を造営した時、たぶん日本の社会は安定しており、煉瓦で造った高い城壁の必要はなかった、そのように考えた方がよいのではないでしょうか。中国の都城はやはり軍事的な施設で、とても大きな城壁を造ったのです。日本の社会は安全で、高い城壁を造る必要はありません。ですから、南正門と城壁は煉瓦だけで造って、他の門と城壁は煉瓦で造らなかったのではないかと、私はそのように考えています。

**復元された平城宮朱雀門から復元された大極殿をのぞむ**　平成22年(2010)、平城遷都1300年を迎え、奈良ではいろいろなイベントが催された（→191頁）。

**小橋**　王先生から、羅城は、日本では柵のような形で変容して受容されたのではないかという、面白い仮説をいただきました。

最後に、天武・持統朝との関わりの中で、飛鳥にある高松塚古墳の被葬者について、渡来人を想定した方がよいのか、それとも日本人の墓なのか、ということについて、先生方に語っていただければと思います。

まず、王先生に高松塚の石室解体と壁画の保護に関して、ご意見を伺いたいと思います。先生は過去に、高松塚古墳から出土した謎の「切石」は「供物台《くもつだい》」という新説を公表されましたね。

## ●高松塚古墳の壁画と切石

**王**　二〇〇七年六月二日に、大阪で二〇〇七年度「読売あをによし賞」表彰記念フォーラムが開催されました。その際、私は「中国の古墳から見た日本の高松塚壁画と正倉院文物の保存・修復問題について」と題する基調講演をさせていただきました。ここで、まずお話ししたいことは、私は同年の三月に来日したばかりでしたが、日本の最も貴重な文化遺産の一つである高松塚古墳（七世紀末〜八世紀初）の石室解体という事態に遭遇して、考古学的研究と発掘に従事する私にとっては、とても複雑な気持ちになりました。一九七二年三月に発掘された高松塚古墳出土の壁画（図21と図23）が、わずか三十五年間を経ただけで、色が変ったばかりでなく、カビがはえるという現象が生じました。ここで、説明すべきことは、このたびの講演会のために、文化庁から、わざわざ貴重な四枚の写真を提供していただきました。いま、二〇〇七年五月十六日と二十五日に撮られた「飛鳥美人」（図22と図24）の写真は、発見当初の写真に比べますと、ずいぶん変わったことがわかりました。

この壁画の状態を見ますと、私は皆さんの心境とまったく同じで、心が痛みます。これに対しては、壁画の将来の保護に向けた対策を制定する方針が、いちばん大事なことだと思います。私が賛成すべきことは、文化庁がこの非常に恐ろしい状況で、思い切って高松塚古墳の石室解体を決定したということです。ですから、今の状態はそのまま続くよりもむしろ石室解体のほうがよいと思います。石室解体ということは、中国の諺《ことわざ》で言えば、「羊を失ってから、檻《おり》を修理する」ということです。しかし、考古学の発掘とは、発掘のために行うことではなく、文物を保護するために行うことだと思います。この点から言いますと、発掘よりもむしろ保護の方がかなり重要だと思います。換言すれば、保護できなければ、発掘の意味はいっさいありません。文物は資源の限りがありますので、再生できないばかりでなく、破壊されれば、元に戻せないと言えます。だからこそ、今後とも発掘と保護との間の関係をいかに処理すべきかはどのような国でも、何より重要なことだと思います。

次に文化庁は、二〇〇七年十二月二十一日に国宝壁画修理のため石室が解体された高松塚古墳で、一九七二年に壁画が発見されるきっかけになった「十七枚目の切石」を三十一年ぶりに『読売新聞』『朝日新聞』『毎日新聞』など報道陣に公開しました。これは、言うまでもなく、かなり文物価値と研究価値をもつので、すぐ中日古代の考古学的比較研究に従事する私の最大研究課題になりました。この謎の「切石」は、『朝日新聞』十二月二十二日の報道によりますと、六十年代、村民が小高い丘（墳丘）のすそに掘っていたショウガの貯

**図 23　西壁女子群像**
**1972 年 3 月発掘直後の様子**
（奈良文化財研究所提供）

**図 21　東壁女子群像**
**1972 年 3 月発掘直後の様子**
（奈良文化財研究所提供）

**図 24　西壁女子群像**
**2007 年 5 月 16 日撮影**
（奈良文化財研究所提供）

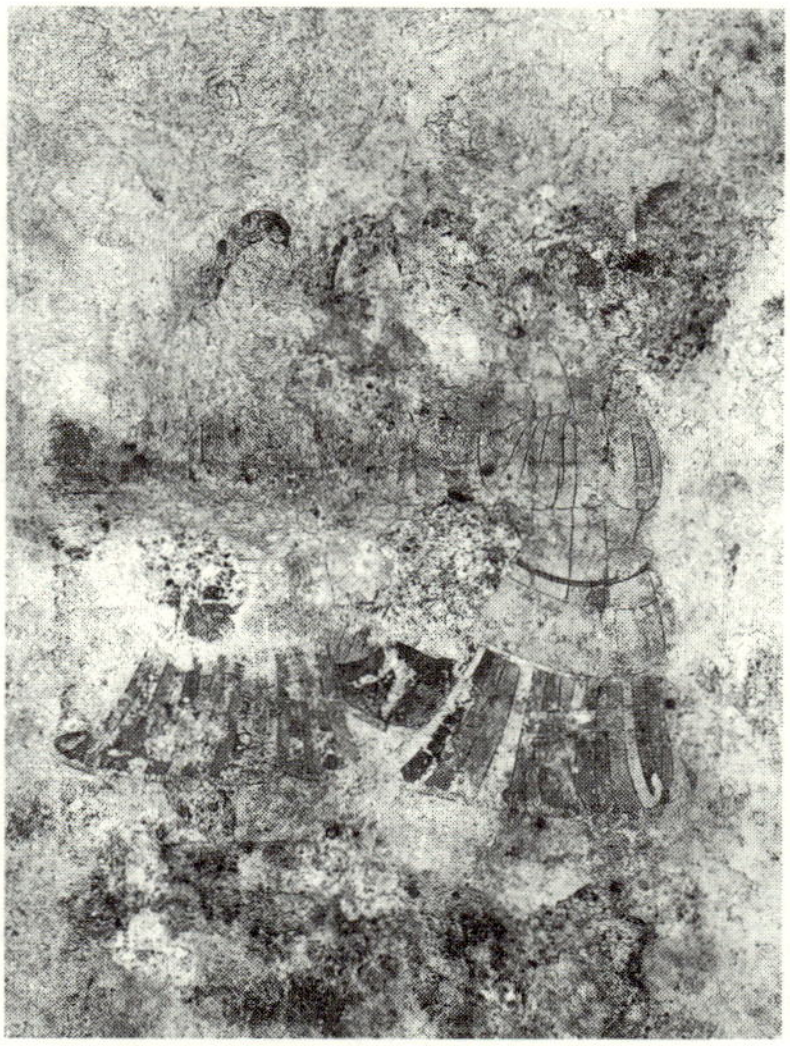

**図 22　東壁女子群像**
**2007 年 5 月 25 日撮影**
（奈良文化財研究所提供）

図 22・24 とも、人物像などが不鮮明になっていることがわかる。

蔵穴の底で見つけた文物でした。これを機に高松塚古墳発掘調査が始まり、七二年、石室内で飛鳥美人など極彩色壁画が見つかりました。この発見は、日本の考古学界では「世紀の発見」と言われています。

しかし、今度の三十一年ぶりに報道公開された謎の「切石」は、私の観察によれば、少なくとも三つの注目すべき点があります。第一は、いわゆる「十七枚目の切石」はほぼ方形を呈し、一辺約六〇センチ、厚さ三六センチで、十六枚の石材からできていた石室と同じ凝灰岩製ということです。このことから、この「切石」と石室との間には密接な関係が存在することがわかります。

第二は、「切石」の出土位置にあります。日本の考古学でも、中国の考古学でも、遺物の出土位置によって、その使用の性質を判断するのです。この「切石」の性質を判断するのも、もちろん、例外ではありません。注目すべきは、この「切石」の位置は、石室南側の入り口から約五メートル離れた場所で見つかったものでした(図25)。さらに言えば、この「切石」の性質は石室南側の墓道に置いていてこそ、墓道の地上施設との間に何か関係が存在するのではないかと連想させます。

第三は、「切石」が出土した際、図25に示すように、墳丘南側のすそに埋められていたばかりでなく、その「切石」も斜方形を呈していたことです。この「切石」は、なぜこのような状態になったのかと言いますと、古代の古墳にさかのぼると、その当時、現代の墓と同じように、まず死者の棺を墓室に置いてから、すぐ日干し煉瓦あるいは煉瓦及び石で門を閉じた直後に、墓道の中に土を入れて人力で踏み、最後に墳丘と墓の前に「供物台」を造営したと言えます。

日本の学界では、この「切石」の用途について、「礼拝石」と「墓誌石」という二つの説が存在しています。

一つは京都橘大学名誉教授の猪熊兼勝《いのくまかねかつ》先生（考古学）から提出された「大和の山田寺や法隆寺など飛鳥時代（七世紀）の寺院金堂前に、僧侶が参拝した礼拝石が置かれ、艸墓《くさばか》古墳（奈良県桜井市）などでも石室の前にこの種の石が置かれた例があるといい、被葬者への追悼の言葉を、この場所で述べる礼拝石ではないか」と主張されました。もう一つは、兵庫県立考古博物館館長の石野博信先生（考古学）から提出された「被葬者の故事や来歴を書いた墓誌石の例が韓国や中国にある。切石に文字は書いていないが、その意識だけが日本にも伝わって来て置かれた石だったのだろうか」という説です。

しかし、私の見たところでは、前者の「被葬者を拝む礼拝石」と解釈した場合には、出土した類例がないばかりか、礼拝石に関する記録も中日の文献に見つかりません。それゆえ、いま見た資料の限りでは前者の学説を支持しにくいと考えています。後者の学説には、少なくとも三つの疑問点があります。一つは、文字はないので墓誌とは言えないでしょう。二つめは、この「切石」を墓誌銘と見なせば、三十六センチの厚さは厚すぎると言えます。三つめは、もしこの「切石」を墓誌蓋と見なせば、厚い方形ではなく、台形（考古学用語で「覆斗形《ふくとけい》」と呼ぶ）を為すべきです。だからこそ、この「切石」を墓誌石と見なすのは納得できないと思います。

私は、高松塚古墳出土の海獣葡萄鏡《かいじゅうぶどうきょう》と謎の「切石」は唐代の埋葬制度と陵墓施設であり、おそらく遣唐使を通じて、日本に導入されていた可能性が大きいと思います。私は「供物台」という仮説を出していますが、

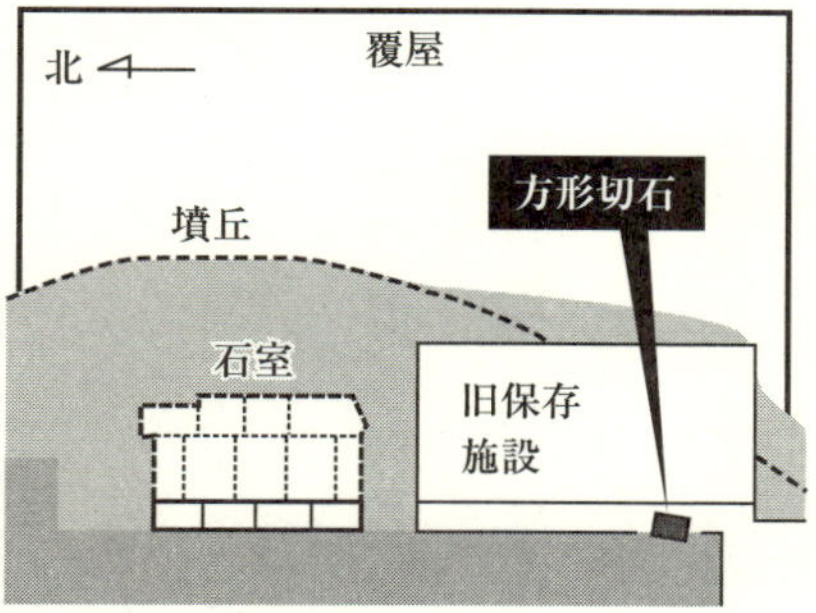


**図 25　方形切石出土の位置**
（『読売新聞』2007 年 7 月 23 日より作成）

この考えが成り立つならば、纒向《まきむく》遺跡（桜井市）の勝山古墳出土の三世紀前半の木製供物台と考えられるもの（一辺二六センチ、厚さ二・五センチ）に次いで、高松塚古墳出土の謎の「切石」は、もちろん日本最古の石製「供物台」だと思います。これらは、中日の古代文化交流の産物とも言えます。

## ●高松塚古墳の被葬者

**小橋**　それでは、高松塚古墳の被葬者について。どういった人物を想定されるか、渡来人なのかでしょうか。

**王**　これは、答えるのがかなり難しいです。一九七二年に高松塚古墳が発掘されてから、さまざまなシンポジウムが開催され、日本の研究者と外国の研究者は高松塚古墳出土のいろいろな文物を検討しました。

特に高松塚古墳の被葬者については、いろいろな学説が提出されました。大きく分類すれば、三つの学説があります。さらに細かく分類すれば、少なくとも六つ以上の学説があります。その一つは「天武天皇の皇子説」です。すなわち、「忍壁《おさかべ》皇子、高市《たけち》皇子、弓削《ゆげ》皇子ら天武天皇の皇子を被葬者とする説」です。

具体的に言えば、(1)忍壁皇子説を唱える代表的な学者は、直木孝次郎先生（大阪市立大学名誉教授）、猪熊兼勝先生（京都橘大学名誉教授）、王仲殊《おうちゅうしゅ》先生（中国社会科学院考古研究所研究員）らがいます。考古学の根拠は四六、四七歳で死亡したと見られる忍壁皇子が出土人骨の推定年齢に近いことと、人物像の服装などからです。(2)高市皇子説を唱える代表的な学者は、原田大六先生（考古学者）、河上邦彦先生（神戸山手大学教授）らがいます。(3)弓削皇子説を唱える代表的な学者は、菅谷文則先生（橿原考古学研究所長）、梅原猛先生（国際日本文化研究センター名誉教授、哲学家）らがいます。

しかしながら、出土した被葬者の歯やあごの骨から四〇代から六〇代の初老の人物と推測されており、二〇代という比較的若い頃に没したとされる弓削皇子の可能性は低いと考えられています。その二は「臣下説」です。つまり、岡本健一先生（前京都学園大学教授）、白石太一郎先生（大阪府立近《ちか》つ飛鳥《あすか》博物館長）らは石上《いそのかみ》麻呂《まろ》説を主張されています。この説が成り立つならば、高松塚古墳の年代は奈良時代に入りますので、このように、もちろん遣唐使とつながることができるようになります。

その三は「朝鮮半島系王族説」です。具体的に言えば、⑴百済王禅光《ぜんこう》説を主張されるのは千田稔先生（国際日本文化研究センター名誉教授）がいます。⑵堀田啓一《ほりたけいいち》先生（元高野山大学教授）は高句麗の王族クラスが被葬者だったと主張されています。

私の見たところでは、高松塚古墳の被葬者は少なくとも八世紀の初期までに飛鳥の「檜隈《ひのくま》」という地域に居住した有力な権力者ではないかと思います。

このことに関連して、私が一番関心をもっているのは、高松塚古墳出土の海獣葡萄鏡《かいじゅうぶどうきょう》です。この鏡は、中国陝西省西安市の東郊外で発掘された唐の独孤思貞《どっこしてい》墓出土の海獣葡萄鏡と非常に似ています。以前、中国社会科学院考古研究所前所長の王仲殊先生も、この鏡を研究したことがあり、そのうえで「同范鏡《どうはんきょう》」（「論日本高松塚古墳的年代及被葬者—為高松塚古墳発掘十周年而作」王仲殊著『中日両国考古学・古代史論文集』科学出版社、四七七頁〜四八一頁、二〇〇五年）とも指摘されました。私は、両者の海獣葡萄鏡には、少し異なることがありますので、「同范鏡」よりもむしろ「同型鏡」だと考えています。非常に似ていますが、まったく同じ鏡と

カラー壁画を発掘
明日香村の古墳
飛鳥風俗くっきり
豊かな頬、口に紅
「法隆寺」に匹敵

高松塚古墳の発見を伝える新聞（「読売新聞」1972年3月27日付）

は言えません。独孤思貞墓誌によれば、墓の主人は武周の万歳通天二年（六九七）に死亡し、神功二年（六九八）から「銅人原」という墓地に遷葬されたそうです。この鏡の年代がわかれば、高松塚古墳の年代がある程度推測できるようになります。特にこの鏡をはじめとする唐代の埋葬制度と施設制度なども、遣唐使を通じてもたらされた可能性が大きいと思います。この時期の遣唐使と言えば、七〇二年に入唐し、七〇四年以降に帰国した一行でしょう。私は今、これを一つの手がかりとして、高松塚古墳の最早年代は七世紀の後半よりも、むしろ七〇四年以降に埋葬されたものと考えます。

**小橋**　ありがとうございました。王先生のご意見は日本人の有力者、しかも七〇二年に唐に渡り、七〇四年以降に戻った。少なくとも海獣葡萄鏡をそこから手に入れられるような地位にある人物である、というようなお話しでした。続きまして、山折先生はいかがでしょうか？

**山折**　当時は、朝鮮半島・日本列島ともに圧倒的な中国文明の傘の下にあったわけですから、全ての文物が向こうからやってきた。人間も物も思想も技術も宗教も。その圧倒的な影響下に、かなりの程度で混血が進んでいた。そうすると、純粋の日本人・純粋の渡来人という考え方の方が無理じゃないかという感じはしますね。文明の直接的な影響を受けるのは支配層や知識層ですね。そうすると埋葬された被葬者はある意味では日本列島人とも言えるし、渡来人ともいえる。混血系の有力者・権力者が日本を支配したと考えられる。現在の天皇制の源流はどこかという話しにもなるんですけれどね（一同笑）。

万葉集の時代はバイリンガルの時代だ、ということまで言う人もいるんですから。

**小橋**　では、上田先生はいかがでしょうか？

**上田**　高松塚が見つかった檜隈は後に桧前と書くようになりますが、百済・加耶《かや》系の東漢氏《やまとのあやうじ》の本拠地なんですね。このことは、キトラ古墳・高松塚が築かれる前提として押さえておかなければならないと思っています。その点については、「東アジアのなかの日本壁画古墳」（『アジア伝統民族学会誌』第八号、二〇〇八年）に詳述しました。ただ、だから被葬者は渡来人だと簡単に言うわけにもいかない。被葬者論というのは、墓誌が出土しない限り推定にとどまらざるをえない。ある先生のごときは一九七二年から三十六年経っているわけですが、三回説を変えられた方もある（笑）。

先ほども王さんが言われたとおり、唐の海獣葡萄鏡と同笵の鏡が西安の独孤思貞《どっこしてい》墓から出土しているんですね。独孤思貞墓には墓誌がありまして、神功二年すなわち六九八年であることは確かです。したがって、この鏡が日本へ伝えられた時期は王さんが言われるように七〇二年の遣唐使が中国へ行って、帰ってくるのが七〇四年と七〇七年、それから七一八年の三回で、七一八年は道慈《どうじ》らのグループなのですから、――もっとも可能性のあるのは七〇四年か七〇七年です。そうすると、七〇四年か七〇七年のころ、八世紀の初めにあの鏡は副葬されたわけです。六六九年から七〇二年までの間は遣唐使の派遣は中止されています。高松塚は八世紀の初めの築造。そして墓室の構造や、壁画の内容から考えても、高松塚よりはキトラ古墳の方が古い。ですから七世紀から八世紀の初めにかけての時期に亡くなった王族や、そのころに死んだ有力貴族や高級官僚を含めて検討する必要がある。例えば石上麻呂《いそのかみまろ》も高松塚の場合の被葬者の有力候補ですね。彼は左大臣になっています。

**小橋**　なるほど。檜隈の地が重要であるということと、それから王先生のご指摘にもありました、海獣葡萄鏡などの関係、その辺りの時系で有力者等を考えて絞っていくということでした。

**王**　今日、私にとっては一生忘れられない日になりました。両先生からのいろいろな質問に答えていただきまして、本当にいい勉強になりました。改めて感謝の意を表したいと思います。とにかく、古代の日本史を研究する際、やはり東アジアとの関係の立場から見て、全面的に考えることが必要です。日本国内だけで観察すれば、あまり研究が進まないのは、当然なことだと私は思います。

**小橋**　ありがとうございました。では、山折先生お願いいいたします。

**山折**　今日は、全部言いたいことを言ってしまいました。ありがとうございます（一同笑）。

**小橋**　では、上田先生。

**上田**　本日は、私の考えに対して、大変有益な問題点を指摘していただいて、参考になりました。

江戸中期の儒学者・政治家として有名な新井白石《あらいはくせき》が晩年、佐久間洞巌《さくまどうがん》という学者に送った手紙の中で、水戸学を批判している。『大日本史』を編纂している水戸の彰考館《しょうこうかん》の人びとを「水戸史館衆」とよんで、「国史、国史とばかり申し候《もうそうろう》」と批判しているんですね（笑）。

日本古代史はアジア……とりわけ東アジアのなかで改めて検討する必要があります。新井白石の批判は、日本の歴史研究者にも当てはまる場合があります。やはり広くアジアの中で日本の歴史と文化を考える。そして過去に学んで、世界の中の日本の現在に対する認識を深め、さらに未来のありようを展望することがますます必要です。

# あとがき

『新・古代史検証　日本国の誕生』全5巻の企画と監修の相談があったおりに、ただちに想起したのは、昭和四十二年（一九六四）の十二月から刊行の始まった『国民の歴史』全二十四巻の編集に苦労したおりおりのできごとである。柴田實、北山茂夫、林屋辰三郎の各先生と私とが編集委員であった。第一巻『女王国の出現』（小林行雄著）から第二十四巻の『日本再発見』（末川博著）まで、当時の学界の錚々たるメンバーが執筆陣に加わっての出版である。文英堂の本格的な歴史シリーズは、この『国民の歴史』が最初であった。

それから早くも四十五年の歳月が過ぎ去った。日本古代史に限っても、つぎつぎに新たな発掘成果が報告され、埼玉県行田市の稲荷山古墳出土の辛亥銘鉄剣をはじめとする金石文や貴重な木簡あるいは墨書土器などの文字資料も、豊かとなって、歴史の空白を補完してきた。そしてそれらを含んでの日本古代史の研究は、格段の進歩をとげて、「倭国から日本国へ」の各時期の問題点をめぐる論争はよりいっそう活発となった。

このたびの企画が日本古代史の問題点をめぐる論争史を前提として、文献史学・考古学・歴史地理学などの視角からの編集としてまとまったのは、今後の研究に大きく寄与するこころみとしても、きわめて有意義である。

私はかねがね日本文化の成立はいったいいつの時期か、そしてその実相はいかなるものであったかについての、これまでのさまざまな説や見解に大きな疑問を抱いていた。

日本国が成立する以前には、日本列島の文化はありえても、はたまた倭国の文化は存在しえても、厳密な意味における日本文化はありえない。そしてその内容にふさわしい文化の内実とはいったいいかなるものか。多年もの問題を私なりに究明しつづけてきたが、その到達点として、七世紀後半のいわゆる白鳳文化の時期を注目すべきではないかと考えるようになった。

そこで、その内容をまとめ、宗教学・宗教史に造詣の深い山折哲雄さんと、日中の都城・宮都の比較研究においても業績のある中国の西北大学の王維坤さんとに読んでもらい、討議をお願いすることにした。

畏敬する山折哲雄さんからは多くの示唆を与えられ、王維坤さんからはみずからの研究にもとづく持論が述べられた。王維坤教授は同志社大学に留学しておられたころからの知り合いで、その研究には求められるままに助言し、京都大学と西北大学との研究交流と友好締結の橋渡しを私がすることとなった。そのきっかけは、一九七九年五月、京都市学術代表団の団長として西安市を訪問したおりから始まる。そのさい西北大学でも講義を担当したが、そうしたご縁で、一九九四年十二月には西北大学から名誉教授の称号が贈られた。

思えば本書は、本年の四月二十九日で満八十三歳を迎えた私の研究史にとっての一つの画期になる著作となった。この書のなかから問題の本質と所在を、多くの皆様に学んでいただければ幸甚である。

二〇一〇年四月吉日

上田　正昭

# 参考文献


青木紀元「大祓詞の構造と成立過程」『芸林』第十四巻第六号
岩本由輝『柳田民俗学と天皇制』吉川弘文館、一九九二年
上田正昭「古代芸能と場の問題」『芸能史研究』六九号、一九八〇年
上田正昭「高句麗文化の内実」『日本のなかの朝鮮文化』四十八号、一九八〇年
上田正昭『藤原不比等』朝日選書、一九八八年
上田正昭『柳田国男と古代史』吉川弘文館、一九八八年
上田正昭『古代の道教と朝鮮文化』人文書院、一九八九年
上田正昭『日本の神話を考える』小学館、一九九一年
上田正昭「神話と民俗」『古代伝承史の研究』所収、塙書房、一九九一年
上田正昭『柳田民俗学と天皇制』吉川弘文館、一九九二年
上田正昭「犬のフォークロア」『歴史家の眼』小学館、一九九五年
上田正昭「日本人の他界概念」『日本文化の基礎研究』所収、学生社、二〇〇三年
上田正昭「菅原道真と渤海使」『日本書紀研究』第二十六冊所収、二〇〇五年
上田正昭『日本人のこころ』学生社、二〇〇八年
折口信夫『古代研究』国文学篇、民俗学篇1・2、大岡山書房、一九二九年
折口信夫『折口信夫全集』全四十一巻、中央公論社、一九九五～二〇〇二年
佐伯有清『柳田国男と古代史』吉川弘文館、一九八八年
坂本太郎「白鳳朱雀年代考」『日本古代史の基礎的研究』下所収、東京大学出版会、一九六四年
白江恒夫「大ハラヘ詞の完成」『古事記研究大成』4所収、高科書店、一九九三年

高見順『昭和文学盛衰史』一九五八年
内藤湖南『日本文化史研究』弘文堂、一九二四年
内藤湖南『内藤湖南全集』第九巻、筑摩書房、一九六九年
平野謙「アラヒトガミ事件」池田弥三郎他編『折口信夫回想』一九六八年
森田喜久男『日本古代の王権と山野河海』吉川弘文館、二〇〇九年
柳田国男『郷土生活の研究法』刀江書店、一九三五年
柳田国男『口承文芸史考』中央公論社、一九四七年
柳田国男編『海村生活の研究』日本民俗学会、一九四九年
柳田国男『島の人生』創元社、一九五一年
柳田国男『海上の道』筑摩書房、一九六一年

p.135 藤原宮
p.136 南から見た藤原宮大極殿院南門（奈良文化財研究所提供）
p.137 天皇家と蘇我氏
p.138 天武天皇像（奈良市・薬師寺蔵）
p.140 天武・持統天皇陵（明日香村）

## 鼎談
## 日本文化は天武・持統朝に成立したのか

p.152『万葉集』にみられる「藤原宮」の表記（巻1-52の藤原宮の御井の歌」より）
p.155 北斉墓の人物像
p.157 南北朝時代の正平19年(1364)、日本で最初に刊行された『論語』
p.171 図1　河南省鄭州市出土の商代前期の青銅戈（唐蘭「従河南鄭州出土的商代前期青銅器談起」『文物』1973年
p.172 図2 「郭」字、図3 「城」字
図4 「三礼図」の周王城図 『周礼・考工記』（劉敦楨主編『中国古代建建築史』第2版　中国建築工業出版社）
p.175 図5　隋・唐長安城のプラン（王維坤著『中日の古代都城と文物交流の研究』朋友書店　1997年より作成）
p.178 図6　圀勝寺蔵の下道朝臣圀勝・圀依母夫人骨蔵器蓋
p.185 図7　唐の武徳四年(621)に鋳造した「開元通寶」金幣（王維坤提供）
p.187 図8　西安何家村窖蔵出土の「和同開珎」銀銭（王維坤提供）
図9　唐の乾封元年(666)に鋳造した「乾封泉寳」銅銭（王維坤提供）
図10　唐の乾元元年(758)に鋳造した「乾元重寶」銅銭（王維坤提供）
p.191 復元された平城宮の第1次大極殿
p.195 図11　北周時代のソグド人安伽墓出土の「人首鷹身」形象の「祭司」（陝西省考古研究所編『西安北周安伽墓』文物出版社、2003年より）
図12　北周時代のソグド人史君墓出土の「人首鷹身」形象の「祭司」（西安市文物保護考古所「西安市北周史君墓石槨墓」『考古』2004年第7期より）
図13　山西省太原市にある隋時代の虞弘墓出土の「人首鷹身」形象の「祭司」（山西省考古研究所等編著『太原隋代虞弘墓』文物出版社、2005年より）
p.199『諸陵考』（安永8〈1779〉～文化14〈1817〉）に描かれた天武天皇陵
p.204 唐人官僚名の墨書土器の発見（「毎日新聞」2010年4月9日付）
p.213 図14　唐章懐太子李賢墓出土の「客使図」壁画（王維坤提供）
p.215 図15　北周ソグド人康業墓（西安市文物保護考古所「西安北周康業墓発掘簡報」『文物』2008年第6期）
p.217 図16　北周ソグド人安伽墓・史君墓・康業墓の位置図（西安市文物保護考古所「西安北周康業墓発掘簡報」『文物』2008年第6期より作成）
p.219 祭りの道具として使われた鳥形木製品
p.222 道昭が開いた飛鳥寺東南禅院の瓦窯
p.226 キトラ古墳調査のマスコミへの発表
p.231 大和郡山市下三橋遺跡の現地説明会
p.233 図17　日本の平城京のプラン（王維坤著『中日の古代都城と文物交流の研究』）
p.235 図18　隋・唐長安城の地勢図（岸俊男編『日本の古代9 都城の生態』）
p.238 図19　北周時代の古インド人李誕墓出土の「漢化」した石棺（西安市文物保護研究所・程林泉・張小麗・張翔宇「談談対北周李誕墓的幾点認識」『中国文物報』2005年10月21日第7版より）
p.243 図20　隋・唐洛陽城のプラン（奈良文化財研究所『日中古代都城図録』2002年）
p.244 復元された平城宮朱雀門から復元された平城宮大極殿をのぞむ
p.247 図21　東壁女子群像　1972年3月発掘直後の様子（奈良文化財研究所提供）
図22　東壁女子群像　2007年5月25日撮影（奈良文化財研究所提供）
図23　西壁女子群像　1972年3月発掘直後の様子（奈良文化財研究所提供）
図24　西壁女子群像　2007年5月16日撮影（奈良文化財研究所提供）
p.249 図25　方形切石出土の位置（『読売新聞』2007年7月23日より作成）
p.252 高松塚古墳の発見を伝える新聞

# 図版一覧

## 日本文化の成立

## や 行



## ら 行



## わ 行

## ま 行

## な 行



## は 行

## た 行

## さ 行

## か 行

# 索引

## あ行

## ◉『倭国から日本国へ―画期の天武・持統朝』協力者一覧（敬称略・五十音順）

本書の刊行にあたり、次の各氏ならびに諸機関に、貴重な資料のご提供をいただき、また、ご教示をたまわりました。記して感謝申し上げます。

朝日新聞社
飛鳥園
飛鳥寺
飛鳥資料館
明日香村教育委員会
天野末喜
大谷照子
大山祇神社
大物忌神社
小野功龍
大阪市文化財協会
大阪府立弥生文化博物館
橿原市教育委員会
加藤真二
川村紀子
元興寺文化財研究所
圀勝寺
宮内庁書陵部
熊本県教育委員会
見聞社
国立国会図書館
埼玉県立さきたま資料館
酒井勘喜
四天王寺
島根県立歴史博物館
清水昭博
神宮司庁
真福寺
田中家
多聞寺
中央公論新社
中宮寺
天王寺楽所雅亮会
東京国立博物館
唐招提寺
中村潤子
奈良県教育委員会
奈良県立橿原考古学研究所
奈良県立橿原考古学研究所附属博物館
奈良県立図書情報館
奈良国立博物館
奈良市教育委員会
奈良文化財研究所
西本願寺
日本経済新聞社
浜松市博物館
藤井寺市教育委員会
藤田一男
ふるはしひろみ
平城遷都一三〇〇年記念事業協会
文化庁
文物出版社
法隆寺
毎日新聞社
前川敬
松浦靖
松阪市教育委員会
門田誠一
薬師寺
野中寺
吉岡佐和子
吉田宥禪
読売新聞社

## ◉著者紹介

**上田　正昭**（うえだ　まさあき）

一九二七年、兵庫県生まれ。京都大学文学部卒業。現在、京都大学名誉教授、大阪府立中央図書館名誉館長、高麗美術館長、島根県立古代出雲歴史博物館名誉館長。主な著書に、『上田正昭著作集』全八巻、『日本古代国家成立史の研究』、『日本古代国家論究』、『古代伝承史の研究』、『日本神話』ほか単著五八冊、共著に『日本文化の創造』、『古代日本と朝鮮文化』など、監修・編共著四七九冊。

## ◉鼎談者紹介

**山折　哲雄**（やまおり　てつお）

一九三一年、岩手県出身。東北大学大学院文学研究科博士課程単位取得退学。現在、国際日本文化研究センター名誉教授。主な著書に、『神と仏』、『仏教とは何か』、『山折哲雄セレクション―生きる作法1　無常の風に吹かれて』、『近代日本人の宗教意識』、『「歌」の精神史』、『ブッダは、なぜ子を捨てたか』、『日本人のこころの旅　山折哲雄対談集』など。

**王　維坤**（おう　いこん　wang weikun）

一九五二年、中国陝西省渭南市生まれ。西北大学歴史系考古専攻卒業。一九九四年、日本同志社大学より文学博士学位を授与。現在、西北大学文化交流学院副院長、教授。主な著書に、『中日の古代都城と文物交流の研究』、『中日文物交流的考古学研究』、共著に『唐代長安詞典』、『古代東アジア交流の総合的研究』、論文に「論西安北周粟特人墓和罽賓人墓的葬制与葬俗」（『考古』）など。

# 倭国から日本国へ
## ——画期の天武・持統朝

二〇一〇年六月一〇日　第一刷印刷
二〇一〇年六月二〇日　第一刷発行

著　者　上田正昭
発行者　益井英博
印刷所　中村印刷株式会社
発行所　株式会社　文英堂
東京都新宿区岩戸町一七　〒162-0832
電話　〇三(三二六九)四二三一(代)
振替　〇〇一七〇-三-八二四三八
京都市南区上鳥羽大物町二八　〒600-8691
電話　〇七五(六七一)三一六一(代)
振替　〇一〇一〇-一-六八二四